KB248186

조선 기록문화의 역사와 구조 1

지식에서 기록으로

조선 기록문화의 역사와 구조 1

지식에서 기록으로

필자

조계영(趙啓榮, Cho, Gye-young) 서울대학교 규장각한국학연구원 HK연구교수
이영경(李玲景, Lee, Yeong-gyeong) 서울대학교 규장각한국학연구원 HK연구교수
정호훈(鄭豪薰, Jeong, Ho-hun) 서울대학교 규장각한국학연구원 조교수
정긍식(鄭肯植, Jung, Geung-sik) 서울대학교 법학대학원 교수
박현순(朴賢淳, Park Hyun-soon) 서울대학교 규장각한국학연구원 조교수
김시덕(金時德, Kim, Shi-duck) 서울대학교 규장각한국학연구원 조교수
황재문(黃載文, Hwang, Jae-moon) 서울대학교 규장각한국학연구원 조교수
정병설(鄭炳說, Jung, Byung-sul) 서울대학교 인문대학 국어국문학과 교수

조선 기록문화의 역사와 구조 1 지식에서 기록으로

초판 인쇄 2014년 5월 15일 **초판 발행** 2014년 5월 25일
글쓴이 조계영·이영경·정호훈·정긍식·박현순·김시덕·황재문·정병설
펴낸이 박성모 **펴낸곳** 소명출판 **출판등록** 제13-522호
주소 서울시 서초구 서초동 1621-18 란빌딩 1층
전화 02-585-7840 **팩스** 02-585-7848 **전자우편** somyong@korea.com **홈페이지** www.somyong.co.kr

값 22,000원
ISBN 978-89-5626-995-5 93910
ⓒ 조계영·이영경·정호훈·정긍식·박현순·김시덕·황재문·정병설, 2014

이 저서는 2008년 정부(교육과학기술부)의 재원으로 한국연구재단의 지원을 받아 수행된 연구임
(NRF-2008-361-A00007)

규장각학술총서
03

조선 기록문화의 역사와 구조 1
지식에서 기록으로

The History and Structure of Chosŏn's Cultures of Documentation I
From Facts to Records

조계영 · 이영경 · 정호훈 · 정긍식 · 박현순 · 김시덕 · 황재문 · 정병설

소명출판

　20세기 한국문화는 근대화 과정을 거치면서 큰 변화를 겪었으며, 부분적으로는 과거의 전통과 단절된 듯한 면모를 지니게 되었다. 21세기 한국학의 과제는 서구의 근대를 기준으로 삼은 20세기적 이해를 넘어서서 한국 문화의 원리를 제대로 해명하고 이론화하는 것이라고 할 수 있다. 이것은 좁게는 한국의 문화적 자산을 발굴하고 계승하는 길을 발견함으로써 미래에 대한 새로운 전망을 제시하는 것이며, 넓게는 한국의 역사적 경험을 바탕으로 하여 보편적이면서도 새로운 이론적 틀을 마련하여 다원적인 현대 문화의 한 축을 마련하는 것이다.

　한 국가의 문화로부터 인류 보편의 문화 발전에 기여하는 길을 찾아나가는 학문적 경로는 여러 가지가 존재할 수 있다. 오늘날 다양한 분과학문이 각각의 몫을 다하면서 사회 발전에 기여하고 있는 현상이 이를 증명한다. 그렇지만 이를 위한 튼튼한 기초를 마련하기 위해서는 과거의 문화적 자산 속에 축적된 사회적 경험을 면밀히 검토하여 종합하고 현재화할 수 있어야 할 것이다. 규장각한국학연구원 인문한국 사업단에서 '조선의 기록문화와 법고창신(法古創新)의 한국학'이라는 아젠다를 통하여 실천하고자 하는 학문적 지향점은 바로 여기에 있다. 즉 한국의 과거 기록문화로부터 현재적 의미를 지닌 인문정신을 발견하고 그 전통을 정당하게 계승함으로써 통합 학문적 한국학으로서의 법고창신의 한국학을 수립하고자 하는 것이다.

　기록문화는 과거와 현재를 아우르고 서로 떨어진 공간들을 매개하는 종합적인 성격을 지닌다. 여기에는 과거에 만들어진 기록물뿐 아니라 기록이 생성되는 사회의 문화적 맥락, 그리고 기록을 통해 형성되어 시간과 공간을 횡단하여 이어지는 사유와 경험까지 포함된다. 동아시아에서는 기록이라는 행위가 특별히 중시되었으니, 그 결과로 국가의 공식적인 제도로부터 개인의 사적 영역에 이르기까지 다양한 층위의 기록문화가 형성되었고 때로는 변모하면서 오늘날까지도 이어지고 있다. 이러한 다층적인 기록문화의 속성과 내용을 면밀하게 검토함으로써, 우리의 과거를 성찰하고 현재와 미래를 조망하는 데 필수적인 자료를 얻을 수 있으리라고 기대할 수 있다.

　이를 위해서는 우선 기록이 생산되고 전승되는 맥락 속에서 중층적인 기록 상호 간의 관계를 종합적으로 고찰함으로써 개별적인 '기록'들을 재평가하고 재해석하는 태도와 방법론을 갖추어야 할 것이다. 이를 기반으로 하여 또 이러한 과정을 통하여, 서구중심주의 또는 근대주의적 관점을 넘어설 수 있는 학문의 길을 개척하고 끊임없이 현실과 교류하는 연구 영역과 연구 주제를 개발해갈 수 있을 것이다.

　법고창신의 한국학이란 때로는 자명해 보이지만 동시에 유동적일 수밖에 없는, 한국학의 미래상을 일컫는 말이다. 물론 현재 시점에서의 지향점이나 구체적인 상은 분명히 존재한다. 기록이 지닌 중층성과 다면성, 전통성과 외래성, 연속성과 단절성 등에 대한 다양한 재해석의 가능성을 열어둠으로써 자유로운 소통을 가능하게 하는 것이 그 출발점이다. 나아가서는 기록문화에 내재된 우리의 경험을 절대화하기보다는 객관화함으로써 보편성을 획득하도록 할 것이며, 분과학문 체계의 장점을 보존하면서도 통합학문적 시각을 유지하는 한국학을 개척해야 할 것이다. 이로부터 새로운 연구영역과 주제, 그리고 방법론을 마련하여 한국학이 세계 인문학의 패러다임을 이끌어낼 수 있는 길을 개척할 수 있어야 할 것이다. 규장각한국학연구원 인문한국 사업단에서는 이러한 장기적인 전망과 목표하에 우리의 기록문화를 대상으로 한 연구를 다양한 방식으로 펼쳐가고 있다.

이번에 세상에 내놓는 두 권의 공동연구서는 이러한 과정의 산물이며, 따라서 한국학의 새로운 길을 개척하겠다는 학문적 모색의 첫 번째 보고서라고 할 수 있다. 한국의 기록문화로부터 한국학의 법고창신을 위한 길을 찾고자 하기에, 우선 기록문화의 탐구에 초점을 맞춘 성과들을 모으고 책이름을 "조선 기록문화의 역사와 구조"라고 붙였다. 또 개별적인 기록이 생성되고 전승되기까지의 과정, 즉 기록문화의 구조와 특성에 대해 면밀하게 검토한 성과들을 1권에 모았으며, 개별적인 기록이 지닌 복합적인 면모를 입체적으로 분석함으로써 과거 사회의 역사와 문화를 해명한 성과들을 2권에 모았다. 여기에 수록된 글은 규장각한국학연구원 인문한국 사업단의 구성원들이 지금껏 발표한 연구 성과 가운데 일부이며, 처음 발표한 이후 새로 발견한 사실이나 가다듬은 논리를 반영하여 보완한 것이다.

1권인 '지식에서 기록으로'에서는 주로 서적의 수용, 편찬, 활용의 문제를 중심으로 지식·정보의 수용과 활용, 기록과 편찬, 자료와 지식의 재구성 등 기록문화의 다층적인 전개 양상을 검토하였다. 이 책에서 다루고 있는 서적은 중국에서 수입된 『역대군감(歷代君鑑)』·『역대신감(歷代臣鑑)』, 조선 정부가 편찬한 한글 교화서, 정조 대에 편찬된 중국도서 해제집인 『규장총목(奎章總目)』, 수교 모음집인 『수교등록(受敎謄錄)』, 토지대장인 양안(量案), 점책(占冊)인 당사주(唐四柱), 유서(類書)의 전통을 이은 백과사전인 『만국사물기원역사(萬國事物紀原歷史)』 등이니, 각기 고유하면서도 상이한 문화적 맥락에서 형성된 기록문화의 단면들을 내포한 것이라 할 수 있다. 마지막에는 경성제국대학의 고서(古書) 수집 문제를 검토한 글을 수록하였는데, 이는 일제강점기의 고서 유통 및 수집, 관리체계 형성 등 과거 기록문화의 물리적 계승 과정을 담고 있다.

2권인 '기록에서 사회로'에서는 자료의 입체적 해석 또는 재해석에 기반을 두고 연구 주제와 방법론을 지향한 연구 성과들을 수록하였다. 이 책에서 다루고 있는 주제는 고려 충신의 설화, 중세의 온도 표현, 전근대의 주택 상속, 일본 문헌에서 찾은 임진왜란 담론, 군주학(君主學) 학습서의 형성 배경, 하늘과 땅에 대한 사유, 우기(雨期), 변란과 사회적 관계망의 관계 등 다방면에 걸쳐 있다. 이 가운데는 이미 널리 알려진 자료를 새로운 시각에서 비교하고 대조한 연구 성과도 있으며, 새롭게 발굴한 자료를 바탕으로 과거 문화의 이면을 탐색한 연구 성과도 있다. 법고창신의 한국학 수립을 위한 연구 주제 탐색 과정의 산물이기에 연구 대상이나 문제의식의 폭은 비교적 넓지만, 기록문화의 특성에 대한 이해와 기록물에 대한 정밀한 검토에서부터 연구의 출발점과 지향점을 취하고 있다는 점에서는 공통점을 지니고 있다.

이번에 간행하는 두 권의 공동 연구서는 완성이라기보다는 시작의 의미를 지니고 있다. 향후 한국의 기록문화를 해명하고 새로운 한국학의 길을 제시할 수 있는 공동의 연구라는 관점에서 더 진전된 성과를 세상에 내놓을 것을 기약하면서, 우선 그 첫 번째 걸음을 내디딘다.

2014년 5월
서울대학교 규장각한국학연구원 인문한국 사업단

조선시대『역대군감』·『역대신감』의 수용 양상과 특징

조계영

머리말

조선시대에 국가 차원에서 이루어진 문헌 교류에 대한 실상을 파악하는 것은 지식의 유통을 조감하기 위해 우선되어야 하는 과제이다. 조선시대의 문헌 수용 양상에 대한 연구는 조선의 외적 소통과 세계 인식을 기록문화의 측면에서 조명하는 것이다. 이는 조선이 동아시아의 지적 공동체 내에서 외래문화에 대한 취사선택과 비판적 수용을 통해 세계와 소통하였던 일면을 고찰하는 것이기도 하다.

한국에 현전하는 중국본에 대한 총목이 간행되었으나 이는 소장 고

---

* 이 글의 '[ ]' 부호는 서책에 찍혀있는 장서인을 뜻한다.

서에 대한 실사를 통해 이루어진 것이 아니고, 각 기관의 목록을 편집한 것이어서 간략서지에 불과하며 오류 또한 적지 않다.[1] 근래에 중국본을 소장한 기관에서 상세 해제와 그 가치를 조명하는 연구들이 꾸준히 이어지고 있다.[2] 현전하는 중국본에 관한 선행연구는 중국소설을 중심으로 중국문학에서 상당한 성과를 이루었다.[3] 한국학 분야에서는 중국 경서나 법서 등이 조선에 수용되었던 과정과 영향에 대해 연구되었다.[4]

서울대학교 규장각한국학연구원에 현전하는 중국본과 한국본 도서는 조선시대에 이루어진 중국서책의 수용 경로와 추이를 보여주는 귀중한 기록물이다.[5] 규장각 도서의 중국본 청구기호는 '奎中○○'으로 매겨지며[6] 한국본 청구기호는 '奎○○'이다.[7] 규장각 도서의 목록에서 한국본과 중국본을 판별하는 기준은 도서를 간인하거나 필사한 장소

---

1 전인초 주편, 『한국소장중국한적총목』, 학고방, 2005.
2 김호, 「한국 소장 중국고서의 정리현황과 과제」, 『중어중문학』 41, 2007; 김호, 「장서각 소장본 『초사구해평림』」, 『중어중문학』 43, 2008; 당윤희, 「한국소장 중국본 『사서대전』 판본 소고」, 『중국어문학논집』 43, 2007; 박철상, 「계명대학교 동산도서관 소장 중국본 고서의 가치」, 『한국학논집』 37, 2008.
3 김호, 위의 글, 2007, 384쪽; 김학주, 『조선시대 간행 중국문학 관계서 연구』, 서울대 출판부, 2002.
4 예를 들어 송정숙, 「한국에서 『논어』의 수용과 전개」, 『서지학연구』 20, 2000; 김문식, 「조선시대 중국 서적의 수입과 간행−『사서오경대전』을 중심으로」, 『규장각』 29, 2006; 정긍식, 「조선 전기 중국법서의 수용과 활용」, 『서울대학교 법학』 50-4, 2009 등이 있다.
5 김호는 규장각한국학연구원에 현전하는 중국본에 대한 새로운 인식과 연구의 필요성을 제기하면서 그 현황과 가치에 대해 언급한 바 있다(김호, 「「규장각」 중국고적존장개황급기문헌가치」, 『인문과학』 38, 2006).
6 『규장각도서중국본종합목록』, 서울대 도서관, 2007. 한국학중앙연구원 장서각의 중국본 청구기호는 '藏C○○'으로 시작한다(藏書閣, 『藏書閣圖書中國版總目錄』, 문화재관리국, 1974).
7 『규장각도서한국본종합목록』, 서울대 도서관, 1983. 한국학중앙연구원 장서각의 한국본 청구기호는 '藏K○○'으로 시작한다(藏書閣, 『藏書閣圖書韓國版總目錄』, 문화재관리국, 1975).

에 두고 있다. 이 글은『규장각도서중국본종합목록』에서 조선에서 간인한『역대군감』과『역대신감』을 발견하고, 왜 한국본이 중국본 목록에 수록되었는지 실마리를 찾는 데에서 시작되었다.

이 글은 명에서 편찬한『역대군감(歷代君鑑)』과『역대신감(歷代臣鑑)』이 조선에 수용되는 양상과 특징을 고찰하고자 한다. 글의 1절 1항에서는 명에서 간인한『역대군감』과『역대신감』이 언제 조선에 들어왔으며, 어떠한 과정을 거쳐 간인되었는지 살펴보고자 한다. 2항에서는『역대군감』과『역대신감』이 제왕학으로서 경연과 서연에서 진강되었던 사실을 주목하고자 한다. 또한『역대군감』과『역대신감』의 체재를 따라 편찬되거나 간인된 서책들은 무엇인지 밝히고자 한다. 2절에서는 서목에 수록된『역대군감』과『역대신감』을 조사하고, 현전본의 특징을 권책(卷冊)과 장서인(藏書印) 그리고 장황(粧䌙)을 통해 조명하고자 한다. 서목의 기록과 현전본의 형태를 대비하여 고찰하는 과정에서 현전본의 가치가 밝혀질 것이다.

1.『역대군감』·『역대신감』의 수용

1)『역대군감』·『역대신감』의 수용과 간인

『역대군감』과『역대신감』은 중국에서 편찬된 시기가 서로 다르며,『역대신감』이『역대군감』보다 먼저 편찬되었다.『역대신감』은 춘추이래 2천여 년간 신하의 행적을 선악으로 분류하여 37권으로 기록한 책이다. 『역대신감』의 체재는 권1에서 권29까지는 본받을 만한 언행을 기록한 '선가위법(善可爲法)'이며, 권30에서 권37까지는 경계할 만한 언행을 기록한 '악가위계(惡可爲戒)'로 이루어져 있다. 『역대신감』에는 1426년 4월에 선종(宣宗, 1425~1435년 재위)이 쓴 서문인 「어제역대신감서(御製歷代臣鑑序)」가 있다. 서문에 의하면 선종은 『역대신감』을 신하들에게 반사하여 때때로 열람하고 성찰하여 자신에게 도움이 되도록 하라고 하였다.

그런데 1435년 12월 13일 성절사(聖節使)의 통사인 김한(金漢)과 전의(全義)가 돌아와 선종 황제 때에 새로 편찬한 『역대신감』은 아직까지 간행하지 못하고 있다고 아뢰었다.[8] 따라서 중국에서 『역대신감』을 간인한 것은 1435년 이후에 해당한다.

『역대군감』은 한당(漢唐) 이래 여러 군주들의 아름다운 말과 선행을 편집하여 '선가위법'으로 이름하고, 언행에 경계하고 살펴야 할 것이 있는 자를 '악가위계'로 이름하여 끝에 붙였다. 『역대군감』의 권1에서 권35까지는 '선가위법'이며, 권36에서 권50까지는 '악가위계'로 이루어져 있다. 『역대군감』의 서문인 「어제역대군감서(御製歷代君鑑序)」는 명나라 경제(景帝, 1449~1457년 재위)가 1453년 8월에 쓴 것이다.[9]

위와 같이 명에서 편찬한 『역대군감』과 『역대신감』은 언제 조선으로 들어왔을까. 조선과 명은 1401년(태종 1)에 국교가 정상화되었는데, 이때부터 명나라에서 간행한 서책을 조선에 배포하는 것이 관례가 되었다.[10] 『역대군감』과 『역대신감』이 몇 차례에 걸쳐 조선에 수용된 계

8　『세종실록』 권17, 세종 17년 12월 13일 경술.
9　『역대신감』과 『역대군감』의 권책과 체재는 '부록 1·2'를 참조.

기는 사행으로 북경에 갔을 때 황제에게서 받은 것이다. 조선에 수용된 『역대군감』과 『역대신감』을 교정하거나 간인한 것은 세조·성종·숙종 연간이다.

『역대군감』에 관한 기록은 1459년(세조 5년) 실록 기사에 처음 보인다. 9월 4일 좌승지 이극감(李克堪)은 1445년(세종 27)에 편찬한 『치평요람(治平要覽)』을 교정하라는 명을 받고 상서를 올렸다.[11] 이극감은 『군감(君鑑)』에 수록된 명나라의 사적을 첨입하면 『치평요람』이 온전한 대전(大全)으로 모자람이 없을 것이라고 아뢰었다. 이때의 『군감』은 『역대군감』을 가리키는 것으로, 『역대군감』 권29에서 권35까지는 명나라 태조·태종·인종·선종의 사적이 수록되어 있다.

이로써 미루어보면 명에서 『역대군감』을 편찬한 1453년 8월 이후 1459년 9월 이전에 『역대군감』이 조선에 들어왔다는 것을 알 수 있다.[12] 그렇다면 명에서 들어온 『역대군감』은 어떤 간본(刊本)이었을까. 앞의 1435년 실록 기사에서 새로 편찬한 『역대신감』을 어부(御府)에 수장해 두었다고 한 것을 보아 『역대군감』과 『역대신감』은 명대의 관각본(官刻本) 중에서 '내부각본(內府刻本)'임을 알 수 있다.

내부각본은 명대 조정에서 판각한 책으로, 영락(1403~1424년) 초년에 남경(南京)에서 시작하였는데, 소량의 경사독본(經史讀本)을 판각하여 궁내의 서방(書房)과 태감(太監)의 송습(誦習)에 제공하였다. 명이 1421년 북경으로 천도한 후에 '사례감경창(司禮監經廠)'을 설치하여 서책의 판각을 전담하게 하여 서책의 종류와 수량이 크게 증가하였다.[13] 명황

---

10 김문식, 앞의 글, 2006, 123쪽.

11 『세조실록』 권17, 세조 5년 9월 4일 계미.

12 1453년 9월부터 1459년 8월까지 조선에서 북경으로 간 사행은 33차이다(정은주, 「조선
    시대 명청사행 관련 회화 연구」, 한국학중앙연구원 박사논문, 2007, 453~454쪽).

실의 출판물은 모두 이 사례감경창을 거쳐 각인되었는데, 이 판본을 '경창본(經廠本)'이라고도 부른다.[14]

1460년(세조 6) 8월 29일에 『역대군감』을 교정할 때 착오한 교서랑 신복륜(申卜倫)과 교감 허선(許譔)·김량완(金良琬) 그리고 정자(正字) 양순달(楊順達) 등을 파직하고, 별좌 이수산(李壽山)과 문소조(文紹祖) 등의 자급을 강등하였다.[15] 그러나 이것이 『역대군감』을 인출한 후에 발견된 오자에 대해 처벌한 것인지는 알 수가 없다. 즉 교정 후의 『역대군감』의 간인 여부에 대해서는 확실하지 않으며 이는 성종 연간의 기록에서도 마찬가지이다.

1479년 12월 16일에 성종은 홍문관에 『역대군감』과 『역대신감』의 각 전(傳)의 끝에 선유(先儒)의 평론을 모아 첨입하고, 『내신훈(內臣訓)』을 선악으로 분류하여 『역대신감』에 붙여 편집하라고 전교하였다.[16] 성종은 한해 전인 1478년에 홍문관에 명하여 역대 환관의 사적 가운데 감계가 될 만 한 자를 모아 『내신훈』에 첨록하라고 하였다.[17] 이로 볼 때 『내신훈』의 체재는 『역대신감』과 다르지만, 그 내용은 감계류(鑑戒類)의 서책임을 짐작케 한다.

한 달 뒤인 1480년 1월 18일 시강관 성숙(成俶)은 『역대군감』과 『역대신감』을 교정하다가 선덕(宣德) 황제 15년의 기록에 대해 아뢰었다.[18]

---

13 顧音海·陳宁, 『古籍善本』, 上海文化出版社, 2008, 40~41쪽.
14 뤼슈바오, 조현주 역, 『중국 책의 역사』, 다른생각, 2008, 130~131쪽.
15 『세조실록』 권21, 세조 6년 8월 29일 임신.
16 『성종실록』 권112, 성종 10년, 12월 16일 정묘.
17 『성종실록』 권94, 성종 9년 7월 18일 정축.
18 『성종실록』에는 "宣德皇帝十五年"으로 기록되어 있다. 그러나 명나라 선덕 연간은 1426년(선덕 1)에서 1435년(선덕 10)으로 10년간이다. 성숙이 아뢴 내용은 『역대군감』의 35권 7년에 기록되어 있다. 따라서 『성종실록』의 "15년"은 7년의 오자이다(『성종실록』 권113, 성종 11년 1월 18일 기해).

성숙은 명나라 선종(宣宗) 황제가 조선에 공물로 여자와 금에 이르기까지 매년 징수한 것이 많았는데,『역대군감』에 기록된 "若鷹犬之類" "更勿進獻"처럼 특별히 매와 사냥개만을 면제해 줄 이치가 없다는 것이다. 『역대군감』에서 이에 해당하는 부분은 1432년 11월로 다음과 같다.

> ○(七年)十一月 朝鮮國王李祹 遣陪臣趙琠金玉振等 貢醃松菌及鷹 上諭行在禮部臣曰 朝鮮貢獻頻數 已非朕所欲 今又獻松菌及鷹 菌食物也 鷹何所用 珍禽奇獸 古人所戒 可諭其使 自今所貢 但服食器用之物 若鷹犬之類 更勿進獻[19]

위와 같은 성숙의 견해에 대해 성종은 사관의 직이 중요하여 사실에 근거하여 한번 쓰면, 선악의 실제가 천년 후에도 없어지지 않는다고 하였다. 성종은 만일 사관이 전해 듣고도 실제대로 쓰지 않았다면 믿을만한 역사가 아니라고 하며 기록하지 말라고 명하였다. 성숙이『역대군감』을 교정할 때 이 부분을 삭제하였다면, 성종 대에 간인한『역대군감』에는 선덕 7년 11월이 없었을 것이다. 이와 같이 성종 연간에는 중국본『역대군감』과『역대신감』을 수용하여 내용을 첨가하거나, 조선과 관련된 사실을 교정하여 조선의『역대군감』과『역대신감』으로 새롭게 편찬하였다.

규장각한국학연구원에 현전하는『역대군감』에는 1432년 11월의 해당 부분이 삭제되지 않고 그대로 수록되어 있다. '규중1926'의『역대군감』은 "朝鮮國王李祹"에서 세종의 휘인 "祹"를 가리기 위해 열성어휘(列聖御諱)에 부첨(付籤)으로 쓰는 홍방사주(紅方絲紬)를 "祹" 위에 붙여 놓았다(〈그

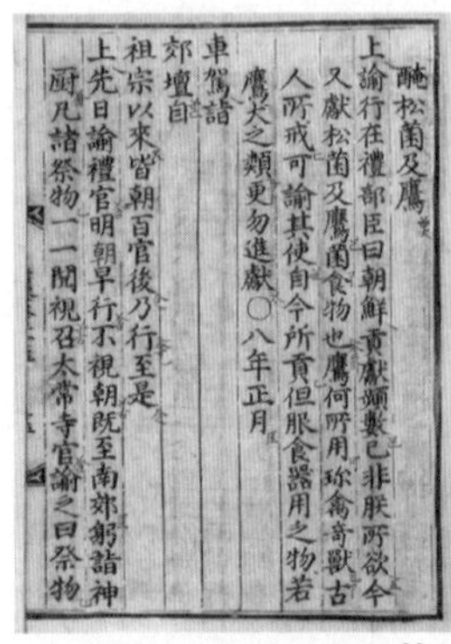
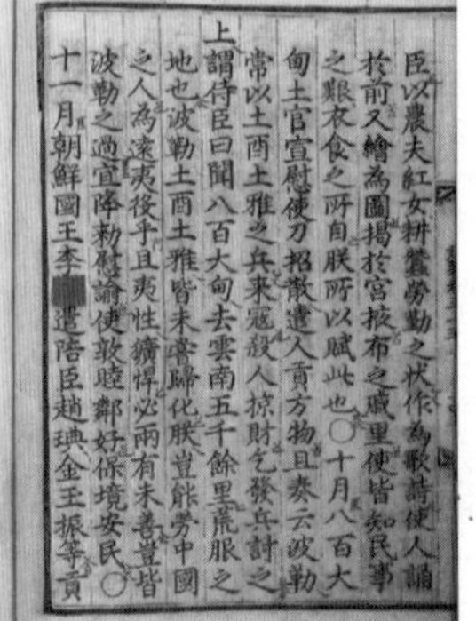

〈그림 1〉 紅方絲紬(奎中1926)[20]

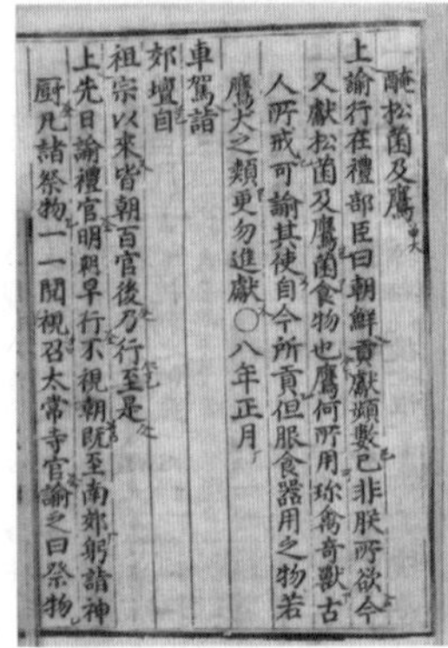
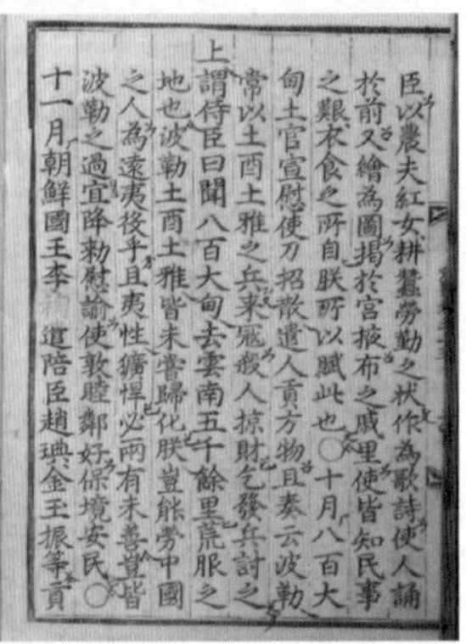

〈그림 2〉 被諱紙(奎中1927)

림 1〉).[21] '규중1926'은 붉은 묵으로 토를 단 것을 보아 경연에서 사용하였던 어람책(御覽冊)이 분명하다.[22] 이에 반해 '규중1927'의 『역대군감』은 종이로 된 피휘지(被諱紙)로 붙이고 검은 묵으로 토를 달았다(〈그림 2〉). 두 책 모두 홍문관에 수장되어 경연에 사용되었지만 서책 열람자의 지위에 따른 서책의 위격을 보여주는 좋은 예이다.

조선 후기 인조 연간에 이르면 『역대군감』은 세자의 서연에 관한 기록에서 보인다. 1627년 6월 13일에 시강원의 필선인 김지수(金地粹)는 소현세자에게 경연책자로 올린 『역대군감』을 살펴보기를 아뢰었다.[23] 김지수는 1626년 윤6월 28일에 서장관으로 남이

---

20 〈그림 1〉을 포함한 이 글의 모든 그림 자료는 서울대학교 규장각 소장 자료임을 밝힌다.

21 '御諱付籤 紅方絲紬'에 대해서는 조계영, 「조선왕실 봉안 서책의 장황과 보존 연구」, 한국학중앙연구원 박사논문, 2006, 41~42쪽.

22 『정조실록』 권11, 정조 5년 2월 18일 신유.

23 김남기, 「『소현동궁일기』—교육의 실제와 도서 정비 과정」, 『규장각』 29, 2006, 29·39쪽.

웅(南以雄)·김상헌(金尚憲)과 함께 북경을 다녀왔다.[24] 이때 『역대군 감』을 얻어 오게 된 것이다. 이후 소현세자는 1630년 8월 2일 『역대군 감』을 토를 달아 가져오라고 명하였으나, 서연에서 『역대군감』을 진강 한 기록은 없다. 1640년 3월 20일의 『심양일기』에는 병자호란으로 시강 원 책방에서 분실된 서책 목록에 『역대군감』 10책이 수록되어 있다.[25] 이로 미루어 보면 1630년 이후부터 난리 전까지는 시강원 책방에 『역대 군감』 10책이 수장되어 있었음을 짐작할 수 있다.

그 후 『역대군감』이 조선에 들어온 기록은 1650년(효종 원년)에 보인 다. 6월에 사은사행의 부사로 갔던 임담(林墰, 1596∼1652년)이 9월에 돌 아왔는데, 명나라 조정에서 어람했던 구본(舊本)인 『역대군감』 5책을 얻어 가지고 왔다.[26] 그는 『역대군감』과 함께 '규풍(規風)'을 올려 효종 은 특별히 호피를 하사하였다. 1675년 12월 30일에 숙종은 『역대군 감』·『역대신감』이 대내의 당본(唐本)만이 있을 뿐 외간에는 없다고 듣 고, 경상도와 전라도의 감사에게 간인하여 올려 보내도록 비망기(備忘 記)를 내렸다.[27] 조선시대에는 중국서책을 '당본(唐本)' 또는 '당판(唐板)' 그리고 '당책(唐冊)'이라고 불렀다. 이에 반해 조선서책은 '향본(鄕本)' 혹 은 '상판(常板)'으로 칭하였다.[28] 『규장각지』에서는 중국서책을 '화본도 적(華本圖籍)'으로 조선서책을 '동본도적(東本圖籍)'이라고 칭하였다.

승정원에서는 숙종이 내려준 당본에 낙장과 오자가 있고, 게다가 의 장(衣張)에 어필(御筆)이 있는데 양남에 내려 보내 손상되거나 더러워질

---

24 『인조실록』 권13, 인조 4년 윤6월 28일 무진.
25 김남기, 앞의 글, 2006, 40쪽.
26 『明谷集』 卷之三十二 「謚狀」 「吏曹判書林公謚狀」.
27 『승정원일기』 숙종 원년 12월 30일 계미.
28 『摛文院書目目錄』(藏K2-4657)에는 "御製御筆·御牒璿譜·御定諸書·唐板·常板" 으로 분류하여 서책을 수록하였다.

것을 염려하였다. '의장'이란 서책의 표지인 '책의(冊衣)'를 가리킨다. 책의에 어필이 있다는 것은 서명과 편목(篇目)을 쓴 것이 국왕의 친필이라는 뜻이다. 따라서 승정원에서는 『역대군감』·『역대신감』을 양남에 내려 보내지 않고, 홍문관에서 교정하고 사자관이 각기 한 본을 깨끗하게 필사하여 새로 간인할 것을 건의하였다.

숙종은 『역대군감』·『역대신감』의 권수가 많기 때문에 필사한다면 공력이 배로 드니, 홍문관에서 고준(考準)한 후 양남에 하송하라고 하였다. 만일 서책이 더러워지는 것이 염려된다면 책의를 덧입혀 신칙하여 하송하라는 것이다. 1676년 1월 3일에 유하익(兪夏益)이 내간서책을 먼 곳에 보내는 것이 편치 않으며, 외방에서는 필사가 정교할 수 없다고 아뢰었다. 그리고 당본에 오자가 있을 수 있으니 홍문관의 관리들에게 나누어 주어 교수한 후에 사자관과 각 관서에서 솜씨 좋은 서사자에게 필사시킨 후 양남에서 나누어 간인할 것을 건의하였다. 이에 『역대군감』은 경상도에서, 『역대신감』은 전라도에서 진상(進上) 20건과 국용(國用) 70건을 인출하여 보내도록 정하였다.

1678년 4월에 경상도에서 『역대군감』 진상 2건과 국용 20건을 인출하여 보냈다. 그러나 전라도는 『역대신감』을 그때까지 인송하지 않고 있었다. 4월 18일에 유하익이 전일에 분부한 진상 20건과 국용 70건대로 빨리 인송하도록 해조에서 분부하라고 아뢰었다. 4월 24일에 『역대군감』을 반사받은 참찬관 정창도(丁昌燾)가 『역대군감』의 오자가 많은 까닭이 교정청의 낭청이 착실하게 교정을 하지 못한 것이니 종중추고하고, 홍문관에서 다시 정밀하게 교정하게 할 것을 청하였다. 이는 1676년 당초에 홍문관에 일이 있어 교정청에서 『역대군감』을 교정하게 했는데 이런 일이 발생한 것이다. 숙종은 교정청 낭청을 추고하고 이후 추가로 인출할 책은 홍문관에서 다시 교정하도록 하였다.

1678년 12월 1일에 신후재(申厚載)는 경상도에서 새로 간인한『역대 군감』48건을 8개월이 지난 지금까지 지체하고 있으니 경상감사 이단 석(李端錫)을 추고할 것을 아뢰었다. 이로 미루어보면 본래 진상 20 건·국용 70건으로 총 90건 인출 예정이었던『역대군감』이 총 70건을 인출하게 된 것 같다.『역대군감』을 반사한 기록은 1678년 12월 25일 에 보인다. 사헌부 장령이 된 송광정(宋光井, 1617~1686)이 시정(時政)의 잘못에 대해 진언하였는데, 숙종은 그를 가상히 여겨『역대군감』10책 에 직접 편목(篇目)을 써주어 장려하였다.[29] 이후 경상도에서『역대군 감』을 추가로 인송했다거나, 전라도에서『역대신감』을 간인하여 보냈 다는 기록은 나타나지 않는다.[30] 그러나 권구(權絿, 1658~1730년)가 정 지삼(鄭知三)이『역대신감』을 비치하고 있었다고 한 것으로 보아,『역 대신감』의 간인과 반사가 이루어진 것으로 짐작된다.[31]

2)『역대군감』·『역대신감』의 활용

『역대군감』과『역대신감』이 조선에 수용되어 교정하여 편찬하거나 간인한 것은 앞 항에서 고찰하였다. 본 항에서는 조선시대에『역대군 감』과『역대신감』을 어떻게 활용하였는지 살펴보고자 한다.

---

[29] 『숙종실록』권7, 숙종 4년 12월 25일 신묘.

[30] 1759년 2월에 작성된『完營冊板』(奎7050)은 전라도·충청도·경상도·함경도에 소장되어 있는 책판에 대한 목록이다. 그런데 숙종 연간에 경상도에서 판각한『역 대군감』과 전라도에서 판각한『역대신감』은 수록되어 있지 않으며, 1796년에 작성 한『鏤板考』도 마찬가지이다.

[31] 『灘村先生遺稿』권7「謾錄」.

(1) 제왕학으로서 경연과 서연에서의 활용

제왕학(帝王學)은 모든 군주가 갖추어야 할 학문을 말한다. 제왕학은 실록에서 '제왕지학(帝王之學)'으로 나타나며, 경연이 활성화된 태종대 이후 제왕학에 대한 논의가 본격화된다. 제왕학은 경연과 연관되어 논의되었고 유학을 의미하는 성학(聖學)과 같은 의미로 사용되었다. 경연은 국왕의 학문 연마를 위해 마련된 장이고, 경연 교육은 바로 제왕학 교육이었기 때문이다. 제왕학은 현실 정치에서 제왕이 실천하는 학문이었다. 따라서 제왕학은 역대 군주들의 정책을 파악할 수 있는 역사서의 학습을 중시했다.[32] 조선시대에 『역대군감』과 『역대신감』은 경연과 서연에서 진강서책으로 적극 추천되거나 사용되었다.

1469년(예종 1)에 공조판서인 양성지가 예종에게 관견(管見) 28조목을 상서하였다. 28조목 가운데 성학에 힘쓰는 조목인 '근성학(勤聖學)'에서 경연에 나아가 진강을 계속하며 항상 서책을 보아야 한다고 아뢰었다. 양성지가 추천한 진강서책에는 『대명군감(大明君鑑)』이 포함되었다. 1629년(인조 7) 3월 19일 주강에서 춘추관 수찬인 최유해(崔有海, 1587~1641)는 춘추관에 소장된 『역대신감』이 정치의 득실에 매우 유익하니 대내에 들여와 예람하기를 아뢰었다.[33]

조선시대 경연에서 『역대군감』을 가장 열심히 진강하고 실천한 국왕은 영조이다. 1763년 6월 5일 영조는 조강에서 동궁인 정조를 경계시키는 글을 지어 춘방관인 김종정(金鍾正)과 홍검(洪檢)을 불러 왕세손에게 전하도록 하였다.[34] 이틀 후 주강에서 김종정 등이 왕세손과 주고받은 말을 적어 아뢰었다. 영조는 왕세손의 문답이 정밀하고 절실한

---

32 김문식, 『정조의 제왕학』, 태학사, 2007, 15~22쪽.
33 『嘿守堂先生文集』 권5 「經筵記」.
34 『영조실록』 권102, 영조 39년 6월 5일 신묘.

것을 가상히 여기고 어필로 "將此君鑑 賞爾穎悟"의 여덟 글자를 쓴 후, 『역대군감』의 권수(卷首)에 붙여 동궁에게 전하도록 명하였다.[35]

영조는 임오화변(1762년) 이후 칠순의 나이에 소대에서 『역대군감』을 개강하면서 그 감회를 「어제역대군감소지(御製歷代君鑑小識)」로 표현하였다(다음 면의 〈그림 3〉). 『역대군감』의 서문인 「어제역대군감서」 다음에 수록된 영조의 「어제역대군감소지」는 1763년 7월 12일에 지은 것이다(다음 면의 〈그림 4〉).[36] 7월 22일에 영조는 어제편찬인(御製編次人) 예조판서 구윤명(具允明)에게 이것을 필사시킨 후 목판에 새겨 『역대군감』에 부치도록 명하였는데, 「어제역대군감소지」의 내용은 다음과 같다.

내 나이 칠순에 소대하려는 새 책은 그 이름이 무엇인가하면 『역대군감』인데, 옛날에 궁중에 항상 자리 곁에 두었었던 것이다.[37] 모년(暮年)에 친정(親政)을 복구하면서 당연히 먼저 스스로 권면하고 힘쓰며 본받고 경계할 만한 것을 본받아야 할 것이다. 그 강목을 묻는다면 선과 악인데 희황(羲皇)에서부터 황조(皇朝)까지 이른다. 오늘 개강하여 어제(御製)를 보니, 풍천의 감회가 마음에 간절하다. 당시를 추억하니 감흥이 갑절이나 더하다. 특별히 서문 아래에 기록하여 작은 정성을 붙인다. 1763년 7월 12일에 기록하다.[38]

---

35 『승정원일기』 영조 39년 6월 7일 계사.
36 규장각한국학연구원에 현전하는 청구기호 '규중1926·규중1927'의 『역대군감』에 영조의 어제가 수록되어 있다.
37 영조는 1726년에 『역대군감』을 진강하였는데, 30여 년이 지난 1763년에 다시 진강하는 것이라고 말하였다. 『승정원일기』, 영조 39년 8월 10일 갑오.
38 『歷代君鑑』「御製歷代君鑑小識」(奎中1926·奎中1927) "予於七旬召對新書 其名維何 歷代君鑑 昔年殿中常置座右 暮年復政 其宜法先自勉自强 可法可戒 若問其目曰善曰惡 奧自羲皇逮于皇朝 今日開講奉覽御製 風泉之懷交切于中 追憶當時一倍興感 特識序下以寓微忱 歲癸未初秋中旬二日識 資憲大夫禮曹判書 綾恩君臣具允明 奉教謹書"

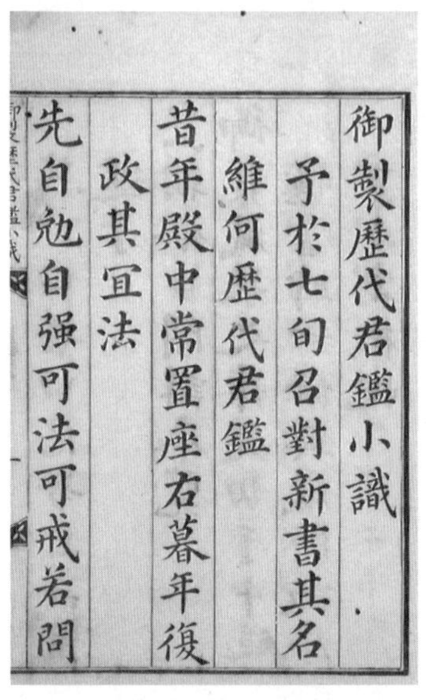

〈그림 3〉 「어제역대군감소지」(奎中1926)

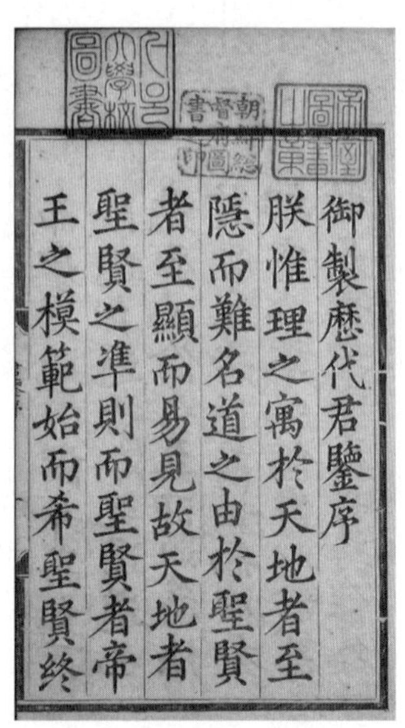

〈그림 4〉 「어제역대군감서」(奎中4111)

영조는 『역대군감』의 서문을 보고 '풍천(風泉)'의 감회가 간절하였다. '풍천'은 '비풍(匪風)'과 '하천(下泉)'을 가리키는 것으로, 비풍은 『시경』 '패풍(檜風)'의 편명이고 하천은 '조풍(曹風)'의 편명이다. 이 두 편은 현인들이 주나라의 왕권이 쇠약해짐을 개탄하면서 옛날 강성했던 때를 생각하며 지은 시이다. 영조는 명나라에서 편찬한 『역대군감』을 앞에 두고 청나라 지배하의 현실에서 명나라를 추모하는 마음이 절실했던 것이다.

영조는 1763년 7월 12일 소대부터 『역대군감』을 진강하였는데, 진강한 성왕(聖王)의 사적을 본받으려 하였다.[39] 7월 22일 소대에서는 『역대

---

39 영조 후반기에는 전반기에 진강된 강목체사서인 『唐鑑』과 『宋鑑』 외에 『역대군감』이 추가되었다. 정경희는 『역대군감』을 도덕적 표폄을 중시한 성리학서 계열에 속한다고 보았다(정경희, 「영조 후반기(1749년~1776년) 경연과 영조의 의리론 강화」, 『역사학보』 162, 1999, 35~36쪽).

군감』을 서문에서부터 시작하여 권4까지 진강하였다. 영조는『역대군감』이 좋은 책이며 모아 놓은 것이 정밀하다고 평하였다. 시독관 홍낙인은 동궁이 현재 맹자와 사략을 진강하고 있는데『역대군감』을 때때로 보면 유익할 것이라고 아뢰었다. 영조 연간에 소대에서 진강한『역대군감』의 범위와 영조가 실천한 사항을 정리하면 〈표 1〉과 같다.

〈표 1〉 1763년 소대에서 진강한 『역대군감』

일자	『역대군감』의 진강 범위	실천 사항
7월 12일	「御製歷代君鑑小識」	-
7월 22일	序文 · 권1 · 권2 · 권3 · 권4	-
7월 23일	권5	-
7월 24일	권7 西漢 文帝 13년 5월	除肉刑 · 除笞背
7월 25일	권10 東漢 光武	논평
	권11 東漢 明帝	논평
	권16 唐 太宗	논평
7월 26일	宋高祖紀, 唐太宗紀	-
7월 28일	권16 唐 太宗 19년 12월 癸未	탄신일에 하례를 금함
	권20 宋 太祖 2년 1월	감옥을 청소, 신속한 처결
8월 4일	권23 宋 仁宗	潛商律 시행
8월 5일	권29~30 明 太祖 高皇帝	齋戒에 정성을 다함
8월 6일	권31~32 明 太宗 文皇帝	哨軍을 배려함
8월 7일	권23 宋 仁宗	-
8월 8일	惡可爲戒 권36~권40	논평
8월 9일	권46 唐 中宗~권48 五代 唐莊宗	논평
8월 10일	-	논평

7월 24일 소대에서 서한의 문제가 몸의 일부를 자르거나 베는 육형(肉刑)과 등을 매로 치는 태배(笞背)를 없앤 것을 진강하였다. 영조는 진강한 후 국청(鞫廳)의 죄수가 아니라면, 조정의 선비나 종친으로 유배되어 죽은 자는 영구히 검험하지 않는 법을 만들라고 명하였다.[40] 영조는 이미 1725년에 '압슬(壓膝)'을,[41] 1732년에는 전도주뢰(剪刀周牢)를,[42]

40　『영조실록』 권102, 영조 39년 7월 24일 기묘.
41　죄인을 심문할 때에 널빤지로 무릎 위를 누르는 것이다. 조선 초기부터 있던 고문

1733년에는 국옥(鞫獄) 때에 낙형(烙刑)을 제거하라고 명하였다.[43]

　7월 28일 소대에서 영조는 당나라 태종의 '19년 12월 계미' 부분을 진강하였다. 진강한 내용은 태종이 생일을 맞이하여 감회를 서술한 것이었다. 태종은 『시경』「곡풍지십(谷風之什)」 '요아(蓼莪)'장의 "哀哀父母 生我劬勞"를 인용하여, 세속에서는 생일에 음악을 연주하지만 어떻게 자신을 낳기 위해 고생하신 날에 잔치와 음악을 하겠는가 말하며 눈물을 흘렸다.[44] 이것을 진강한 영조는 자신의 생일에 하례하지 말고, 여러 도에서도 전문(箋文)을 올리지 말라고 명하였다.[45]

　영조는 8월 28일에 영의정 홍봉한(洪鳳漢) 등이 2품 이상의 관원을 거느리고 탄신하례를 올릴 것을 청하였으나 허락하지 않았다. 홍봉한이 입대하여 강력하게 청하자 생일 이틀 후에 하례를 받겠다고 하였다.[46] 자신의 생일인 9월 13일에 영조는 하례를 허락하지 않았다.[47] 영조는 대신과 종신을 포함한 2품 이상의 여러 신하들에게 입시하라고 명하고 「구장명(鳩杖銘)」을 짓고 신하들에게 이어서 짓게 하였다.[48] 생일 이틀 후인 9월 15일에 영조는 숭정전에 나아가 백관의 하례를 받았다.[49]

　영조는 7월 28일 소대에서 송나라 태조가 한더위에 감옥에 갇힌 죄

방법인데 영조가 1725년에 폐지하였다.

[42] 죄인의 두 다리를 묶고 그 틈에 두개의 주릿대를 가위 모양으로 끼우고 비트는 혹독한 고문형이다. 영조가 1732년에 이 형의 금지령이 내렸다.

[43] 『영조실록』 권35, 영조 9년 8월 22일 경오.

[44] 『歷代君鑑』 卷之十六, 唐 太宗 十九年. "○十二月 癸未 上謂長孫無忌等曰 今日吾生日 世俗皆爲樂 在朕飜成傷感 今君臨天下 富有四海 而承歡膝下 永不可得 此子路所以有 負米之恨也 詩云哀哀父母 生我劬勞 柰何以劬勞之日 更爲宴樂乎 因泣數行下 左右皆悲"

[45] 『영조실록』 권102, 영조 39년 7월 28일 계미.

[46] 『영조실록』 권102, 영조 39년 8월 28일 임자.

[47] 영조는 1694년(숙종 20) 9월 13일 창덕궁의 보경당(寶慶堂)에서 출생했다.

[48] 『영조실록』 권102, 영조 39년 9월 13일 정묘.

[49] 『영조실록』 권102, 영조 39년 9월 15일 기사.

수들의 고통을 염려했던 것에 감동하였다.[50] 영조는 감옥을 깨끗이 청소하고 죄가 크지 않은 죄수는 신속하게 처결하여 오래 끌지 않도록 하였다.[51] 이와 같이 영조는 『역대군감』을 진강하는 목적이 실효를 얻는데 있다고 언급한 바와 같이, 군주들의 선행을 거울삼아 국가 운영에 실천하려고 노력하였다.[52]

이후 순조가 보문각에서 야대할 때 『역대군감』은 진강하였는데, 시독관 홍면섭(洪冕燮)이 영조의 「어제역대군감소지」 가운데 '풍천의 감회'에 감탄하였다.[53] 이에 대해 순조는 열성조(列聖朝)부터 지금까지 '존주대의(尊周大義)'를 천명하고 준수해왔는데 어떻게 하면 만세토록 전할 수 있는지를 물었다. 이 야대에서는 복희씨에서부터 『역대군감』에 나오는 여러 군주들을 비교하며 새벽이 밝아올 때까지 논쟁하였다.

(2) '감계류' 서책의 편찬에 끼친 영향

'감(鑑)'은 앞사람을 '거울삼는 것'으로 뒷사람의 본보기가 되는 것이다. 이런 점에서 선도 나의 스승이고, 악도 나의 스승이 된다. 『역대군감』과 『역대신감』은 다른 이의 선을 본받고, 악은 경계하는 '감계류(鑑戒類)'의 서책이다. 조정의 신하들은 항상 '욕법요순(欲法堯舜) 당법조종(當法祖宗)' 즉 '요·순을 본받으려면, 조종부터 본받아야 한다'는 옛말을 인용하여, 국왕이 선왕들의 좋은 법과 훌륭한 뜻을 이어가도록 진언하였다. 본 항에서는 『역대군감』과 『역대신감』이 조선에 수용된 이

50　『歷代君鑑』 卷之二十 宋 太祖 二年 春正月. "又以夏月暑氣方盛 深念縲紲之苦 乃詔西京諸州 令長吏督掌獄掾 五日一檢視 洒掃獄戶 洗滌杻械 貧困不能自存者給飮食 病者給藥 輕繫小罪 卽時決遣 無得淹滯 每歲仲夏 必申明是詔以戒官吏焉"
51　『영조실록』 권102, 영조 39년 7월 28일 계미.
52　『승정원일기』, 영조 39년 8월 10일 갑오.
53　『순조실록』 권11, 순조 8년 11월 19일 경진.

후 감계류 서책의 편찬에 끼친 영향을 고찰하고자 한다.

　앞 항에서 언급하였듯이 1479년 12월 16일에 성종은『역대군감』과『역대신감』의 각 전의 끝에 선유의 평론을 모아 첨입하고,『내신훈』을 선악으로 분류하여『역대신감』에 붙여 편집하라고 전교하였다.[54]『내신훈』은 본래 선악으로 분류된 책이 아닌데『역대신감』의 체재를 따라 편집했던 것이다.

　1499년(연산군 5) 12월에 연산군은 홍귀달(洪貴達)·권건(權健)·성현(成俔)에게 명하여 옛날의 군신과 후비(后妃)의 행적에서 오늘날 본받을 만하고 경계할만한 자를 편찬하여 거울삼도록 명하였다.[55] 연산군이 '군감(君鑑)·신감(臣鑑)·비감(妃鑑)'의『역대명감(歷代明鑑)』을 편찬하려는 까닭은 나라를 위하는 방법으로 서책의 편찬과 보급만한 것이 없다는 생각해서이다. 그는 임금은 옛것에서 거울삼지 않으면 혹 '시조지의(施措之宜)'를 잘못하게 되고, 신하가 옛것에서 거울삼지 않으면 실제로 '충사지분(忠詐之分)'을 어둡게 되고, 비주(妃主)의 음조(陰助)는 '건도지화육(乾道之化育)'을 도우려면 옛것을 거울삼기를 귀중하게 여겨야 한다고 생각했다.

　『역대명감』의 편찬자들은 중국에서 들어온『역대군감』·『역대신감』과 조선에서 성종 연간에 편찬한『제왕후비명감(帝王后妃明鑑)』을 살펴보았다. 그리고 조선의 역사를 참고하여 가장 절실하고 중요한 것을 뽑고 번다한 것을 없앴다.『역대명감』은 이듬해인 1500년 7월 28일에 '군감·신감·비감'이 한 질을 이루어 27권으로 편찬되었다.[56]

　영조 연간에 편찬한『역대감계초략(歷代鑑戒抄略)』은『역대군감』의

54　『성종실록』권112, 성종 10년 12월 16일 정묘.
55　『虛白堂文集』권9「題跋」「歷代明鑑跋」.
56　『虛白亭文集』권2「序」「歷代明鑑序」.

체재와 같이 선악 두 편으로 만든 서책이다. 1762년 11월 16일 영조는 서지수(徐志修)에게 『역대감계초략』의 편집을 주관하여 황인검(黃仁儉)과 함께 편집하라고 하였다.[57] 『역대감계초략』은 비용을 줄이기 위해 2권을 넘지 않게 편집하였다. 영조는 서책의 내용을 쉽게 하여 아침저녁으로 보고 실효가 있게 하라고 명하였다.

정조는 세손 시절인 1772년(영조 48)에 계방(桂坊)의 이상일(李商逸)과 함께 대교(對校)하여 『해동신감(海東臣鑑)』을 편찬하였다.[58] 『해동신감』은 설총(薛聰)에서부터 윤계(尹棨)까지 191인을 수록하였다.[59] 수록한 인명 다음에 자(字)·리(里)·작(爵)·시(諡) 등을 쓰고 후인들이 본받을 만한 언행과 사적을 요약하여 기록하였다. 『해동신감』의 체제는 『역대신감』을 본떠 2권으로 편찬하였는데 간인은 이루어지지 못했다.

한국학중앙연구원 장서각에는 건(乾)·곤(坤) 두 책으로 장책한 『해동신감』(藏K2-487)이 현전한다. 이 책은 본문의 앞면에 목차에 해당하는 인명을 기록했는데, 우편 하단에 "侍直李商逸抄"라고 기록되어 있다. 본문은 10항의 인찰판에 20자씩 정갈하게 필사했는데, 건책에는 설총에서 홍성민(洪聖民)까지 128인, 곤책은 이제신(李濟臣)부터 윤계까지 63인으로 모두 191인이 수록되었다. 이로 볼 때 장서각에 현전하는 『해동신감』은 1772년에 편찬된 『해동신감』으로 추정된다. 이상과 같이 조선시대에 『역대군감』과 『역대신감』의 체재를 따라 편찬한 감계

---

57 『승정원일기』, 영조 38년 11월 16일 갑술.

58 『해동신감』은 세손 시절의 정조가 직접 편찬했기 때문에 『群書標記』의 「御定」편에 가장 먼저 수록되었으며, 2권 필사본으로 기록되었다(『홍재전서』 제179권 「羣書標記 1」 「御定 1」, '海東臣鑑 二卷 寫本').

59 1651년 김육(金堉)은 신라에서 조선 인조 때까지 명신(名臣) 301인을 뽑아 그들의 언행과 사적을 기록한 『해동명신록』을 편찬하였다. 『해동신감』은 『해동명신록』에서 준걸들을 뽑아 191인을 수록한 것이다. 규장각한국학연구원에 『해동명신록』(奎古4653-6) 9권 9책이 현전한다.

류 서책은 〈표 2〉와 같다.

〈표 2〉『역대군감』·『역대신감』의 체재를 따라 편찬된 서책

년도	서명	참고 사항	편찬
1479년(성종 10)	『역대군감』·『역대신감』	先儒評論 添入 / 『內臣訓』 付類編集	편찬
1500년(연산군 6)	『歷代明鑑』	君鑑·臣鑑·妃鑑	洪貴達·權健·成俔 편찬
1762년(영조 38)	『歷代鑑戒抄略』	『역대군감』	편찬
1772년(영조 48)	『海東臣鑑』	-	세손 정조·李商逸 편찬

2. 현전본 『역대군감』·『역대신감』의 특징과 가치

본 절에서는 규장각한국학연구원과 장서각에 현전하는 『역대군감』·『역대신감』의 특징을 살펴보고자 한다. 이를 위해 먼저 서목에 수록된 『역대군감』과 『역대신감』을 조사하고자 한다. 문헌 기록과 일치하는 중요한 현전본은 기록물 자체에 대한 가치 부여와 함께 조선시대의 기록물 보존에 대해서도 밝힐 수 있기 때문이다.

1) 서목에 수록된 『역대군감』·『역대신감』

조선 후기 창덕궁에는 중국서책을 수장하기 위한 장서처로 양심합(養心閤)·열고관(閱古觀)·개유와(皆有窩)가 있었다. 1700년 숙종이 경현당(景賢堂)의 동행각(東行閣)에 문헌각을 건립하고 쓴 「문헌각명병소서(文獻閣銘并小序)」에 의하면, 당시 대내(大內)에는 세 곳의 장서처가 있

었는데 양심합·흠문각(欽文閣)·상고(廂庫)가 그것이다. 이 중 양심합
은 중국서책만을 수장하였고, 흠문각과 상고는 조선서책을 수장하였
다.[60] 1776년 정조는 규장각과 함께 봉모당(奉謨堂)·열고관·개유
와·서고(西庫)를 건립하여 각기 다른 성격의 봉안처(奉安處)와 장서처
로 사용하였다.[61] 그 중 열고관과 개유와는 중국서책을 수장하였고, 서
고는 조선서책을 수장하였던 건물이다.

조선 후기 서목에 수록된 『역대군감』·『역대신감』은 〈표 3〉과 같
다.[62] 서목에는 서명과 책수만을 기록하고 간인 주체를 기록하지 않았
다. 그러나 각 장서처마다 서목을 별도로 작성했기 때문에 서목에 수
록된 『역대군감』·『역대신감』이 명과 조선 중 어디에서 간인된 것인
가를 알 수 있다. 그러나 19세기 이후에는 장서처가 본래의 특성을 잃
게 되고, 장서처마다 작성되었던 서목이 합철되는 변화가 일어난다.
이를 해결하기 위해서는 현전본 『역대군감』과 『역대신감』의 판식과
권책 그리고 장황 등을 통해 명의 내부각본과 조선본을 추적해가는 방
법이 유용하다.[63]

---

60 『列聖御製』(奎1803) 권15 「文獻閣銘幷小序」. "大內藏書 凡有三所 一曰養心閣 一切
　　藏諸唐板 二曰欽文閣 三曰廂庫 皆藏鄕本焉"
61 규장각은 정조의 "御眞·御製·御筆·寶冊·印章" 등을 봉안하였고, 봉모당은 열조
　　(列朝)의 "御製·御筆·御畫·顧命·遺誥·密敎·璿譜·世譜·寶鑑·狀誌"를 봉
　　안하였다.
62 조선 후기 왕실서목의 편찬년도는 서목이 처음 작성되었던 시기 이후에 부기되는 사
　　항이 있어 어느 한 시기로 확정하기 어렵다. 『西庫書目目錄』(장K2-4963)은 집부의
　　뒤에 다시 「別藏·雜冊」을 기록하였는데, 「雜冊」에 '寶文閣冊目錄一卷·西庫藏書錄
　　一卷·內閣訪書錄一卷'이 수록되어 있다. 또한 『奎章閣書目：西庫書目』(奎11670)의
　　「八架」에 '西庫藏書錄一卷'이 「十七架」에, '寶文閣書目一卷'이 수록되어 있다. 이것으
　　로 서목의 순서를 추정하여 〈표 3〉을 작성하였다.
63 〈표 3〉의 서목에서 보듯이, 서책을 실로 묶어 장책하는 단위인 '책(冊)'은 서책의 수
　　량을 의미하나 조선시대에도 흔히 '권(卷)'이나 '본(本)'과 혼용하였다. '권'은 서책의
　　내용을 구분하는 단위로 '장(章)'에 해당하는 것으로 지금의 챕터와 같은 의미이다.

<표 3> 왕실서목에 수록된 『역대군감』·『역대신감』

번호	書目名 (청구기호)	분류	書名 卷册(註)	唐本 /東本
I	奉謨堂奉安御書總目 (奎9838)	御製	歷代君鑑小識(甲子)	東本
II	奎章總目 (奎4461)	別史類	歷代君鑑 十本	唐本
III	閱古觀書目 (藏K2-4654)	史部-傳記	歷代臣鑑 十卷	唐本
			歷代君鑑 四件 各十卷	唐本
IV	寶文閣冊目錄 (奎11617)	傳記	歷代君鑑 三件(二件各十卷, 一件八卷), 明 景泰 御撰	東本
			歷代臣鑑 十卷(宣德御撰)	東本
V	西庫藏書錄 (奎7717)	史記類	歷代君鑑 四件(三件各十冊, 一件八冊吐), 明 代宗 御製	東本
		內下舊件	歷代臣鑑 一件 十冊	唐本
VI	『西庫書目目錄』 (장K2-4963)	史部-傳記	歷代君鑑 五件(四件各十卷, 一件八卷), 明 景泰 御撰	東本
VII	奎章閣書目 -閱古觀書目 (奎11670)	史二攡	歷代君鑑 十卷(一套)	唐本
			歷代臣鑑 十卷	唐本
		隆文隆武移 來冊子-四架	歷代君鑑 五卷(不秩)	東本
VIII	奎章閣書目-西庫書目 (奎11670)	十三架	歷代君鑑 八卷(改衣)	東本
		二十五架	歷代君鑑 十卷(改衣)	東本
IX	芸閣冊都錄(奎11707)	殿講經書秩	歷代臣鑑 陸卷	東本
X	春坊藏書摠目 (장K2-4669)	史記類	歷代臣鑑 二峽各八冊(皇明宣宗皇帝 撰)	東本

I의 『봉모당봉안어서총목』에는 영조가 지은 「어제역대군감소지」가 수록되었다. 이 어제는 '영종대왕어제간본(英宗大王御製刊本)'에 수록되어 있는데, 주에 부기한 "甲子"는 '1744년'을 의미한다. 이것은 바로 다음 항(行)의 『상훈(常訓)』이 "乙丑"으로 '1745년'을 지칭하는 것으로도 확인된다. 그렇다면 『역대군감』에 수록된 1763년의 「어제역대군감소지」와의 관계는 현재로서는 명확하게 알기 어렵다.

<표 3>의 서목에서 현전본과 기록을 대비하여 고찰할 때 가장 유용한 정보는 '권책' 항목이다. 또한 '분류' 항목은 『역대군감』과 『역대신

감』에 대한 당대의 인식을 보여준다. 서가별로 분류한 Ⅷ과, 쓰임에 따라 '전강경서질(殿講經書秩)·책판도록(冊板都錄)'으로 분류한 Ⅸ를 제외하면『역대군감』과『역대신감』은 모두 사부(史部)에 분류하고 있다. 사부의 아래 항목에서는 정사(正史)를 보완할 수 있는 '별사류(別史類)'로 분류하거나, 인물의 사적을 기술한 '전기(傳記)·사기류(史記類)'로 분류하고 있다. 이에 비해『규장각도서중국본종합목록』에는『역대군감』과『역대신감』을 '사부(史部)-직관류(職官類)-관잠(官箴)'으로 분류하였다.[64]『장서각도서한국판총목록』에서는『역대군감』은 '사부(史部)-잡사류(雜史類)-외국(外國)'에 분류하고,『역대신감』은 '사부(史部)-전기류(傳記類)-총전(叢傳)-외국인(外國人)'에 분류하였다.[65]

앞서 2절에서 성종이 각 전(傳)의 끝에 선유의 평론을 첨입하여 새로『역대군감』·『역대신감』을 편찬하라고 했듯이, 당대에는 '전기(傳記)'라는 인식이 뚜렷하다.『역대군감』·『역대신감』은 군주와 신하의 사적을 기술한 것이므로 '사부-전기(傳記)'로 분류하는 것이 가장 적합할 것이다. 참고로 앞의 〈표 3〉에 수록된 왕실서목의 분류체계를 제시하면 다음과 같다.

Ⅱ.『규장총목』

① 皆有窩甲庫 經 : 總經類·易類·書類·詩類·春秋類·禮類·樂類·

---

[64]『奎章閣圖書中國本綜合目錄』은 사부(史部)를 "總史類·正史類·編年類·紀事本末類·別史類·雜史類·史表類·史評類·傳記類·詔令奏議類·職官類·政書類·金石類·地理類·目錄類"로 분류하였다.

[65]『藏書閣圖書韓國版總目錄』은 사부를 "總史類·正史類·編年類·紀事本末類·別史類·雜史類·史表類·史評類·傳記類·詔令奏議類·職官類·政書類·金石類·地理類·目錄類"로 분류하였다. 藏書閣,『藏書閣圖書韓國版總目錄』, 문화재관리국, 1975.

四書類・小學類

　②皆有窩乙庫　史：正史類・編年類・**別史類**・掌故類・地理類・鈔史類・譜系類・總目類

　③皆有窩丙庫　子：儒家類・天文類・曆籌類・卜筮類・農家類・醫家類・兵家類・刑法類・道家類・釋家類・雜家類・說家類・藝玩類・類事類・叢書類

　④皆有窩丁庫　集：總集類・別集類

Ⅲ.『열고관서목』

經部・史部(正史・編年・別史・雜史・**傳記**・史鈔・史評・掌故・地理・譜系・總目)・子部・集部

Ⅳ.『보문각책목록』

御製御筆・璿牒璿譜・御定・經部・小學・史部・編年・雜史・史抄・**傳記**・掌故・地理・子部・兵家・說家・書畵・集部・雜家

Ⅴ.『서고서목목록』

御製御筆・璿牒璿譜・御定諸書・經部(總經・易・書・詩・禮・春秋・孝經・四書・小學)・史部(正史・編年・雜史・**傳記**・史抄・史評・掌故・地理・譜系)・子部(儒家・天文・曆象・術數・農家・醫家・兵家・譯語・道釋・雜家・說家・書畵・類聚)・集部(總集・別集)

Ⅵ.『서고장서록』

經書類・**史記類**・儒家類・禮書類・典章類・文章類・詩家類・字書

類・天文類・地誌類・類聚類・醫書類・兵家類・堪輿類・譯書類・道釋類・方技類・中國文集・勝國文集・國朝文集・雜類・族譜類・膽書類・江都移來件・內下舊件・奉謨堂移來件

Ⅶ.『규장각서목－열고관서목』

經一欌・經二欌・史一欌・**史二欌**・史三欌・史四欌・圖書集成・一架・二架 (…중략…) 十七架・附新內下書目 一架・六架 (…중략…) 隆文隆武移來冊子 一架 (…중략…) 五架

Ⅷ.『규장각서목－서고서목』

西北一架・西北二架・西西一架・西西二架・一架　(…중략…)　**十三架**(…중략…) **二十五架** (…중략…) 四十架

Ⅸ.『운각책도록』

殿講經書秩・冊板都錄

Ⅹ.『춘방장서총목』[66]

列朝御製御筆・列朝東宮日記・經書類・**史記類**・儒家類・諸子類・兵家類・醫家類・文集類・典故類・類書類・字書類・書法類・雜書類・內下別峙冊錄・落峡類

---

[66] 『春坊藏書摠目』(장K2-4669)은『春坊藏書總目草本』(장K2-4671, 宮內府, 1905.1.3)과 동일한 내용의 서목이다. 다만『春坊藏書總目草本』은 분류 체계를 기록한 2쪽이 없고, 서체가『春坊藏書摠目』에 비해 정갈하지 못하다.

2)『역대군감』·『역대신감』의 형태적 특징

명에서 목판으로 간인한 내부각본『역대군감』과『역대신감』은 사주쌍변(四周雙邊)과 10항(行) 20자(字)'의 판식인데, 조선에서도 내부각본의 판식 그대로 목판으로 간인하였다. 이와 같이 동일한 판식과 동일한 내용의 서책일 경우에는 명의 내부각본과 조선본의 구별이 쉽지 않다. 아마도『규장각도서중국본종합목록』에 수록된 조선에서 간인한『역대군감』과『역대신감』도 여기에서 비롯된 오류일 것이다.

그러나 명내부각본은 대흑구(大黑口)와 상하내향흑어머(上下內向黑魚尾)의 판심인데 반해 조선본은 백구(白口)와 상하내향삼엽화문어미(上下內向三葉花紋魚尾)의 판심이다. 즉 판심에 있어서는 중국서책과 조선서책의 독특한 특징을 지니고 있어 판본 구별의 단서가 된다.[67] 규장각과 장서각에 현전하는『역대군감』·『역대신감』의 권책과 장황 등의 형태적 특징은 다음 면의 〈표 4〉와 〈표 5〉과 같다.

①·②에는「어제역대군감서」와「어제서문」과 권수에 [廣運之寶]가 안보(安寶)되어 있다(다음 면의〈그림 6〉). ①·②는 서책의 안쪽을 살펴보면 본래 6침으로 장책하였던 침안(針眼)이 그대로 남아 있어 조선에서 5침으로 개장하였음을 알 수 있다.[68] ①·②는 비단으로 책의를 하고 공격지(空隔紙)를 두어 당시 봉안건과 진상건 서책에 비견하는 장황을 하였다. 이는 당시 귀중본 중국서책으로서 ①·②의 위격을 보여주는 것이다.

앞서 1절 1항에서 살펴보았듯이 숙종이 내려준 중국본 책의에 어필

---

67 어미 안에 새겨진 서명은 두 본 모두 "君鑑·臣鑑"으로 동일하다.
68 중국서책을 조선서책의 장황으로 개장한 사례와 그 의미에 대해서는 조계영, 앞의 글, 2009 참조.

번호	청구기호	卷冊 / 크기 / 판심	粧䌙	序文 / 〔藏書印〕/ 書根題
①	奎中4111	50권 10책 / 35.8 × 22cm / 大黑口, 上下內向黑魚尾 / 標點	改粧(6침안→5침안) / 황색매화문비단 / 長題目(卷次) / 앞뒤 空隔紙(篇目)	「御製歷代君鑑序」 / 〔廣運之寶〕: 御製序文 · 卷首 / 書根題
②	奎中4120	50권10책 / 35.5 × 21.8cm / 大黑口, 上下內向黑魚尾 / 標點	改粧(6침안→5침안) / 비취색비단 / 長題目(冊次) / 橫題目(篇目) / 앞 空隔紙	「御製歷代君鑑序」 / 〔廣運之寶〕: 御製序文 · 卷首 / 書根題
③	奎中1926	35권 8책(落帙本) / 33 × 22.3cm / 白口, 上下內向三葉花紋魚尾	紙衣 / 朱墨 懸吐 / 御諱付籤 紅方絲紬	「御製歷代君鑑序」 / 「御製歷代君鑑小識」 / 〔弘文館〕·〔弘齋〕·〔承華章〕: 卷首 / 書根題
④	奎中1927	50권 10책 / 32.3 × 21.3cm / 白口, 上下內向三葉花紋魚尾	紙衣 / 墨書 懸吐 / 御諱付籤 被諱紙	「御製歷代君鑑序」 / 「御製歷代君鑑小識」 / 〔弘文館〕·〔校書館〕: 卷首 / 書根題
⑤	奎中2481	4권 1책(零本) / 35.7 × 23.3cm / 白口, 上下內向三葉花紋魚尾	紙衣 / 墨書 懸吐 / 권19~권24	〔承政院〕
⑥	奎26669	落張 25장을 묶음	-	-
⑦	장K2-328	50권 10책 / 35.4 × 22.8cm / 白口, 上下內向三葉花紋魚尾	紙衣 / 長題目(冊次) / 橫題目(篇目)	「御製歷代君鑑序」 / 〔宣賜之記〕〔金履禪印〕

이 있다고 하였다. 〈표 4〉의 『역대군감』에서 이러한 특징을 지닌 중국 서책은 ②『역대군감』이다(다음 면의〈그림 5〉). ②는 별도의 제목감을 사용하지 않고, 비취색 비단 책의에 바로 장제목과 횡제목을 썼다.[69] 제목을 쓴 서체는 소박한 절제미가 있는데, 우측 하단의 총책수인 '共十'의 서체와는 다르다. 또한 숙종은 송광정에게『역대군감』10책에 직접 편목을 써주어 반사한 적이 있다. 이러한 사실로 미루어 보면 ②『역대군감』의 책의에 쓴 글씨는 숙종의 어필일 가능성이 높다.

[廣運之寶]는 명나라의 황제들이 사용한 어보(御寶)로서, 명의 문서

---

[69] 이러한 특징은 ①이 앞 공격지에 편목이 필사되어 있는 것과 대별된다. ①의 유려한 필체의 서명과 편목은 寫字官이나 당대의 선사자(繕寫者)가 필사한 것으로 생각된다. ①의 전반적인 특징은 책의가 비단이라는 것을 제외하면 개장한『고금도서집성』과 같다. 『고금도서집성』의 개장과 그 특징에 대해서는 위의 글, 29~33쪽 참조.

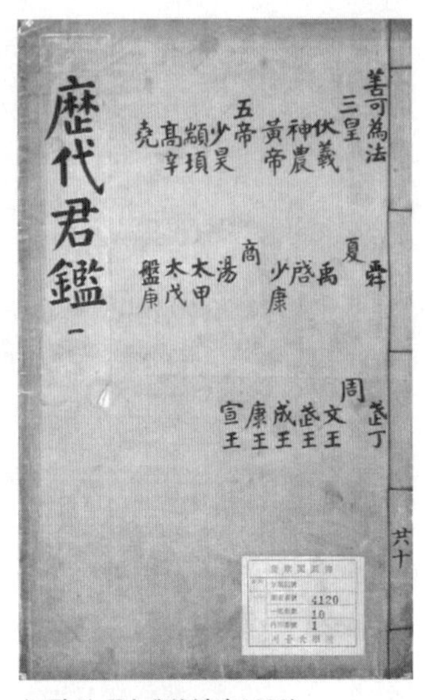
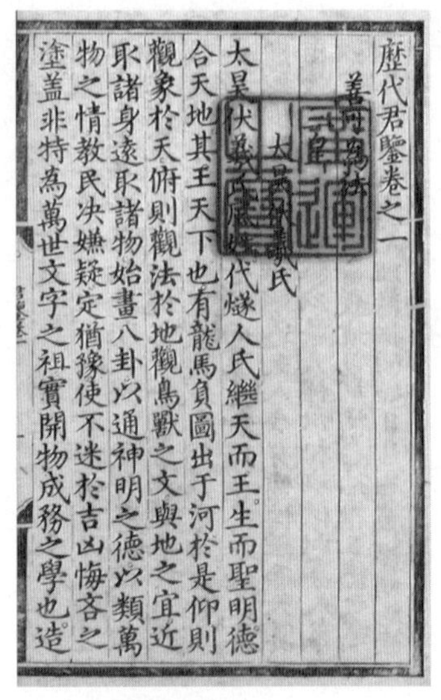

〈그림 5〉 册衣 御筆(奎中4120)　　　〈그림 6〉〔廣運之寶〕(奎中4111)

와 서책에 안보하였던 사실은 실록 기사를 참고할 수 있다. 정언 권주 (權柱)는 1485년에 서장관으로 북경에 갔을 때 앞뒤의 정황을 미루어 명나라 내관인 곡청(谷淸)이 '별진헌(別進獻)'을 사사로이 요구한 것으로 판단하였다. 이에 대해 성종은 성지(聖旨)에 [廣運之寶]가 있으니 헌종황제(憲宗皇帝, 1464~87년 재위)의 명이 분명하다고 하였다.[70] 1603년에는 선조의 계비인 인목왕후(仁穆王后)를 책봉하는 신종황제(神宗皇帝, 1572~1620년 재위)의 칙서에 [廣運之寶]가 안보되었다.[71]

영조 연간에 [廣運之寶]가 안보된 서책들을 열람한 사례가 있어 주목된다. 1741년에 검토관 이성중(李成中)이 홍문관에 수장되어 있던 『역대통감찬요(歷代通鑑纂要)』를 영조에게 올렸다.[72] 영조는 권수에 안

70　『성종실록』 권204, 성종 18년 6월 14일 임오.
71　『선조실록』 권163, 선조 36년 6월 19일 갑진.

보되어 있는 [廣運之寶]가 어느 대의 것인가를 묻자 기사관 황경원(黃景源)은 "廣運之寶 皇朝之寶也"라고 아뢰었다.[73] 영조는 1746년에 김륵(金玏) 집안에 소장된 『대학연의(大學衍義)』를 그 자손에게 가져오게 하여 열람하였다.[74] 이 『대학연의』는 1602년(선조 36)에 김륵이 동지사행으로 명에 갔을 때 신종황제가 하사한 것이다. 이 책은 서문의 연호가 있는 행에 [欽文之璽]가, 각 권의 권수에 [廣運之寶]가 안보되었다. 영조는 김륵의 자손에게 『대학연의』를 하사하였는데, 권수에 특지(特旨)를 쓰고 각 권에 어보와 [春宮]의 관인을 찍었다.[75]

　③·④·⑤는 조선에서 목판으로 간인한 동일한 판본이다. ③·④는 「어제역대군감서」 다음에 영조가 지은 「어제역대군감소지」가 수록되어 있다. ③은 [弘文館]·[弘齋]·[承華章]의 장서인이 있고 붉은 먹으로 토(吐)를 달았다. 또한 35권 14장에 있는 어휘를 가리는 홍방사주가 붙어 있어 어람용 서책임을 알 수 있다.[76] ④는 검은 먹으로 쓴 구결과 35권 14장에 있는 어휘를 가리는 피휘지가 있다. ⑦은 장서각에 현전하는 『역대군감』으로 「어제역대군감서」에 [宣賜之記]가 있으며, 권1의 우측 하단에 [金履禕印]이 날인되어 있다. 이로 볼 때 이 책은 『역대군감』의 국용건에서 하사받은 것이다. 〈표 4〉에서 명에서 간인한 『역대군감』은 ①·②이고, 조선에서 간인한 것은 ③에서 ⑦까지이다. 따라서 규장각에 현전하는 ③·④·⑤는 중국본이 아니라 한국본 『역대군감』이다.

72　『영조실록』 권53, 영조 17년 4월 4일 무술.
73　당시 홍문관과 강화부 행궁에는 명에서 하사한 중국서책이 수장되어 있었다.
74　『영조실록』 권64, 영조 22년 8월 22일 을유. 영조와 정조는 특별한 연기(緣起)와 내력을 지닌 고가(古家)의 문적이 있으면 그 자손에게 가져오게 하여 열람한 후, 어제(御製)를 내려주거나 서책을 하사하였다.
75　『정조실록』 권40, 정조 18년 8월 30일 갑신.
76　본 글의 2절 1항에 있는 〈그림 1〉과 〈그림 2〉 참조.

〈표 5〉 규장각과 장서각에 현전하는 『역대신감』의 형태적 특징

순번	청구기호	권책 / 크기 / 판심	장황	序文 / 藏書印 / 書根題(秩別)
①	奎中3173	37권 10책(冊次①) / 32×19.3cm / 大黑口, 上下內向黑魚尾 / 標點	紙衣 : 改粧((6침안→5침안) / 長題目(卷次) / 앞뒤 空隔紙	「御製歷代臣鑑序」 / 補寫; 권1 : 1장, 권25 : 10~13장, 권26 : 1~7장, 권27~권29. / 書根題
②	奎中2016	37권 8책(冊次②) / 35.3×22.6cm / 白口, 上下內向三葉花紋魚尾	紙衣	[侍講院] / 書根題(天)
③	奎中2017	37권 8책(冊次②) / 35.3×22.6cm / 白口, 上下內向三葉花紋魚尾	紙衣	[侍講院] / 書根題(地)
④	장K2-644	37권 6책(冊次③) / 24.5×17cm / 白口, 上下內向三葉花紋魚尾	紙衣 / 長題目(冊次)	
⑤	장 貴B9FC 4	3권 1책(권4~권7) 零本 / 35.2×22.5cm / 白口, 上下內向三葉花紋魚尾	紙衣	[安東權修永叔][內賜]

〈표 5〉는 규장각과 장서각에 현전하는 『역대신감』의 형태적 특징이다. ①·②·③·④는 책 수가 10책·8책·6책으로 각기 다르게 장책되었지만 모두 37권 완질본이다.[77] ①은 본래 6침의 중국서책을 5침의 조선서책으로 개장하였다. 비록 지의(紙衣)로 개장하였으나, 앞뒤 공격지를 넣은 봉안건과 진상건 서책에 비견하는 장황을 하였다.

앞서 1절 1항에서 언급했듯이 숙종이 내하한 당본에 낙장(落張)이 있다고 하였다. 〈표 5〉의 『역대신감』에서 이러한 특징을 지닌 중국서책은 ① 『역대신감』이다. ①에서 낙장된 부분을 보충하여 필사한 부분은 '권1 : 1장, 권25 : 10~13장, 권26 : 1~7장, 권27~권29'이다(〈그림 7〉). 따라서 ①은 숙종이 내하한 『역대신감』으로 추정된다.

---

[77] 현전하는 『역대신감』은 '부록 2'의 책차(冊次) ①·②·③으로 장책(粧冊)되어 있다.

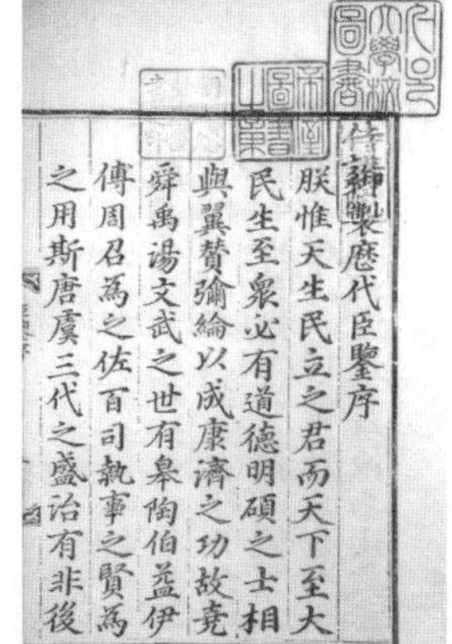

〈그림 8〉「어제역대군감서」(奎中 2016)

②・③・④는 조선에서 동일한 목판으로 인출한 『역대신감』이다. ②・③은 다른 서책에서는 흔히 볼 수 없는 질별(秩別) 표시가 서근제(書根題)에 '天'과 '地'로 되어 있다. ②・③에는 [侍講院]의 장서인이 있어 『춘방장서총목』(장K2-4669)에 수록된 8책 2질의 『역대신감』에 해당된다(〈그림 8〉). 따라서 규장각에 현전하는 ②・③은 중국본이 아니라 한국본 『역대신감』이다.

맺음말

이 글은 명에서 편찬한 『역대군감』・『역대신감』이 조선에 수용되는 양상과 특징을 고찰하였다. 『역대군감』・『역대신감』은 "善可爲法"

과 "惡可爲戒"로 분류하여 임금과 신하의 사적을 기록하였다. 『역대신감』은 37권 10책으로 1426년에, 『역대군감』은 50권 10책으로 1453년에 편찬되었다. 『역대군감』과 『역대신감』이 몇 차례에 걸쳐 조선에 수용된 계기는 사행으로 북경에 갔을 때 황제에게서 받은 것이다. 조선에 들어온 『역대군감』과 『역대신감』은 명의 관각본 중에서 '내부각본'이다.

조선에서 『역대군감』·『역대신감』을 교정하거나 간인한 것은 세조·성종·숙종 연간이다. 성종 때에는 『역대군감』과 『역대신감』에 선유들의 평론을 첨입하고, 『내신훈』을 선악으로 분류하여 『역대신감』에 붙여 새롭게 편집하였다. 숙종 때에는 『역대군감』·『역대신감』을 교정청에서 교정한 후, 『역대군감』은 경상도에서 『역대신감』은 전라도에서 간인하였다.

조선에 수용된 『역대군감』·『역대신감』은 경연·서연에서 제왕학의 교재로서 활용되었다. 특히 영조는 1763년 7월 12일 「어제역대군감소지」를 짓고 한 달 동안 소대에서 『역대군감』을 강하였다. 영조는 『역대군감』을 진강하는 것이 실효를 얻기 위함이라고 말한 바와 같이 진강 후에 '절용애민(節用愛民)'을 실천했다. 『역대명감』·『역대감계초략』·『해동신감』은 『역대군감』·『역대신감』의 체재를 따라 편찬된 감계류 서책이다.

조선 후기 서목에서는 『역대군감』과 『역대신감』은 사부에 분류하고 있다. 사부의 아래 항목에서는 정사(正史)를 보완할 수 있는 '별사류'로 분류하거나, 인물의 사적을 기술한 '전기·사기류'로 분류하고 있다. 규장각한국학연구원에 현전하고 있는 『역대군감』 6건 중 중국본은 ①·②이고, ③에서 ⑥까지는 조선에서 간인한 것이다. '규중411

1ㆍ규중4120'은 [廣運之寶]가 안보되어 있는데, 이는 명나라 황실에서 수장하였던 본으로 조선으로 들어온 후 비단으로 개장하여 귀중본으로 관리하였던 것으로 그 가치가 높다. 『역대신감』의 경우 ①은 중국본이고, ②와 ③은 시강원에 수장하였던 서책이다.

이 글은 『역대군감』ㆍ『역대신감』의 문헌 기록과 현전본을 대비하여 고찰하여 중국본에 대한 오류를 바로잡고 그 가치를 조명하였다. 앞으로 『규장각도서중국본종합목록』에 수록된 중국본에 대한 연구가 다각도로 진행되어 조선 사회에 미친 영향과 가치 평가가 제대로 이루어지기를 기대한다.

	卷次	시대	인물	册次
	권1	三皇	伏羲・神農・黃帝	
	권2	五帝	少昊・顓頊・高辛・堯・舜	
	권3	夏	禹・啓・少康	1책
	권4	商	湯・太甲・太戊・盤庚・武丁	
	권5	周	文王・武王・成王・康王・宣王	
	권6		高帝	
	권7	西漢	文帝・景帝	
	권8		武帝	
	권9		昭帝・宣帝	2책
	권10	東漢	光武	
	권11		明帝・章帝	
	권12	蜀漢	昭烈帝	
	권13	西晉	武帝	
		東晉	元帝・明帝	
	권14	南朝	宋文帝	
	권15	北朝	魏孝文帝・周武帝	3책
	권16	唐	太宗	
善可	권17	唐	憲宗	
爲法	권18	唐	宣宗	
	권19	五代	周世宗	
	권20	宋	太祖	
	권21	宋	太宗	
	권22	宋	眞宗	4책
	권23	宋	仁宗	
	권24	宋	英宗・神宗 英宗	
	권25	宋	孝宗	
	권26	宋	理宗	
	권27	金	世宗	5책
	권28	元	世祖・仁宗	
	권29		太祖 高皇帝 上	6책
	권30		太祖 高皇帝 下	
	권31		太宗 文皇帝 上	7책
	권32	明	太宗 文皇帝 下	
	권33		仁宗 昭皇帝	
	권34		宣宗 章皇帝 上	8책
	권35		宣宗 章皇帝 下	
惡可		夏	太康・孔甲・桀	
爲戒	권36	商	武乙・紂	9책

卷次	시대	인물	册次
	周	厲王·幽王	
권37	秦	始皇帝	
권38	西漢	元帝·成帝	
권39	東漢	安帝·桓帝	
권40	西晉	惠帝	
	東晉	孝武帝	
권41	南朝	宋少帝·宋孝武帝	
권42	南朝	齊鬱林王·齊明帝·陳後主	
권43	北朝	齊文宣·齊武成	
권44	北朝	齊後主·周宣帝	
권45	隋	煬帝	10책
권46	唐	高宗	
권47	唐	中宗	
권48	五代	唐莊宗	
권49	宋	徽宗	
권50	遼	天祚	
	金	海陵	
	元	順帝	

|부록 2| 『역대신감』의 권책과 체재

	卷次	시대	인물	册次①	册次②	册次③
善可 爲法	권1	列國	鄭子産·晏平仲·叔向	1책	1책	1책
		漢	蕭何·曹參·王陵·陳平·周勃·張釋之·石奮·文翁·汲黯·衛靑			
	권2	漢	霍去病·霍光·金日磾·張安世·黃霸·雋不疑·韓延壽·魏相·丙吉·朱邑·龔遂·召信臣·于定國·蓋寬饒·趙廣漢·趙充國			
	권3	漢	鄧禹·寇恂·任延·馮異·岑彭·賈復·吳漢·耿弇·王霸·祭遵·馬援·卓茂·桓譚·郭伋			
	권4	漢	杜詩·張堪·耿恭·魯恭·第五倫·龐參·秦彭·孟嘗·劉寵·仇覽·廉范·楊震·蘇章·虞詡·劉寬·羊續·賈琮		2책	
	권5	三國	諸葛亮·關羽·張飛·蔣琬·費禕·張遼·張郃·毛玠·辛毗			
	권6	三國	周瑜·魯肅·呂蒙·步隲·張昭·陸遜			
	권7	晉	羊祜·杜預·祖逖·王導·劉弘·陶侃·卞壺			
	권8	南北朝	檀道濟·袁粲·馮道根·鄭紹叔·呂僧珍·韋叡放粲·江革·徐勉·羊侃·章昭達	2책		2책
	권9	南北朝	于栗磾 烈謹·叔孫建 俊·源賀 懷·高允·楊播 椿津·李崇·傅竪眼·高道穆		3책	

	卷次	시대	인물	册次①	册次②	册次③
	권10	南北朝	殷韶·趙隱·辛術·李弼·尉遲逈·蘇綽·申徽·趙綽	3책		
	권11	唐	房玄齡·杜如晦·李靖·魏徵·王珪·尉遲敬德·張允濟			
	권12	唐	李綱·載冑·馬周·徐有功·狄仁傑·姚崇·宋璟			
	권13	唐	張九齡·韓休·郭子儀·王忠嗣·顔眞卿·顔?卿·段秀實			
	권14	唐	李晟·馬燧·渾瑊·陸贄·裴度	4책	4책	3책
	권15	唐	張巡·李絳·韋丹·韋景駿			
		五代	王彦章……			
	권16	宋	趙普·曹彬·呂蒙正·李昉·張齊賢·楊業·李沆			
	권17	宋	寇準·王旦·魯宗道·蔡齊·狄青·張詠	5책	5책	
	권18	宋	韓琦·范仲淹·富弼·文彦博·王曾·杜衍			
	권19	宋	歐陽脩·趙抃·包拯·司馬光·呂公著·范純仁·唐介·蘇軾	6책		4책
	권20	宋	鮮于侁·李綱·宗澤·張浚		6책	
	권21	宋	趙鼎·韓世忠·岳飛			
	권22	宋	劉錡·吳玠·張俊·劉光世·胡銓·楊存中			
	권23	宋	虞允文·王十朋·周必大·眞德秀·文天祥			
	권24	遼	高模翰·耶律屋質·張儉·馬得臣	7책	7책	5책
		金	徒單克寧·張萬公·韓企先·石珌			
	권25	元	木華黎·史天澤·伯顔			
	권26	元	阿里海牙·完澤·不忽木·耶律楚材			
	권27	元	劉秉忠·廉希憲·安童·	8책		6책
	권28	元	張文謙·竇默·許衡·徐世隆·董文用			
	권29	元	拜住·張珪·李孟·張養浩·余闕			
惡可爲戒	권30	漢	田蚡·審食其·周陽由·張湯·王溫舒·江充·公孫敬聲·上官桀·霍禹·淳于長·王鳳·息夫躬·王莽	9책		
	권31	漢	彭寵·竇憲·梁冀·董卓·曹操·袁術……			
		三國	魏延·司馬懿·鍾會·孫綝·步闡			
		晉	王敦·蘇峻·桓溫·桓玄			
	권32	南北朝	沈攸之·范曄·侯景·王偉·司馬申·沈客卿·孔範·爾朱榮·馮子琮			
		隋	楊玄感·賀若弼·宇文述·王世充			
	권33	唐	來俊臣·周興·李林甫·安祿山			
	권34	唐	史思明·盧杞·李希烈·朱泚·溫韜		8책	
	권35	宋	曹翰·丁謂·蔡確·呂惠卿·蔡京·章惇·蔡卞·蔡攸·黃潛善·苗傅	10책		
	권36	宋	秦檜·趙野·韓侂胄·吳曦·賈似道			
	권37	遼	李處溫·察割			
		金	赤盞合喜			
		元	阿合馬·桑哥·鐵木迭兒·搠思監·孛羅帖木兒			

영조대의 교화서 간행과 한글 사용

이영경

머리말

주지하다시피 한글은 창제된 이후에도 문자생활의 전면에 나서지 못하고 오랫동안 한자의 뒤에 가려져 있었다. 국가의 공식 문자는 여전히 한자였고 한글의 사용은 대개 사적인 문자생활에 국한되었다. 창제 이후 한글은 주로 한자나 한문의 학습이나 백성의 교화를 위한 문헌의 간행에, 그리고 소설 또는 시가의 창작이나 편지를 주고받는 데 사용되었던 것이다.[1]

이 중 개인적 차원이 아닌 국가적 차원에서 한글의 사용이 긴요하게

---

1 안병희,『훈민정음연구』, 서울대 출판부, 2007, 239쪽.

요구된 경우는 백성의 교화를 위한 문헌을 간행할 때였다. 유교 국가인 조선이 그 통치 이념을 백성들에게 전파하여 유교적 가치관을 구현하는 것은 국가의 통치 기반을 확립하는 중요한 일이었으며, 이를 위한 가장 효과적 방법의 하나가 교화서를 간행하여 보급하는 것이었다. 그리고 교화서가 그 목적을 제대로 달성하기 위해서는 교화의 주 대상인 일반 백성들이 읽고 이해할 수 있어야 했으므로 한글로 된 교화서가 요구될 수밖에 없었다. 따라서 한글은 창제 직후부터 훈민을 위한 하나의 도구로써 교화서의 간행과 번역에 적극적으로 활용되었으며, 이에 따라 다양한 한글 교화서의 간행이 이어졌다.

영조대는 조선 시대를 통틀어 한글 교화서의 간행이 가장 활발히 이루어졌던 시기였다고 할 수 있다. 호학적인 군주였던 영조는 오랜 재위 기간 동안 끊임없이 수신, 치세, 훈민 등에 대해 사색하고 탐구하면서 이를 담은 많은 개인적인 저술을 남겼으며 이와 함께 각종 교화서의 간행에도 큰 관심을 기울였다. 이에 '어제류(御製類)'라고 칭하여지는 많은 훈서들이 간행되었으며, 『여사서언해』, 『천의소감언해』, 『종덕신편언해』 등의 새로운 교화서의 간행뿐만 아니라[2] 행실도류 문헌, 『내훈』 등 기존에 간행되었던 주요 교화서들의 개간과 개역도 활발히 이루어졌다. 특히 이 시기에 이루어진 기존 교화서의 개역은 그 폭이 대단히 넓은 것이어서 번역과 표기가 전면적으로 바뀐 교화서가 많았다.[3]

---

2   이현희, 「장서각 소장의 영조대 한글 문헌」, 『장서각』 2, 1999, 32쪽에서는 영조의 개인적인 저술인 '어제류'는 '교훈서', 영조 왕위 계승의 정당성을 천명한 『천의소감언해』는 '의리서'라 하여 교화서와 별도로 분류하기도 하였으나, 본 글에서는 '교화서'의 범위를 넓게 잡아 이들을 모두 교화서에 포함시켰다. 여기에는 '어제'라는 이름이 붙은 한글 윤음도 포함된다.
3   이런 점에서 영조가 직접 관여한 『내훈』이나 『소학』 등의 개역본은 각각 『어제내훈』, 『어제소학』이라는 서명으로 해서 앞 시기의 책과 구별되는 제3의 문헌으로 흔히 다루어지기도 한다.

이러한 교화서의 대대적인 간행 및 개역은 한글 사용이 점차 그 영역을 확대해 가는 조선 후기의 언어적 상황과도 깊은 관련이 있다. 한글은 16세기 후반에는 이미 전국적으로 보급되어 조선 후기가 되면 점차 한자가 차지하고 있던 공적 문자 생활의 영역에까지 그 사용 범위를 확대해 가게 되는데,[4] 이러한 양상의 한 단면을 영조대의 교화서를 통해 확인할 수 있다. 국가가 교화서를 통해 민과 소통하려고 할 때 그 언어가 어떤 형식과 특징을 가지는지 살펴보는 것은 공적 영역에서의 한글의 사용 양상을 가늠해 볼 수 있는 하나의 방법이 될 것이다.

이에 본 연구에서는 영조대의 교화서 개역 및 간행 양상을 살펴보고 그 언어적 성격에 대해 고찰해 보고자 하며, 이를 통해 조선 후기에 한글이 공적 영역에서 어떻게 그 사용을 확대해 갔는지 조망해 보려 한다. 그런데 영조대에 간행되거나 개역된 교화서는 한정된 지면에 모두 다루기에는 그 수가 너무 많다. 따라서 본 연구에서는 '기존 교화서의 개역'과, 새로운 교화서 중 '어제류 훈서의 간행'을 중심으로 논의하려고 한다. 이들에 대한 논의가 한글 사용 양상과 관련하여 영조대 교화서의 특징을 가장 잘 드러낼 수 있다고 판단되기 때문이다.[5]

4 　안병희, 앞의 책, 215~216·252쪽에서는 1675년에 내려진 숙종의, 한글로 된 문서는 증인이나 문서 작성자를 갖추지 못한 것과 똑같이 인정하지 말라는 수교는 한글이 공적 영역을 넘볼 정도로 널리 보급되고 사용되었음을 보여주는 것으로, 17세기에는 비록 한자와 같이 공적인 영역은 아니지만 한글이 우리 문자 생활에서 움직일 수 없는 자리를 차지하였음을 뜻한다고 하였다. 한글의 보급과 실용에 대해서는 안병희, 같은 책; 백두현, 「조선시대의 한글 보급과 실용에 관한 연구」, 『진단학보』 92, 2001 등의 논의를 참고할 수 있다.

5 　『어제내훈』(1737), 『여사서언해』(1737) 등의 여성 수신서나 『천의소감언해』(1756), 『종덕신편언해』(1758) 등이 논의에서 제외되었는데, 이들 모두 그 번역에 있어 보다 철저한 직역의 태도를 취하였다는 것 외에 언어적 성격에서 특별한 점은 없다. 이러한 직역의 태도는 경서언해 이후의 언해서에서 일반적으로 나타나는 경향인 것이다. 또한 한글 사용 양상과 관련하여 앞의 두 문헌은 언해문이 국한문혼용, 뒤의 두 문헌은 언해문이 순한글로 된 것은 언해의 목적이나 대상 독자를 고려하면 역시

1. 기존 교화서의 개역 및 중간

영조대에 교화서 간행과 관련하여 가장 먼저 행해진 일은 기존 주요 교화서들의 개역 및 중간 작업이었다. 이는 물론 이들 교화서의 독자층을 공간적, 계층적으로 보다 넓힘으로써 그 교육적 효과를 제고하기 위한 것이었다. 이러한 개역 및 중간 작업은 전술한 바와 같이 영조의 개인적인 의지와 한글 보급이 상당히 이루어진 당시의 언어 상황과 맞물리면서 대대적인 수준으로 진행되었다.

일차적으로 개역 및 중간의 대상이 된 것은 조선 초에 간행된 이후 백성들을 위한 윤리 교과서의 역할을 해 왔던 행실도류 문헌들과, 생활 속에서의 기본 윤리 규범 및 이를 어겼을 시 적용되는 법규를 알려주는 『경민편언해』였다. 세종대에 한문본 『삼강행실도』가 간행되면서 시작된 조선조의 교화서를 통한 훈민 정책은 한글 창제로 인해 더욱 힘을 받으면서 다양한 한글 교화서의 간행으로 이어졌지만, 이후 개간이 거듭되며 지속적으로 활용된 것은 행실도류와 『경민편언해』 정도였다. 시대적 상황이나 문헌의 성격 때문에 존속 기간이 길지 못했던 『정속언해』나 『여씨향약언해』 등과 달리, 행실도류 문헌과 『경민편언해』는 유교 사회에서의 보편적·기본적 윤리와 행동 규범을 담고 있어 그 교육의 효과가 크다는 점에서 효용성을 인정받았다 하겠다.[6]

이례적이거나 특별한 것은 아니라 하겠다. 다만 뒤의 두 문헌은 한문 원문 없이 언해문만으로 이루어져 있다는 체재상의 특징을 보이는데 이는 같은 체재의 『어제훈서언해』의 논의에서 아우를 수 있을 것이다.

6 실제로 『삼강행실도』를 통한 교육이 효과를 본 사례가 여러 기록들에서 확인된다. 이에 대해서는 백두현, 「훈민정음을 활용한 조선시대의 인민 통치」, 『진단학보』 108, 2009, 272~273쪽 참조. 『이륜행실도』의 서문에도 『삼강행실도』의 교육적 효

1) 행실도류의 경우

우선 행실도류 문헌의 중간과 관련한 기록이 『영조실록』에 보인다.

교서관에 명하여 『삼강행실』을 인출하여 제도(諸道)에 나누어 보내고,
감영에서 각인하여 널리 배포하게 하였다.(영조 5년 8월 27일조)
　『삼강행실』과 『이륜행실』을 승정원(承政院)·옥당(玉堂)·한원(翰院)
에 내려 주라 명하였다.(영조 6년 8월 6일조)

성종조에 간행된 언해본 『삼강행실도』(1481)와 중종조의 『속삼강행
실도』(1514), 『이륜행실도』(1518) 등 이른바 행실도류 문헌들은 조선조
의 핵심 교화서로서 초간본이 간행된 이후 여러 차례 중간되었다. 특
히 중종조의 두 문헌은 『삼강행실도』의 속편에 해당하는 것들인바,[7]
이후 이 세 문헌은 하나의 세트로서 같은 시기에 함께 개역되어 개간
되는 양상을 보여준다. 주지하다시피 이들은 역사적으로 크게 두 차례
의 개역 과정을 거치게 되는데 그 첫 번째는 선조대(1579~1581)의 개역
이다. 이 개역에서 『삼강행실도』와 『속삼강행실도』의 난상 언해가 국
한문 혼용에서 순한글 표기로 바뀜으로써 모든 행실도류의 언해문은
이때부터 순한글 표기가 된다.[8] 번역도 전반적으로 초간본보다는 내

　　과와 함께 『이륜행실』 간행의 필요성이 언급되어 있다(김문웅, 「『이륜행실도』의 고
　　찰」, 『역주 이륜행실도』, 세종대왕기념사업회, 2010, 11~12쪽).
7　『속삼강행실도』는 『삼강행실도』에 빠진 효자, 충신, 열녀 69명의 사적을 추가로 수
　　록한 것이고 『이륜행실도』는 오륜 가운데 『삼강행실도』에는 빠진 '장유유서(長幼有
　　序)'와 '붕우유신(朋友有信)'의 행실이 뛰어난 사람 48명의 행적을 가려 실은 것이므
　　로, 이들은 모두 『삼강행실도』를 보완하는 속편의 성격을 가지는 것으로 볼 수 있다.
8　『이륜행실도』는 『삼강행실도』의 체재를 그대로 본떴으나 난상 언해는 『삼강행실도』

용이 더 풍부해졌지만 여전히 원문의 내용을 생략하거나 원문에는 없는 내용을 추가하는 식의 번역이 유지된다.[9]

그리고 두 번째의 개역이 바로 위 기록에서 확인되는 바와 같은 영조대의 중간 및 개역이다.[10] 이 개역에서 가장 두드러지는 변화는 세 문헌 모두 앞 시기의 이본들에 비해 한층 원문에 충실한 번역을 한 것이다. 이에 따라 원문의 내용이 번역에 빠졌거나 초역(抄譯)이 된 부분은 그 내용이 보충되고 원문에 없는 내용이 추가된 부분은 삭제되기도 하는 등 전면적인 개역 작업이 이루어졌다. 이와 같이 원문에 보다 충실해진 이 시기의 개역을 일반적으로 의역의 번역에서 직역의 번역으로 변화하였다고 말한다. 그러나 이 영조대의 번역도 그 성격은 원문 내용의 효과적인 전달과 자연스러운 국어 문장의 추구라는 행실도류

와 달리 애초부터 순한글로 표기되었다. 이는 비슷한 시기에 약간 앞서 간행된 『속삼강행실도』가 『삼강행실도』와 동일하게 난상 언해를 국한문 혼용으로 표기한 것과 비교가 된다. 이러한 차이는 전자는 지방에서 간행되었고 후자는 중앙에서 간행되었다는 지역적인 차이에서 기인하는 것으로 보인다. 중앙의 간행은 대개 공식성과 규범성이 수반되는 데 비해 지방의 간행은 비교적 쉽게 실용을 따를 수 있었음에서 문자사용의 차이가 생긴 것으로 생각된다. 이는 문자사용뿐 아니라 체재나 언어의 정제성에 있어서도 꽤 큰 차이를 가져온 것으로 보이는데, 이에 대해서는 다시 후술할 것이다.

9 물론 이 밖에도 개역 당시의 언어 사실이 반영됨으로써 음운, 문법, 어휘 면에서의 변화도 보여주지만 이 부분은 본 글의 논의와 직접적 관련이 없으므로 논의에서 제외한다.

10 그 이전에 『삼강행실도』와 『속삼강행실도』는 부분적으로 1617년에 간행된 『동국신속삼강행실도』의 원속 1책에 다시 수록됨으로써 사실상 한 번의 개역이 더 있었다고 할 수 있다. 그러나 『동국신속삼강행실도』 원속 1책의 언해는 대체로 기존의 『삼강행실도』와 『속삼강행실도』의 예(번역)를 그대로 가져온 위에 내용이 길어 분량이 많은 사적에 한하여 원문을 축약하고 새로 번역을 붙였는데, 이 번역은 경서언해의 그것에 비견될 정도의 강한 직역이라는 특징이 있지만 그 적용 범위가 일부에 한정되는 것이었다. 그리고 광해군의 폐위라는 정치적 연유로 인해 이 문헌은 다른 행실도류 문헌과는 달리 이후에 한 번도 주목을 받지 못했던바, 영조대의 개역에도 그 영향을 전혀 미치지 못했다. 『동국신속삼강행실도』 언해의 성격에 대해서는 이영경, 「『동국신속삼강행실도』 언해의 성격에 대하여」, 『진단학보』 112, 2011a에서 논의된 바 있다.

언해의 본연의 모습에서 벗어나는 것은 아니다. 다시 말해 앞 시기의 이본들에 비해 상대적으로 원문에 충실한 번역이 이루어졌지만 이 중간본 역시 직역 문헌의 표본인 『소학언해』와 경서언해들이 표방하는 직역의 언해와는 근본적으로 차이가 있다.[11] 이는 앞의 직역 문헌들과 비견될 정도의 축자적인 직역의 모습을 보여주는 후술할 어제류의 언해와 비교하면 차이가 잘 드러날 것이다.

원문에 충실한 번역과 함께 언해문의 서술 체재도 한층 정제된 모습을 보여준다. 행실도류의 언해문은 대체로 "주인공에 대한 소개 + 행적 + (포상)" 정도의 형식화된 서술 구조를 가지고 있으며 주인공에 대한 소개는 대개 '○○○은 ○○ 사름이−'로 서술되는데, 이는 한문 원문 자체가 일반적으로 그와 같은 서사 구조를 가지고 있음에서 기인한다. 따라서 언해문의 서술 체재는 기본적으로 원문 번역의 충실성과 관련된다. 그런데 각 문헌은 언해문의 서술 체재와 관련하여 다소 이질적인 양상을 보여준다.[12]

『삼강행실도』의 영조대 중간본이 보여주는 두드러진 특징은 언해

---

[11] 행실도류 언해의 성격에 대해서는 이영경, 위의 글, 105∼118쪽에서 자세히 논의되었다. '원문에 충실한 번역'이라고 해서 다 직역의 번역은 아니다. 국어사 논의에서 일반적으로 제시되는, 『번역소학』과 『소학언해』의 번역 차이를 의역과 직역을 구분하는 기준으로 받아들인다면 『삼강행실도』의 영조대 중간본의 번역은 후자보다는 명백히 전자에 가깝다. 이 중간본의 번역이 흔히 의역 문헌의 표본으로 꼽히는 『번역소학』보다 더 원문에 충실한 모습을 보여주는 것은 아니다. '직역'과 '의역'은 다분히 상대적인 개념으로서 그 경계가 모호한 면이 있지만 『소학언해』를 위시하여 이른바 직역 문헌의 표본인 경서언해가 표방하는 '직역'은 원문의 모든 한자를 번역에 반영하는 축자역과 이에 따른 전이어의 사용이 이루어진다는 점을 전형적인 특징으로 꼽을 수 있을 것이다.

[12] 이는 각 문헌의 성격 및 출판 배경의 차이 때문이라 할 수 있다. 행실도류 문헌의 중간과 그 언어의 변화에 대해서는 이미 많은 논의가 되어 있다. 그러나 대부분의 논의가 개별 문헌의 시기적 변화 양상을 살펴보는 데 집중되어 있고 행실도류 문헌 서로간의 차이에 대해서는 논의된 바가 별로 없다.

문의 서술 체재가 매우 정돈된 것이다. 즉 텍스트 첫 문장은 '○○○은 ○○ 사롬이—'로 시작하는 형식화된 서술 구조를 뚜렷하게 보여준다. 이는 원문을 충실히 번역하고자 하는 태도에서 자연스럽게 기인한 결과이기도 하지만, 이에 더하여 원문을 넘어서서 언해문의 형식을 통일하려고 하는 언해자의 강한 의도가 드러난다는 점에서 흥미롭다.

① ㄱ. [郭巨埋子 漢] 郭巨. 家貧養母. 有子三歲. 母常減食與之

　　 ㄴ. 곽거의 어미 샹녜 바불 더러 세설 머근 손즈룰 머기더니 (선조대중간본 효12a)

　　 ㄷ. 곽거는 한 적 사롬이니 집이 간난ㅎ야 어미를 봉양홀시 아돌이 이셔 세 설 먹엇눈지라 엄이 샹해 먹눈 밥을 더러 주니 (영조대중간본 효12a)

② ㄱ. [穆姜撫子 漢] 程文矩妻. 字穆姜. 有二男而前妻四子

　　 ㄴ. 뎡문구의 겨집 목강이 두 아돌 듯쏘 몬졋 겨지븐 네 아드룰 듯쩌니 (선조대중간본 열7a)

　　 ㄷ. 목강은 한나라 사롬이니 뎡문구의 후체라 아돌 둘흘 나코 젼쳐의게 아돌 너히 잇더니 (영조대중간본 열7a)

　　①은 '곽거매자(郭巨埋子)'라는 한나라 효자 이야기인데 ①ㄱ의 영조대 중간본이 ①ㄴ의 선조대 중간본보다 원문에 훨씬 충실하게 번역되어 있다. 그런데 언해문의 첫 문장에 원문에 없는 '한 적 사롬이니'를 추가한 것이 보인다. 이는 텍스트의 첫 문장을 '○○○은 ○○ 사롬이—'로 통일하기 위해 언해자가 문장을 만들어 넣은 것이다. 영조대 중간본의 언해자는 중국인의 경우 '○○ 사롬이—'에 제목의 나라 이름을

넣는 것으로 첫 문장을 형식화한다. ②는 '목강무자(穆姜撫子)'라는 한나라 열녀 이야기인데, ②ㄷ에서는 첫 문장을 이 형식에 맞추기 위해 원문 문장의 순서를 바꾸어 언해문의 문장을 재구성하고 있음을 볼 수 있다. 이는 언해문을 한문 원문과 관계없이 그 자체로 독자적인 텍스트로 인식하고 그 형식적 완결성을 추구하고자 함을 의미한다. 다시 말해 이 개역에서 언해문은 한문 원문에 종속된 부가적인 텍스트가 아니라 나름의 형식성과 완성도를 갖춘, 독자적인 텍스트로 확립되었다 할 것이다.

언해문의 서술 체재가 가장 정제된 모습을 보여주는 행실도류는 『속삼강행실도』이다. 사실 『속삼강행실도』는 원간본부터 체재면에서 매우 정제된 모습을 보여준다. 또한 번역도 애초부터 원문을 충실하게 반영하였기 때문에 원간본의 번역이 큰 변화 없이 영조대 중간본까지 이어지고 있다.

③ ㄱ. 周炳舞陽人 事母焦氏 至孝 溫清定省 無違禮

ㄴ. 周炳이는 舞陽 사ᄅᆞ미라 어미 焦氏를 셤교ᄃᆡ 지그기 효도ᄒᆞ야 치움 더움과 아ᄎᆞᆷ나죄 슯펴보몰 례예 그르디 아니터니 (원간본 효2a)

ㄷ. 쥬병이ᄂᆞᆫ 무양 사ᄅᆞᆷ이라 엄이 쵸시을 셤기되 지극이 효도ᄒᆞ야 치옴 더옴과 앗춤나조 슯펴보믈 녜예 그르디 아니터니 (영조대중간본 효2a)

③에서 영조대 중간본의 번역은 원간본의 번역에서 한자가 한글로 바뀐 것을 제외하고는 달라진 것이 없음을 볼 수 있다. 또한 원간본, 중간본 모두 모든 텍스트의 첫 문장은 주인공에 대한 소개로 시작되며 그 형식도 '○○○은 ○○ 사ᄅᆞᆷ이ㅡ'로 완전히 통일된 모습을 보여준

다.[13] ③ㄷ과 같이 사람 이름 뒤에 접미사 '-이'의 통합이 규칙적인 양상을 보이는 것도『속삼강행실도』의 언어적 정제성을 드러낸다.[14] 이처럼『속삼강행실도』가 다른 행실도류에 비해 매우 정제된 모습을 보이는 것은『삼강행실도』의 선례를 참고할 수 있었고 중앙에서 간행을 주도하였으며,[15] 분량이 비교적 적은 데다 그 사적이 모두 우리나라 사람의 사례라서 언해문의 서술 형식을 통일하는 것이 용이했기 때문이라 생각된다.

이에 반해『속삼강행실도』와 비슷한 시기에 원간본이 간행되고 같은 시기에 개역 과정을 거친『이륜행실도』는 체재 면에서 일반적인 경향을 따라가지 못하고 영조대 중간본까지 체재가 타 문헌에 비해 정돈이 되지 못하는 경향을 보인다.

④ ㄱ. 許武 建武中 會稽太守 第五倫 擧爲孝廉 武以二弟晏普 未顯欲令成名

ㄴ. 허무를 회곗 원니 쳔거ᄒ어 벼슬 ᄒ이니 허뮈 제 두 아ᄉᆡ 벼슬 몯ᄒ여시니 일홈 내오져 ᄒ여 (원간본 4a)

ㄷ. 허무ᄅᆞᆯ 회계 원이 쳔거ᄒ야 벼슬 ᄒ이니 허뮈 제 두 아이 벼슬 몯ᄒ

---

[13] 간혹 사람 이름 앞에 "싱원 한구ᄂᆞᆫ", "별시위 황신지ᄂᆞᆫ" 등과 같이 신분 또는 직책이 오는 경우도 있으며, 보통 지역 이름이 선행하는 '○○ 사람이–' 대신 "종친 강녕부졍의 죵이라", "젼쥬사ᄅᆞᆷ의 ᄯᆞ리라" 등으로 서술된 예도 있지만 극히 소수에 불과하며 전체 형식의 통일성을 크게 저해하는 것은 아니다.

[14] 『삼강행실도』의 경우는 "강혁이는", "뎡난이는"과 같이 '–이'가 붙기도 하고 "동영은", "왕상은"처럼 같은 환경에서 '–이'가 붙지 않기도 하는 일관되지 못한 모습을 보여준다.

[15] 『삼강행실도』역시 중앙에서 간행한 문헌이지만 한글 창제 초기의 문헌이기 때문에 체재가 미처 정비되지 못했던 것이라 생각된다. 이에 비해『속삼강행실도』는『삼강행실도』의 선례가 있고 또 불경 언해 등 그간 다양하게 행해진 언해의 경험을 토대로 중앙 정부의 면밀한 주도하에 간행됨으로써 규범적이고 정제된 언어의 모습을 보여주는 것으로 여겨진다. 『삼강행실도』의 경우는 선조대 중간본까지도 체재가 정비되지 못하다가 영조대에 와서 대대적인 변화를 보여준다.

야 이시니 아올 일홈 내오쟈 ᄒ야 (영조대중간본 4a)

ㄹ. 허무는 한나라 양연 사롬이니 회계 태슈 뎨오륜이 쳔거ᄒ여 벼술ᄒ이니
뮈 그 두 아이 현달티 못ᄒ므로 일홈을 내려 ᄒ여 (오륜행실도 4 : 7b)

첫 문장이 '○○○은 ○○ 사롬이―'로 시작되는 텍스트가 매우 드물
어 ④에서처럼 18세기 말의 『오륜행실도』에 가서야 그 형식이 통일된
다. 영조대의 중간본은 내용이 보다 원문에 충실해졌지만 전반적으로
앞 시기의 번역에서 초역되거나 누락된 부분에 대해 보완하는 정도에
그치고 내용의 전체적인 정돈이나 체재의 통일에까지 나아가지 못하
고 있는 모습이다. ④ㄷ과 같이 중간에 주인공 이름이 다시 나올 때 원
문에 없는 성을 붙이는 것도 『삼강행실도』, 『속삼강행실도』와 차이를
보인다.[16] 이처럼 『이륜행실도』가 다른 두 문헌에 비해 체재나 언어가
상대적으로 정제되지 못한 면을 보이는 것은 원간본이 중앙이 아니라
지방에서 간행된 데다 그 사적이 모두 중국인의 사례를 가져온 것이기
때문에 처음부터 언해문의 서술 형식을 통일하지 않았기 때문이라 생
각된다. 그리고 이러한 부분들이 여러 차례의 중간 과정에서도 잘 교
정이 되지 않고 있었던 것은 『삼강행실도』에 비해 중요도가 떨어지고
수요도 낮은 문헌이었기 때문일 것으로 추측된다.

이처럼 개별 문헌 사이에 다소간의 차이는 있지만 영조대의 개역 작
업은 전반적으로 행실도류 문헌의 교화서로서의 질적 수준을 한층 높
여 주었다 하겠다. 원문을 보다 충실히 번역하는 동시에 원문을 넘어
서서 그 서술 체재에도 통일을 가하는 전면적인 개역 작업을 통해 행

---

[16] 이들 문헌은 철저하게 원문을 따르고 있다. 특히 『삼강행실도』는 선조대의 해당 부
분 번역이 영조대 중간본에서 모두 원문과 일치하도록 교정되고 있다.

실도류의 언해문은 내용과 형식 모두에서 그 자체로 상당히 완결성을 갖춘 텍스트가 된 것이다. 이는 언해문이 더 이상 한문 원문에 종속된 부가적 텍스트에 머물지 않고 원문을 압도하는 독자적인 텍스트가 됨을 의미한다 할 것이다. 한글의 한층 높아진 위상을 엿볼 수 있는 부분이다.

2) 『경민편』의 경우

『경민편언해』는 행실도류와 함께 조선 후기까지 지속적으로 간행된, 또 하나의 중요한 훈민 교화서였다. 이 책은 1519년에 황해도 관찰사였던 김정국(金正國)이 인륜의 기본과 법률의 중함을 알려 백성을 경계하기 위해 편찬, 간행한 것으로서 『이륜행실도』처럼 지방에서 원간본이 간행되고 여러 번의 중간 과정을 거쳐 그 보급이 전국으로 확대되었다. 그 첫 번째 중간은 1579년 경상도 감사였던 허엽(許曄)이 원간본에 '군상(君上)' 일조(一條)를 붙여 경주, 상주, 진주, 청송의 수령에게 간행토록 한 것인데, 원문에 차자(借字)로 구결을 달고 순한글 언해를 나란히 배치한 체재는 원간본 간행 직전인 1518년 김안국이 간행한 『정속언해』 및 『여씨향약언해』와 완전히 동일한 모습을 보여주는바 『경민편언해』가 이들을 참고하여 만들어졌음을 알 수 있다. 이러한 체재는 한글 보급 초기에 아직 한글에 익숙지 않은 한자 사용층과, 한자를 모르는 한글 사용층을 동시에 독자로 수용하기에 적절한 것이었다 할 수 있다.[17]

---

17 이호권, 「조선시대 한글 문헌 간행의 시기별 경향과 특징」, 『한국어학』 41, 2008, 96쪽의 각주 22 참조.

두 번째 중간은 1658년의 이후원(李厚源)에 의한 개간본의 간행이다. 이후원이 이 책의 간행을 상주(上奏)하여 효종의 허락을 받으면서 지방에서 개인적으로 간행하여 사용하던 교화서가 중앙 정부 간행의 공식적 교화서로 다시 태어나게 되었다. 그런데 그 개간 과정에서 김정국의 원간본을 구하지 못하고 한문본인 필사본을 저본으로 하여 다시 번역을 한 까닭에 원간본과는 완전히 다른 체재와 번역이 되었다. 한문 원문에 언해문을 한 칸 아래로 내려 나란히 배치한 편집 체재는 같지만 원문의 구결이 한글로 바뀌었으며 언해문은 한자와 한글을 함께 쓰고 한자에는 독음을 단 것이다. 당시의 언해가 일반적으로 가지는 체재를 따랐다고 하겠는데, 한문 원문에 한글 독음이 달려 있지 않고 언해문의 한자에는 한글 독음이 달려 있는 것은 주된 독자가 한글 사용층임이 고려된 것이라 할 수 있다.[18] 또한 경민편 본문의 뒤에 중국 송대(宋代) 지방관들이 작성했던 유속문(諭俗文)과 송강 정철의 한글 시가인 훈민가를 부록 형식으로 덧붙여 보다 풍부한 내용의 교화서로 구성하였다.

그 번역도 완전히 달라졌는데 전반적으로 원문을 보다 충실히 번역하였지만 다소 이중적인 양상을 보이기도 한다.

⑤ ㄱ. 제 너기되 잘호라 ᄒᆞᄂᆞ니(自以爲得計) (허엽중간본 18a)

　　ㄴ. 스스로 써 잘혼 계교라 ᄒᆞᄂᆞ니 (이후원중간본 17b)

---

[18] 그 주된 독자층인 한글 사용자들에게 있어 한문 원문 자체에 대한 이해는 불필요한 일이었기 때문에 원문에 일일이 한글 독음은 달지 않은 것으로 판단된다. 동시에 한문 해독자에게는 한글 구결을 달아 원문 이해의 편의를 제공한 것으로 볼 수 있다. 주된 독자층을 고려하면 언해문이 당시의 행실도류 문헌들처럼 순한글로 될 수도 있었겠지만, 인륜의 기본과 이를 어겼을 시의 징치(懲治) 등 담겨 있는 내용의 무게감과 중앙 간행의 공식성 등의 이유로 국한문 혼용의 표기가 된 것으로 추정된다.

⑥ㄱ. 법에 하나비와 어버이롤 쐬ᄒ야 주기면 능디ᄒ야 주기고 티면 목 버
히고 ᄭᅮ지주면 목 졸아 주기고(法 祖父母父母 謀殺則陵遲處死 毆打
則斬 罵詈則絞) (허엽중간본 3a-b)

ㄴ. 法에 祖父母와 父母롤 주기믈 쐬ᄒ면 陵遲處死[발겨 ᄉ지 ᄀ로미라]
ᄒ고 티면 목 버히고 ᄭᅮ지ᄌ면 絞[목 졸라 주기미라]ᄒ고 (이후원중간
본 1b-2a)

⑦ㄱ. 사롬과로 싸호며 티면(與人鬪毆) (허엽중간본 10b)

ㄴ. 사롬과 더브러 싸홈이 (이후원중간본 9a)

⑧ㄱ. 부모롤 할면 그 죄 지그기 듕ᄒ니라(父母 告訴 其罪至重)[19] (허엽중
간본 3b)

ㄴ. 父母롤 구의예 할면 罪 지극히 重ᄒ니라 (이후원중간본 2a)

⑤에서 앞 시기의 중간본이 의역의 모습을 보여주는 반면 이 개간본
에서는 원문의 한자를 축자역함으로써 전이어 "뻐[以]"까지 언해문에
나타나는 전형적인 직역 문헌의 모습을 보여준다. "三寸 족하와 밋 딜
녀[三寸姪及女](6a)", "ᄒ여곰 디나며 건너게 ᄒ야[令過渡致死者](18b)" 등에
서의 "밋", "ᄒ여곰"도 같은 경우에 해당한다. ⑥에서처럼 원문의 한자
를 그대로 가져오면서 협주를 달아 설명하는 방식도, 특히 "絞ᄒ−"와
같이 당시의 어휘 체계에 편입되지 않은 일음절로 된 한자어를 그대로
가져온 것도 직역 문헌의 특징이다. 그러면서도 한편으로 ⑦의 "鬪毆"

처럼 연속된 유사한 의미의 한자는 한 번만 번역한다거나[20] ⑧에서처럼 원문에 없는 '구의예'를 삽입하여 보다 의미를 확실하게 전달하고 이해의 편의를 도모한 것은 또한 의역의 양상인 것이다.[21] 이는 경서언해의 번역 이후 강한 직역의 흐름을 보여주던 당시의 번역 경향을 자연스럽게 받아들이면서도 번역의 목적과 독자층에 대한 고려가 동시에 이루어진 결과라 할 수 있을 것이다.[22]

이렇게 17세기 중엽에 전면적인 개역을 겪은 『경민편언해』는 그러나 영조대에 와서 다시금 개간이 되는데, 1730년에 상주 목사 이정소(李廷熽)에 의해 간행된 개간본이 그것이다. 이 개간에서 가장 큰 변화는 언해문의 표기가 순한글로 바뀐 것이다. 원문의 이해를 목적으로 하지 않는 대민 교화서의 당시 일반적인 표기 경향에 부합하게 된 것이다. 이와 함께 구결 및 번역도 약간의 변화가 있지만 그 변화의 폭은 크지 않다.[23]

---

20 "鬪"는 '싸우다', "毆"는 '치다'의 의미인데 전자가 후자를 포괄하는 의미라 후자를 번역하지 않은 듯하다. 위의 허엽 중간본에서는 모두가 번역에 반영되어 있다. 이 개간본에서 이러한 예는 적잖이 보인다.

21 허엽 중간본과 달리 원문의 "其罪"에서 "其"를 번역하지 않은 것도 마찬가지이다.

22 한글 창제 이후 간행된 언해서들에서 행해진 언해의 방식은 번역의 목적, 대상 독자에 따라 대체로 두 가지로 구별되었다. 원문의 이해가 목적인 경전의 언해 같은 경우는 직역의 방식, 원문 내용의 전달이 목적인 행실도류 등의 언해는 의역의 방식으로 이루어졌는데, 16세기 말에 대대적인 사서삼경의 언해 작업이 시작되어 17세기 초에 완료되면서 이 번역의 지침이었던 강력한 직역의 방식이 문헌의 성격에 관계없이 언해에 영향을 미치기도 하였다. 대표적 의역 문헌인 행실도류의 하나인 17세기 초의 『동국신속삼강행실도』는 전이어 사용, 철저한 축자역 등 전적으로 직역 문헌의 특징을 보여준다(이영경, 앞의 글, 2011a, 111~118쪽). 17세기 중엽의 이 『경민편언해』의 개역에도 이런 경향이 이어진 것으로 보인다.

23 이 때문인지 『경민편언해』의 영조대 중간본에 대해서는 그동안 관심이 거의 기울여지지 않았다. 체재상으로도 평안감사로 재직했던 송인명(宋寅明)이 관서 지역의 풍속 교화를 위해 지은 '팔계(八戒)', 책 간행의 시말을 적은 '제경민편후(題警民編後)', 장편의 '사언시(四言詩)'가 새로 첨부되었다. 『경민편언해』의 구성과 간행의 추이에 대해서는 정호훈, 『경민편』, 아카넷, 2012에 자세한 내용이 서술되어 있다.

⑨ ㄱ. 法에 祖父母와 父母를 주기를 쐬ᄒ면 陵遲處死[발겨 스지 ᄀᄅ미래ᄒ고 티면 목 버히고 쑤지ᄌ면 絞[목 졸라 주기미래]ᄒ고 (이후원중간본 1b-2a)

   ㄴ. 법에 조부모와 부모를 주기를 쐬ᄒ면 발겨 스지 골나 주기고 티면 목 버히고 쑤지ᄌ면 목 졸라 주기고 (이정소중간본 7b-8a)

⑨ ㄱ. 두어 이렁 田地ᄂᆫ 잇다감 川反[낸믈의 무티ㅣ단 말이래ᄒ거나 개 낙[갯믈의 ᄲᅥ러디단 말이래홈이 이셔 ᄆᄎᆷ내 無益ᄒ디 도라가거니 와 (이후원중간본 5a)

   ㄴ. 두어 이렁 뎐디ᄂᆫ 잇다감 쳔변ᄒ거나 개낙홈이 이셔 ᄆᄎᆷ내 무익ᄒ 디 도라가거니와 (이정소중간본 11a)

⑨' ㄱ. 絶島의 爲奴[구의 죵 밍그단 말이래ᄒ고 (이후원중간본 16b)
   ㄴ. 졀도의 위뇌구의 죵 밍그단 말이래ᄒ고 (이정소중간본 23b)

⑩ ㄱ. 두 니로써 우흘 겨거나(折二齒以上이어나) (이후원중간본 9b)
   ㄱ' 두 니로셔 나마 것근 이와 (허엽중간본 10b)
   ㄴ. 두 니 겨근 이샹이어나 (이정소중간본 16b)

⑪ ㄱ. 三寸 아ᄌ버이ᄂᆫ 내 父母와 ᄒ 사룸의게로셔 나 겨시니 (이후원중간 본 6a)

   ㄴ. 삼촌 아ᄌ버이ᄂᆫ 내 부모와 ᄒ 사룸의게셔 나 겨시니 (이정소중간 본 12b)

순한글 표기로의 변화와 함께 우선 ⑨에서처럼 '한자어 + 협주'의 처리가 달라진 것을 볼 수 있는데 그 방식이 일관되지 못하고 제각각인 것이 눈에 띈다. ⑨ㄱ에서 한자어 "陵遲處死ᄒᆞ－"와 "絞ᄒᆞ－"는 ⑨ㄴ에서 그 협주의 풀이가 본문에 들어가는 것으로 바뀌었다. 이후 "陵遲處死ᄒᆞ－"는 모두 이처럼 "ᄉᆞ지 골라 주기－"로 번역이 바뀐다. 그런데 "絞ᄒᆞ－"는 "목 줄나 주기－"로 번역되다가 뒷부분에 가면 다시 한자어 "교ᄒᆞ－"로 되돌아간다.[24] 이에 비해 ⑨'에서는 ㄱ의 협주가 ㄴ에서 그냥 삭제되었으며, 반면 ⑨"에서는 ㄱ의 협주가 ㄴ에서도 그대로 유지되고 있다. 이처럼 이 중간본은 전반적으로 정제되거나 통일되지 못하는 모습을 보이는데 이는 그 개역이 지방에서 이루어졌기 때문일 것이다. ⑩이나 ⑪에서와 같은 번역의 변화도 보이는데, 전자는 축자역한 ⑩ㄱ의 의미가 분명하지 않아서 문장 구조를 달리 파악한 새로운 번역을 한 듯하고, 후자는 원문의 "與我父母로"와 같은 "與－" 구절의 번역에서 관례적으로 조사 '로'를 대응시키는 번역이 실제 언어 현실과는 차이가 있기 때문에 보다 자연스러운 조사로 바꾼 듯하다.[25]

이상에서 볼 때 『경민편언해』의 영조대 개역은 전면적인 한글 표기

---

[24] '犯奸第十一', '盜賊第十二', '殺人第十三'의 세 조목이 이에 해당한다.

[25] 그 밖에 이 중간본에서 번역이 바뀐 예는 다음과 같은 것들이 있다.

(1) ① 형과 아ᄋᆞ과 뭇누의과 아ᄋᆞ누의는 날로 더브러 ᄒᆞᆫ가지로 父母끠셔 나시니(이후원중간본 4b)

　② 형 아ᄋᆞ과 뭇누의 아ᄋᆞ누의는 날과 ᄒᆞᆫ가지로 父母끠셔 나시니(兄弟와 姉妹는) (이정소중간본 10b)

(2) ① 重히 傷케 ᄒᆞ면 杖 一百 全家 入居 가고(이후원중간본 5b)

　② 듕상케 ᄒᆞ면 댱 일ᄇᆡᆨ 젼가입거 가고(이정소중간본 6b)

(3) ① ᄒᆞᆫ 때예 노호오믈 ᄎᆞᆷ디 못ᄒᆞ야 손을 디허 傷커나 죽거나 ᄒᆞ면(이후원중간본 9b)

　② ᄒᆞᆫ 때예는 분호오믈 ᄎᆞᆷ디 못ᄒᆞ야 손을 디허 傷커나 죽거나 ᄒᆞ면(이정소중간본 16a)

(4) ① 빗 골흘 줄을(이후원중간본 13a)

　② 빗 곱흘 줄을(이정소중간본 20a)

와 함께 번역에 있어서도 보다 이해가 쉽고 자연스러운 국어 문장을 추구함으로써 독자층의 확대를 적극적으로 도모하는 모습을 보여준다. 그러나 중앙에서 주도한 개역이 아니었기 때문에 체재나 번역 양식이 다소 정제되지 못하는 한계도 드러내고 있다. 요컨대 영조대에 이루어진 행실도류 문헌의 개역이 교화의 질적 수준을 높이는 것이었다면『경민편언해』의 개역은 교화의 양적 확대에 주안점을 둔 것이었다 하겠다.

2. 어제류 훈서의 간행

영조대의 한글 문헌 가운데 가장 특징적인 것은 어제류의 훈서들이다. 영조대에 국한해서만이 아니라 국어사 전반에서도 이들 문헌들은 독특한 한글 자료가 된다. 정조대의 윤음언해와 더불어 임금이 화자가 되어 민과 직접적으로 소통하는 글이기 때문에 이전까지의 한글 문헌의 언어와 차별되는 특징적인 문장과 문체를 가지게 된다. 영조의 어제류 훈서는 주로 관료들이나 왕손 및 후대 임금에게 교훈을 주거나 백성들을 경계하고 계도하는 내용을 담고 있으며 간본이나 필사본의 형태로 남아 있다.[26]

---

26 간본과 필사본이 모두 존재하는 경우도 있는데『어제상훈언해』와『어제백행원』이 이에 해당한다. 전자는 필사본이 규장각에, 후자는 필사본이 장서각에 소장되어 있는데, 특히 후자의 경우 최근 신성철, 「『어제백행원언해』 이본 간의 국어학적 고찰」, 『장서각』 22, 2009에서 필사본이 간본 간행 전의 초고에 해당하는 성격을 가지는 것

이 글에서는 규장각에 소장되어 있는 간본을 대상으로 그 언어적 성격을 논의할 것이다. 어제류의 한글 필사본은 한문본에 대한 보조적 역할을 하는 것으로 교화든, 교육이든 그 저술 목적을 위해 그 자체가 실제로 활용된 것은 아니었다고 할 수 있다.[27] 이에 비해 간본은 실제적 활용을 위해, 즉 한글본이 그 저술 목적을 달성하는 데 실제로 요구됨에 따라 공식적으로 간행이 이루어진 것으로 볼 수 있다. 이처럼 실제 교화 내지 교육의 목적으로 활용된 것은 후자에 한정되기 때문에 이들 간본을 통해 어제류의 언어적 성격과 한글 사용 양상을 파악하는 것은 적절하다고 생각한다. 더욱이 규장각에는 간행이 이루어진 한글 어제류가 모두 소장되어 있으며 이들은 그 간행 시기는 물론 간행의 목적 및 경위, 표기 문자 등과 관련하여 다채로운 모습을 보여주고 있는바 그에 따른 언어적 양상도 사뭇 흥미롭다.

간행이 이루어진 한글 어제류는 모두 다섯 가지이다. 『어제상훈언해』(1745), 『어제훈서언해』(1756), 『어제계주윤음』(1757), 『어제경민음』(1762), 『어제백행원』(1765)이 바로 그것이다. 이들은 우선 그 표기 문자가 국한문 혼용이냐 한글 전용이냐에 따라 두 가지로 분류될 수 있는데 앞의 두 문헌 『어제상훈언해』, 『어제훈서언해』는 전자에 해당하고 뒤의 세 문헌은 후자에 해당한다. 언해의 목적과 대상 독자를 기준으로 하여도 같은 분류가 이루어지는바 이에 따라 둘로 나누어 논의를 진행한다.

으로 추정된 바 있다. 이에 비해 전자의 필사본은 간본을 그대로 베낀 다소 후대의 것으로 추정되는데 이에 대해서는 좀 더 면밀한 고찰이 필요할 듯하다.

27　어제류의 한글 언해와 필사의 목적에 대해서는 박용만, 「영조 어제책의 자료적 성격」, 『장서각』 11, 2004, 19~22쪽에서 논의된 바 있는데, 이 논의에서 한글 필사본은 주로 어람용(御覽用)으로서 이를 볼 수 있는 왕실 여인들을 위한 것이었다고 추정하였다.

1) 『어제상훈언해』와 『어제훈서언해』

한글로 된 어제류 문헌 중 가장 시기가 빠른 것은 『어제상훈언해』이다. 이 책은 1745년 영조가 부왕인 숙종의 기일을 맞아 세자와 후대의 임금들에게 내린 교훈서로, 한문본 『어제상훈(御製常訓)』을 같은 해에 언해하여 간행한 것이다. '경천(敬天)', '법조(法祖)' 등 8가지의 훈계 조목에 대해 조목별로 한문 원문을 먼저 제시하고 언해문을 한 칸 내려 나란히 배치하는 식의 기존의 언해서와 동일한 체재로 되어 있으며, 원문의 한자에는 한글 독음과 한글 구결이 달려 있고 언해문은 국한문 혼용 표기와 함께 한자에 한글 독음이 달려 있다.

이 책의 언해의 두드러진 특징은 강한 직역의 번역과, 다른 대부분의 한글 어제류와 달리 국한문 혼용으로 된 표기라 하겠다.[28] 우선 이 책은 원문의 매 글자가 모두 번역에 반영되는 축자역의 번역이 이루어져 있는데 그 직역의 정도가 극단적 직역 문헌인 경서언해에 비견될 정도임이 주목된다.

⑫ ㄱ. 더옥 뻐 誠孝ㅣ 淺薄ᄒ야 龍髥을 밧드디 몯ᄒ고(加以誠孝ㅣ 淺薄ᄒ

---

28 이 책은 그 언어 사실에 있어서도 당시의 언어 현실에 비추어 볼 때 대단히 보수적인 양상을 보여준다는 특징이 있다. 당시에 일반적이던 구개음화나 원순모음화의 예가 거의 없고 선어말 어미 '-오-'나 명사형 어미 '-옴'이 아직도 상당 부분 유지되고 있는 점이 그러한데, 이러한 언어의 보수성은 어제류의 문헌들에서 일반적으로 나타나는 현상으로 이들이 궁중의 언어를 반영하고 있는 데서 기인하는 것으로 보인다. 어제류의 언어 사실은 본 글의 주된 관심사가 아니므로 이에 대해서는 더 이상 논의하지 않기로 한다. 김주필, 「영조 어제류 한글 필사본의 표기와 음운현상」, 『장서각』 11, 2004; 황문환, 「영조 어제류 한글 필사본의 문법론적 특징」, 같은 책; 조항범, 「영조 어제류 한글 필사본의 어휘론적 고찰」, 같은 책; 신성철, 앞의 글, 2009 등에서 장서각에 소장된 한글 필사본 어제류의 언어 사실에 대해 상세한 논의가 이루어져 있는바 이들을 참고할 수 있을 것이다.

야 龍髥을 莫攀ᄒ고) (4a)

ㄴ. 嗚呼ㅣ라 王을 尊ᄒ고 民을 愛ᄒ심은 다만 그 크온 거슬 드옴이오 盛ᄒ신 德과 美ᄒ신 政이 붇기 寶鑑에 실려 계시니(嗚呼ㅣ라 尊王愛民은 只擧其大而盛德美政이 昭載 寶鑑ᄒ시니) (13b)

ㄷ. 그 나라희 治홈과 다뭇 亂홈이 그 님금의 勤홈과 다뭇 怠홈애 이시니 可히 懼티 아니ᄒ며 可히 懼티 아니ᄒ랴(其國之治與亂이 在乎其君之勤與怠ᄒ니 可弗懼哉며 可弗懼哉아) (32b)

ㄹ. 仍ᄒ여 감동홈을 닐위혀 스스로 能히 인내티 몯ᄒ야(仍起感而自弗能耐ᄒ야) (4b-5a)

⑫의 예에서 원문의 모든 글자가 언해에 반영이 되는 가운데 ⑫ㄱ의 '뼈'와 같은 전이어가 나타나고 원문의 어순이 번역에 대체로 반영되는 모습을 볼 수 있다. 또한 ⑫ㄴ, ⑫ㄷ에서처럼 원문의 한자를 언해문에 그대로 가져오는 경향이 무척 강하여 "尊ᄒ-", "愛ᄒ-" 등과 같이 당시의 어휘 체계에 편입되어 있지 않은 한자어의 사용을 흔히 볼 수 있는 것도 경서언해와 거의 유사하다. ⑫ㄹ과 같이 한자어인데도 원문의 한자를 그대로 가져온 것이 아닌 경우에는 한글로 표기되는 양상도 역시 경서언해의 번역 방식이다.[29] 이처럼 강한 직역을 지향함에 따라 그 번역문이 매우 경직되고 이해가 어려운 문장이 되었다.

이 책은 8가지의 조목에 대해 유교 경전과 중국 역대 임금의 고사에

---

[29] 또한 표기법에 있어서도 독특한 양상이 나타나는데 "공경홀 뼤, 법바들 따라, 홀 써시 / 꺼시" 등과 같이 관형사형 '-ㄹ' 뒤에서 평음이 전반적으로 각자병서(또는 드물게 'ㅅ'계 합용병서)로 표기되는 것이 그것이다. 이는 다른 어제류에서는 볼 수 없는 특징적 표기인데, 이 또한 경서언해가 가졌던 독특한 표기 경향이었다는 점에서 경서언해의 영향이 여기서도 엿보인다 하겠다.

서 필요한 내용을 뽑아 훈계를 폄으로써 세자와 후대 왕들에게 교훈을 주고 이를 학습하게 하려는 목적에서 간행되었다. 이러한 내용과 그 대상 독자를 고려할 때 언해서의 간행은 원문의 이해와 학습을 돕기 위한 것이라 할 수 있는바, 이처럼 한자 혼용 표기와 원문 의존적인 직역의 언해가 이루어진 것은 자연스러운 일이라 할 것이다. 이에 더하여 『어제상훈언해』는 어제류 가운데 첫 번째 언해이고 영조가 특별히 애착을 가졌던 저술이었던 만큼 당시 절대적 권위를 누렸던 경서언해의 번역 방식을 채용하여 언해서로서의 위상을 높여 보고자 했던 의도도 함께 작용했던 것으로 보인다.[30]

『어제훈서언해』는 1756년 영조가 전일에 지었던 『어제상훈언해』의 내용을 후대 임금에게 새로이 인식시키고 올바른 치정을 위해 명심해야 할 사항들을 강조한 교훈서로, 역시 한문본 『어제훈서(御製訓書)』를 같은 해에 언해한 책이다. 내용을 '경천(敬天)', '애민(愛民)', '예신(禮臣)'으로 구성하고 『대학』, 『중용』 등 경서에서 전거를 인용하여 설명하고 있다는 점에서 『어제상훈언해』와 같은 계통의 책이지만 그 체재와 언어는 사뭇 달라진 점이 눈에 띈다.

책의 내용과 대상 독자, 번역의 목적은 크게 차이가 없는바 『어제상훈언해』와 마찬가지로 그 언해문이 국한문 혼용 표기로 되었지만, 한문 원문이 언해문의 앞에 나란히 배치되었던 『어제상훈언해』와 달리 이 책은 원문 없이 언해문만으로 되어 있다. 언해문의 한자에 한글 독음이 달린 것은 마찬가지다. 체재뿐만 아니라 그 번역과 언어에 있어

---

30 박용만과 권오영의 논문에 따르면 어제류 중에서 영조가 특히 애정을 갖고 관심을 기울인 것은 『어제상훈』과 『어제자성편』이었으며, 이 두 책에 드러난 영조의 구상은 이후의 어제류들의 내용과 사상에 깊은 영향을 끼쳤다고 한다(박용만, 앞의 글, 8쪽; 권오영, 「영조문집보유해제」, 『영조문집보유』, 한국정신문화연구원, 2000, 9쪽).

서도 약간의 변화가 보인다.

⑬ ㄱ. 나라희 의지혼 밧 者는 빅셩이니(國之所依者民也) (8a)

  ㄴ. 能히 빅셩을 보젼혼 然後의사 可히 써 님금이 되느니(能保民然後可
    以爲君) (9a)

  ㄷ. 둘흔 굴온 빅셩을 스랑호미오(二日愛民) (3a)

  ㄹ. 可히 두립디 아니며 可히 두립디 아니랴(可不懼哉 可不懼哉아) (11a)

　⑬ㄱ과 ⑬ㄴ을 통해『어제상훈언해』와 마찬가지로 축자적인 번역이 기본이 되며 '써'와 같은 전이어가 나타나고 "의지혼 –", "보젼혼 –"와 같이 원문에서 직접 가져오지 않은 한자어는 한글로 표기되는 원문 의존적인 직역의 양상은 동일하지만, 한자 표기가『어제상훈언해』에 비해 훨씬 줄었다. 이는 국어의 어휘 체계 속에 편입되지 않은 원문의 한자를 언해문에 직접 가져오기보다 고유어든 한자어든 해당하는 국어 어휘로 바꾸는 보다 적극적인 번역을 하였다는 의미가 된다.『어제상훈언해』의 예인 ⑫ㄴ, ⑫ㄷ에서 "民을 愛히 –", "可히 懼티 아니히 –"로 번역되었던 "愛民"과 "可不懼哉"가 ⑬ㄷ, ⑬ㄹ에서 각각 "빅셩을 스랑호미오", "可히 두립디 아니 –"로 번역되어 훨씬 국어에 가깝고 쉬운 문장으로 바뀌었다. 이러한 차이는 한문 원문이 없이 언해문만으로 되어 있는 이 책의 체재에서 기인하는 것으로 보인다. 말하자면 언해문이 한문 원문의 부속적인 존재가 아니라 그 자체로 독립된 텍스트가 됨에 따라 그 문장은 보다 완결성을 요구받게 되었기 때문이 아닌가 한다.

　이 책이 왜 한문 원문 없이 간행되었는지는 분명히 알 수 없다. 단순히『어제상훈언해』보다 분량이 많아서일 수도 있을 것이다. 그러나 비숫한 시기에 간행된 『천의소감언해』(1756)와 『종덕신편언해』(1758) 역시 완전히 이와 동일한 체재로 되어 있고 후술할 『어제계주윤음』(1756)도 한문본과 언해본이 분책될 수 있는 체재로 되어 있음을 볼 때, 한문본과 언해본의 분책이라는 새로운 번역 체재가 이 시기에 본격적으로 등장하여 성행한 것으로 생각된다. 이러한 체재의 등장은 그 의미가 결코 단순하지 않다. 즉 언해본이 한문 원문에 대한 의존에서 벗어나서 텍스트로서의 독자성을 획득하게 되었음을 의미하는 것이다. 이는 또한 한글이 광범위하게 확산됨과 동시에 그 문자적 위상을 점차 높여가고 있음을 보여주는 것이라 하겠다.

2) 『어제계주윤음』과 『어제경민음』, 『어제백행원』

『어제계주윤음』과 『어제경민음』은 영조대 어제류 중 윤음에 해당하는 글이다. 윤음은 임금이 백성을 상대로 어떤 정책을 호소하거나 위무·경계하려 할 때 반포하는 글로, 통치 차원의 공식적인 문서인 만큼 원칙적으로 한문으로 작성되지만 필요한 경우 한글로 언해가 되기도 하였다. 현재 남아 있는 윤음언해는 대부분 정조대의 것들인바 이 두 자료는 영조대에 간행된 것으로 초기 한글 윤음의 모습을 보여준다는 점에서 중요한 자료일 뿐만 아니라 같은 주제를 가졌으면서 전혀 다른 방식으로 작성되었다는 점에서 매우 흥미로운 비교 대상이 된다.[31]

---

31 백두현, 앞의 글, 2009, 285~286쪽에 따르면 현전하는 윤음언해는 선조대의 한글 교서를 포함하여 모두 31건으로, 선조대 1건, 영조대 2건, 정조대 25건, 고종대 3건이 남아 있다고 한다. 영조대의 2건은 『천의소감언해』에 수록된 '눈음'과 『어제계주윤음』인데, 『천의소감언해』에 수록된 '눈음'은 '어제'라는 제목이 붙어 있지 않고 독립된 문서가 아니므로 본 논의에서 직접적으로 다루지 않았다. 이에 대해서는 별도로 논의해 볼 생각이다.

『어제계주윤음』은 1756년에 영조가 음주를 경계하기 위해 내린 윤음이다. 한문으로 된 「유대신경재이하백관윤음(諭大臣卿宰以下百官綸音)」과 「유경성부로윤음(諭京城父老綸音)」을 차례대로 싣고 한글로 독음과 구결을 단 다음, 장을 달리하여 순한글로 언해문을 배치하여 교서관에서 목판으로 간행하였다. 말하자면 한문과 언해문이 분책될 수 있는 체재로 되었는데 이러한 체재는 이후의 윤음언해에 계속 이어진다. 한편 앞서 살펴본 두 어제류와는 달리 언해문이 순한글로 된 것은 주 독자층인, 한자를 모르는 일반 백성을 고려하였기 때문이라 할 것이다.

『어제계주윤음』은 그 번역에 있어서 대체로 어제류가 일반적으로 취하는 원문 직역의 태도를 보여주지만 철저한 축자역의 모습은 아니다.[32]

⑭ ㄱ. 이제 셔민의 령을 좃지 아니홈도 쏘호 과궁의 성실치 못홈애 말믜아맛는지라(今之庶民之不遵令도 亦由寡躬之不誠이라) (19a-b)

　ㄴ. 신과 밋 훗 스왕이 혹 술을 경계치 못ᄒᆞᄂᆞᆫ 일이 이시면 곳 군신이 비록 아지 못ᄒᆞ고(臣曁後之嗣王이 或有不戒酒之事ㅣ면 則諸臣이 雖不知ᄒᆞ고) (22a)

　ㄷ. 희라 올봄의 방패훈 은뎐은 왕텹의 업슨 배로되 쥬금의 범훈 쟈ᄂᆞᆫ 혹 금령이 눅음을 저허ᄒᆞ야 일졀 노치 아니ᄒᆞ얏더니(噫라 今春需典은 往牒所無ㅣ로디 而至於犯酒者ᄒᆞ야ᄂᆞᆫ 恐或弛禁ᄒᆞ야 一竝不赦ㅣ러니) (20a-b)

　ㄹ. 졍즈 ᄀᆞ툰 대현으로도 오히려 산영 보시ᄂᆞᆫ 뉘오츔이 겨시거든 ᄒᆞ믈

32　전술한『어제상훈언해』,『어제훈서언해』뿐 아니라 후술할『어제백행원』과 필사본으로 남아 있는 많은 어제류 언해서들이 일반적으로 전이어까지 번역에 반영하는 축자역의 번역 방식을 취하고 있다. 이에 대한 자세한 논의는 후고를 기약한다.

며 범상훈 사롬이 더욱 가히 방심치 못홀 거시오 또 샹셔훈톄로 니룰
디라도 그 맛당히 신하와 빅셩의게 ᄀᆞ치 기유ᄒᆞ얌즉 홀식(以程子之
大賢으로도 猶不無觀獵之悔ᄒ시니 況在凡人애 尤不可放心也ㅣ오 且
以尙書訓體로 言之라도 其宜竝諭臣庶 ᄒᆞᆯ식) (21b)

⑭ㄱ에서 원문의 통사 구조를 반영한 주어적 속격 "셔민의", "과궁
의"나 명사절 "－홈"의 빈번한 사용, ⑭ㄴ의 '밋'[曁], '곳'[則]과 같은 전이
어 성격의 어사 반영 등에서 볼 수 있듯이[33] 전반적으로는 다른 어제류
와 마찬가지로 원문 직역의 번역을 기본으로 하고 있다. 그러나 ⑭ㄷ
에서 원문의 "而至於犯酒者ᄒᆞ야ᄂᆞᆫ"이 "쥬금의 범혼 쟈ᄂᆞᆫ"으로, ⑭ㄹ에
서 "況在凡人애"가 "ᄒᆞ믈며 범샹혼 사롬이"로 원문의 서술어를 뺀 채
번역되거나,[34] ⑭ㄹ에서 원문의 이중부정 "不無"가 "겨시거든"으로 번
역된 것, 원문의 "以"가 전이어 "뻐"로 번역되지 않고 모두 빠진 점 등은
보통 축자적인 직역의 번역을 보여주는 다른 어제류와 차이를 보이는
양상이다. 쉽게 이해될 수 있는 국어 문장으로 번역하기 위해 원문과
의 대응에 얽매이지 않는 모습도 보여주는 것이다.

『어제계주윤음』의 이러한 번역 양상은 그 내용을 백성들에게 쉽게
이해시켜 실천을 도모하려는 이 윤음의 실용적 목적에서 기인한 것으
로 생각된다. 금주령을 위반하여 유배된 사람이 1,000명에 이르고 이
듬해 사면령을 내릴 때도 이들은 사면에서 제외했다는 내용에서 알 수
있듯이 당시 금주는 백성들의 생사와 직결될 정도로 중요한 사안이었

---

[33] "曁"는 '및, 함께, 미치다, 이르다' 등의 의미를 가진 것으로, "及"과 같은 용법으로 사
용되었다. 아래의 (14ㄹ)의 밑줄 친 '그[其]'도 같은 성격을 가진 것이다.

[34] 한문 원문을 그대로 번역하지 않아서 원문의 구결과도 일치하지 않는 번역이 되었다.

다. 이 윤음은 이러한 상황과 관련하여 단지 그 내용을 전달하는 데 그치는 것이 아니라 그것을 제대로 이해시켜 실천을 유도할 목적으로 반포된 것이었다. 따라서 백성들이 그 중요성을 인식하고 금주령을 준수하기를 당부하는 임금의 뜻이 잘 전달될 수 있도록 순한글로 번역하되, 원문을 그대로 옮겨 경직되고 이해에 어려움을 주는 문장이 아니라 자연스럽고 쉬운 국어 문장으로 번역하려 했던 것으로 이해할 수 있다.

이러한 태도는 한 걸음 더 나아가 급기야 아예 한글로 다시 윤음을 지어 내리는 상황에 이르게 되니 『어제경민음』이 바로 그것이다. 『어제경민음』은 영조가 백성들에게 금주령을 준수할 것을 다시금 촉구하기 위해 1762년 한문 없이 한글로만 작성하여 교서관에서 목활자로 간행한 것이다. '윤음'이란 이름이 붙은 것은 아니지만 윤음과 같은 성격을 가진 글인데[35] 일반적으로 윤음을 포함한 어제류의 글들은 한문으로 먼저 작성되고 이를 한글로 번역하여 언해본이 간행되게 되지만 이글은 애초부터 한글로 작성되었다는 점에서 매우 특이한 자료라 하겠다. 우선 글의 뒷부분에서 이와 관련된 기록을 찾아볼 수 있다.

⑮ ㄱ. 그러모로 탄일이 흐르밤이 그리왓고 녯날을 싱각호옵는 모음이 근결호되 춤아 자지 못호야 불너 쓰이니 젼의 하교혼 거술 비록 언문으로 번역호야 반포호야시나 서어혼 하교롤 설게 번역홀 제 엇지 주셰호며 츳츳 벗겨 뵐 제 쏘 엇지 빠진 거시 업스랴 그러모로 이번은 교셔관으로 박아 반포호니 글즈ㅣ 분명호야 비록 언문 선류라도 가히 아라볼 거시니 (7a-8a)

---

35 후술할 『승정원일기』의 기사에도 "경민사륜(警民絲綸)"이라고 하여 윤음의 하나임을 명시하였다.

ㄴ. 이 글은 이젼 범연히 번역훈 글과 다루니 너희 보기 어렵지 아니ᄒ고 쏘
가히 잠심홀지라 내 빅셩과 내 빅셩은 그 감동ᄒ며 감동홀지어다
(10a-b)

⑮ㄱ에서 이전의 하교가 언문으로 번역하는 과정에서 내용이 충분하
게 번역되지 않거나 베껴서 보일 때 빠진 부분이 있었으니 이번에는 교
서관에서 한글로 인쇄하여 반포하게 했다는 내용과, ⑮ㄴ에서 이전의
범연히(신중하지 않게) 번역한 글과 달라 보기가 어렵지 않을 것이라는 내
용이 보이는데, 여기서 이전의 하교를 번역한 글은 앞서의 『어제계주윤
음』을 말하는 것이다. 『어제계주윤음』의 번역이 만족스럽지 않아 다시
한글로 간행하였다는 내용인 것이다.[36] 그러나 이 기록만으로는 한문
본이 존재하지 않는다는 사실을 분명하게 확인할 수 없다.
　그런데 『승정원일기』에서 '경민음'의 작성 경위에 대한 분명한 기록
을 볼 수 있다.

進御後命承旨, 以方音書警民絲綸。 上曰, 噫, 酒禁之若是罔效, 寔由否德,
(…중략…) 先諭此意, 以方音書下。 噫, 予此心爲民苦心, 令芸閣活字, 印布中
外 (영조 38년 9월 12일조)

위 기록에서 승지로 하여금 '방음(方音)'으로 '경민사륜(警民絲綸)'을

36　앞서 살펴본 바와 같이 내용을 쉽게 이해시키기 위해 원문을 축자역하는 철저한 직
역을 피한 『어제계주윤음』의 번역이 결과적으로 원문과 일치하지 않게 되었음을
지적한 것으로 볼 수 있다. 이는 번역 방식에 대한 비판이면서 동시에 '번역' 자체의
한계에 대한 인식이 함께 반영된 것으로 생각된다. 『어제계주윤음』 이후의 윤음언
해는 보다 철저한 원문 직역의 태도를 취하는 것으로 보이는데, 이에 대해서는 지면
을 달리하여 보다 상세한 논의를 해 보려고 한다.

쓰게 했다는 내용과, '방음'으로 써서 내려 교서관으로 하여금 활자로 인출, 배포하게 하였다는 내용을 통해 '경민음'은 처음부터 '방음' 즉 한글(우리말)로 작성된 것임을 확인할 수 있다. 이처럼 '경민음'을 한글로 작성한 이유는 위의 ⑮에서 볼 수 있듯이 백성들이 그 내용을 분명하면서도 쉽게 이해할 수 있도록 전달하기 위함이었던 것이다.

『어제경민음』이 처음부터 한글로 작성되었음은 이 책이 보여주는 언어를 통해서도 알 수 있다. 이 책의 문장과 문체는, 다른 어제류는 물론이고 비슷한 내용으로 된 『어제계주윤음』의 그것과 비교해도 확연히 다른 모습을 보여준다. 어제류의 언해문은 앞서 살펴보았듯이 기본적으로 직역의 언해로 되어 있다. 그러나 『어제경민음』에는 한문을 직역한 언해문에서 일반적으로 나타나는 문장 구조나 어사가 보이지 않는다. 예컨대 ⑭ㄱ에서처럼 언해문에서 가장 흔한 문장 구조인 명사절 "-홈(흄)"이 문장의 한 성분으로 안긴 구성이나, "-하는 바ㅣ 되-"(爲-所-)와 같이 직역의 번역에서 흔히 나타나는 구성이 보이지 않는다. 또한 전이어 "뻐[以]", "그[其]", "밋[及]"과 같은 어사들도 전혀 찾아볼 수 없다.[37]

이와 같은 한문 번역투의 문어체적 문장 대신 『어제경민음』의 문장은 보다 쉽고 간결하고 자연스러운 문장으로 되어 있다. 특히 첫 문장인 "오호ㅣ라 내 너의 부모 되얀 지 그 몃 히뇨(1a)"부터 시작해서 "너희 무슴 ᄆᆞ음으로 빅슈의 늘근 님군을 이다지 ᄆᆞ음을 쓰게 ᄒᆞᄂᆞ뇨(2b)" 등과 같이 글의 독자를 청자로 하는 직접의문문과 수사의문문이 전체 문장의 상당 부분을 차지하고 있어 구어적이고 생동감 있는 문체를 보여준다 하겠다.

---

37 이들은 후술하겠지만 어제류 언해 가운데 가장 평이한 문장으로 되어 있는 『어제백행원』에서도 모두 번역에 반영되어 있다.

윤음의 성격을 지닌 이 글이 처음부터 한글로 작성되어 반포되었다면 그 의미는 상당할 것이다. 일반적으로 윤음은 한문으로 작성되고 필요할 경우 한글 사용층을 위해 언해를 하여 반포하기도 하였다. 그런데 『어제경민음』에서는 백성들의 생사와 직결되는 중대한 사안의 전달에 '언해'라는 방식조차도 한계가 있음을 직접적으로 언급하면서 아예 처음부터 한글로 글을 작성하여 인출, 배포하고자 하였다. 임금이 백성을 대상으로 통치 행위를 함에 있어 한문의 매개 없이 직접 한글이라는 수단을 사용한 것이다. 이는 한글이 공적 영역에서도 더 이상 한문을 보조하는 존재로서가 아니라 독자적인 소통 수단으로서 그 필요성과 효용성을 인정받은 것이라 할 수 있다. 조선 후기에 한글이 공적 영역으로도 그 사용을 확대해 나가는 양상을 잘 보여주는 사례라 할 것이다.

한편, 『어제백행원』은 1765년 효행이 백행의 근원임을 백성들에게 일깨우고 효를 실천에 옮기도록 권장하고자 영조가 지은 교훈서이다. 한문 원문이 모두 실린 뒤에 장차를 계속하여 언해문이 실리는 체재로 되어 있으며, 한문 원문에는 한글 독음과 구결이 달려 있고 언해문은 순한글로 표기되어 있다.[38]

앞서의 『어제계주윤음』, 『어제경민음』과 같이 일반 백성을 주 독자로 하는 글이므로 순한글로 표기되었으나, 이 책은 이들과 달리 철저한 직역의 문체로 되어 있다.

⑯ ㄱ. 우차홉다 (…중략…) 사람이 다 가히 써 효지 될 거시로더 (吁嗟 (…중

---

[38] 원문을 모두 실은 뒤 언해문을 계속하여 실었다는 점에서 앞의 『어제계주윤음』과 동일하지만, 장차를 달리하여 분책할 수 있게 한 『어제계주윤음』과 달리 분책할 수 없는 체재로 되어 있다는 점에서 차이가 있다.

략…) 人皆可以爲孝子) (12a)

ㄴ. 밋 그 스승에 나아가매 성인이 되며 현인이 되기로써 ᄇᆞ라시며 밋 그
취부ᄒᆞ매(及其就傅애 以爲聖爲賢으로 望焉ᄒᆞ시며 及其娶婦애) (13a)

ㄷ. 엇디 능히 어버의 뜻을 양ᄒᆞ며 (…중략…) 엇디 능히 어버의 ᄆᆞ음을
톄ᄒᆞ며 (…중략…) 부모의 욕 되오미 ᄯᅩᄒᆞᆫ 극ᄒᆞᆫ디라(何能養親志며 (…
중략…) 何能體親心 (…중략…) 爲父母僇이 亦極矣라) (18b)

ㄹ. 내 보미 닉으며 내 드르미 만호롸(予見이 熟矣며 予聞이 多矣로다)
(19b-20a)

ㅁ. 뉴듕도의 니ᄅᆞᆫ 바 남ᄌᆞ의 강장ᄒᆞᆫ 재 몃 사ᄅᆞᆷ이 능히 부인 말의 혹ᄒᆞᆫ
배 되지 아니ᄒᆞ얏ᄂᆞ뇨(柳仲塗所云男子剛腸者幾人이 能不爲婦人言
의 所惑者ㅣㅏ) (14b-15a)

ㅂ. 추셩[밍ᄌᆞ]이 엇디 오십에 ᄉᆞ모ᄒᆞᄆᆞᆯ 내 대슌의 보왓노라 닐너 겨시리
오(鄒聖이 豈曰五十而慕者를 予於大舜애 見之乎아 ᄒᆞ시리오) (12b)

⑯에서 『어제백행원』의 언해문은 원문의 모든 한자를 번역에 반영
하는 직역의 방식을 취하고 있음을 볼 수 있다. ⑯ㄱ, ⑯ㄴ의 전이어
"써[以]", "밋[及]"의 사용은 말할 것도 없고, ⑯ㄷ에서 "양ᄒᆞ-", "톄ᄒᆞ-",
"극ᄒᆞ-"와 같이 국어의 어휘 체계에 편입되어 있지 않은 일음절 한자
어의 사용이나 ⑯ㄱ과 같이 "-홉-"의 결합에 의한 심리형용사의 빈
번한 사용 등은 직역 문헌의 전형적인 특징이다. ⑯ㄹ의 "-홈이 어떠
하다" 류의 명사절, "배 되-[爲-所-]" 구문 등도 한문의 통사 구조를
그대로 번역에 반영한 것이다. 또한 ⑯ㅂ과 같이 원문의 구절에 대한
보충 설명이 필요한 경우 협주를 단 것도 직역 문헌의 방식인 것이다.
이러한 언해 양상은 비록 표기 문자는 다르지만 앞의 『어제상훈언

해』나 『어제훈서언해』와 차이가 없다. 물론 백성을 대상으로 하는 글이니만큼 문장이나 어휘는 이들보다 훨씬 평이하지만 철저한 직역의 번역 양식은 동일한 것이다.

이상의 논의를 정리하면, 한글 어제류 훈서들은 책의 간행 목적과 대상 독자에 따라 국한문 혼용 표기와 순한글 표기로 구분되어 간행되었다 할 수 있다. 그런데 애초부터 한글로 작성된 『어제경민음』과, 원문 직역의 태도를 기본으로 하면서도 중대하고 시급한 내용을 보다 이해하기 쉬운 문장으로 전달하려 했던 『어제계주윤음』의 절충적인 번역을 특수한 사례로 제외한다면, 표기의 형식은 달라도 그 번역 양식은 강한 직역의 언해로 일관된다고 할 수 있다. 『어제상훈언해』와 『어제훈서언해』처럼 책의 간행 목적과 독자를 고려했을 때 직역의 번역이 적절한 경우도 있지만, 『어제백행원』처럼 백성에게 내리는 글까지도 한글로 표기되기만 했지 전이어까지 반영한 철저한 축자역의 번역이 된 것은 어제류라는 문헌의 특수성 때문이라고 생각된다.

어제류는 임금이 자신의 뜻을 그 독자에게 직접 알리고 그에 관해 당부하거나 경계하는 글이다. 따라서 그 뜻이 정확하게 전달되는 것이 무엇보다 중요했을 것이다. 예전 『소학언해』를 간행할 때 이전의 번역이 의역에 치우쳐 문의(文義)를 잃게 됨을 비판했듯이 교훈적인 뜻을 담은 임금의 말이 정확하게 전달되기 위해서는 직역의 방식이 적절하다고 판단했을 것이다. 앞서의 『어제계주윤음』의 번역에 대한 비판도 같은 맥락으로 볼 수 있다. 한편으로 독자에게도 문장은 매우 경직되어 있지만 원문을 그대로 번역하였다는 느낌을 줌으로써 생생한 권위와 신뢰를 주는 측면이 있었으리라 생각된다. 이후의 윤음언해가 철저한 직역의 방식으로 번역된 것도 이러한 뜻에서 기인한 것이라 판단된다.

맺음말

　본 연구는 영조대의 교화서 개역 및 간행 양상, 그 언어적 성격에 대해 고찰하고 이를 통해 조선 후기에 한글이 공적 영역에서 그 사용을 어떻게 확대해 가는지 조망해 보고자 하였다. 이에 한글 사용 양상과 관련하여 영조대 교화서의 특징을 가장 잘 보여주는 '기존 교화서의 개역'과 '어제류 훈서의 간행'에 초점을 맞추어 논의를 진행하였으며, 이제 논의된 바를 요약하는 것으로 결론을 대신하기로 한다.

　영조대에 이루어진 기존 교화서의 개역은 그 폭이 대단히 넓은 것이어서 번역과 표기가 전면적으로 바뀌는 모습을 보여주는데, 행실도류 문헌과 경민편언해의 개역에서 이러한 양상을 확인할 수 있다.

　행실도류 문헌의 경우 영조대의 개역은 전반적으로 이들의 교화서로서의 질적 수준을 한층 높여 주었다 할 것이다. 원문을 보다 충실히 번역하는 동시에 원문을 넘어서서 그 서술 체재에도 통일을 가하는 전면적인 개역 작업을 통해 행실도류의 언해문은 내용과 형식 모두에서 그 자체로 상당히 완결성을 갖춘 텍스트가 된 것이다. 비록 개별 문헌에 따라 정도의 차이는 있지만 이러한 변화는 언해문이 더 이상 한문 원문에 종속된 부가적 텍스트에 머물지 않고 오히려 원문을 압도하는 독립적인 텍스트가 됨을 의미하는바, 한글의 한층 높아진 위상을 엿볼 수 있는 부분이라 하겠다. 경민편언해의 경우는 표기에 있어 전면적인 변화를 보여준다. 언해문의 표기가 국한문 혼용에서 한글 전용으로 바뀜으로써 당시 대민 교화서의 일반적인 표기 경향에 부합하게 된다. 전면적인 한글 표기와 함께 번역에 있어서도 보다 이해가 쉽고 자연스러운 국어 문장을 추구함으로써 독자층의 확대를 적극적으로 도모하는 모습을 보여준다. 그러나 중앙에서 주도한 개역이 아니었기 때문에 체재나 번역 양식이 다소 정제되지 못한 한계도 드러낸다.

영조대의 어제류 훈서는 이 시기에 간행된 교화서 가운데 한글 사용 양상과 관련하여 가장 특징적인 모습을 보여준다. 이 글에서는 간행이 이루어진 5종의 한글 어제류를 논의의 대상으로 삼았는데, 이들은 책의 간행 목적과 대상 독자에 따라 국한문 혼용 표기와 순한글 표기로 구분된다.

『어제상훈언해』, 『어제훈서언해』는 세자와 후대의 임금들에게 내린 교훈서로서 모두 국한문 혼용으로 표기되어 있다. 『어제상훈언해』는 극단적인 직역 문헌인 경서언해에 비견될 정도로 강한 직역의 경향을 보여주는 특징이 있는데, 이는 기본적으로 이 책이 후왕들에게 교훈을 주고 이를 학습하게 하려는 목적을 가지고 있었기 때문이며 나아가서 어제류 가운데 첫 번째 언해이자 영조가 가장 애착을 가졌던 저술이었던만큼 당시 절대적 권위를 누렸던 경서언해의 번역 방식을 채용하여 언해서로서의 위상을 높여 보고자 했던 의도도 함께 작용했기 때문으로 보인다. 『어제훈서언해』는 그 표기와 번역 양식에 있어서는 『어제상훈언해』와 거의 동일하지만 체재에 있어서 한문 원문 없이 언해문만으로 되어 있는 차이를 보인다. 비슷한 시기에 간행된 『천의소감언해』와 『종덕신편언해』 역시 완전히 동일한 체재로 되어 있고 『어제계주윤음』도 한문본과 언해본이 분책될 수 있는 체재로 되어 있다는 점에서 한문본과 언해본의 분책이라는 새로운 번역 체재가 이 시기에 본격적으로 등장하고 있다고 할 수 있다. 이러한 체재는 언해본이 한문 원문에 대한 의존에서 벗어나서 텍스트로서의 독자성을 획득하게 됨을 의미하는 것인데, 『어제훈서언해』가 축자역의 태도는 여전히 견지하면서도 『어제상훈언해』보다 좀 더 국어에 가까운 문장으로 번역된 것은 이 체재에서 기인하는 것이라 볼 수 있다. 이 또한 한글이 광범위하게 확산됨과 동시에 그 문자적 위상을 점차 높여가고 있음을 보여주는 것이라 하겠다.

『어제계주윤음』과 『어제경민음』, 『어제백행원』은 모두 일반 백성들을 경계하고 계도하는 글로서 한글 전용으로 표기되어 있다. 먼저 『어제계주윤음』과 『어제경민음』은 윤음에 해당하는 것으로 같은 주제를 가졌으면서 전혀 다른 방식으로 작성되었다. 『어제계주윤음』은 한문으로 작성되고 한글로 번역된 윤음으로, 원문 직역의 태도를 기본으로 하면서도 다른 어제류처럼 철저한 축자역의 방식을 취하지는 않았다. 이는 중대하고 시급한 사안을 백성들에게 쉽게 이해시켜 실천을 유도하려는 목적이 강했기 때문으로 판단된다. 『어제경민음』은 이러한 『어제계주윤음』의 번역이 만족스럽지 않음을 지적하면서 아예 처음부터 한글로 다시 지어 내린 윤음이다. 『어제계주윤음』과의 비교를 통해 한문 번역투의 문어체적 문장이 아니라 쉽고 간결하고 구어적인 문장임이 잘 드러난다. 한문으로 작성되고 필요할 경우 언해를 하여 반포하는 일반적인 윤음과는 달리, 『어제경민음』은 왕이 백성을 대상으로 공식적인 글을 내리는 데 있어 한문의 매개 없이 직접 한글이라는 수단을 사용하였다는 점에서 그 의미가 매우 크다. 이는 한글이 공적 영역에서도 더 이상 한문을 보조하는 존재로서가 아니라 독자적인 소통 수단으로서 그 필요성과 효용성을 인정받은 것이며, 조선 후기에 한글이 공적 영역으로도 그 사용을 확대해 나가는 양상을 잘 보여주는 사례가 되는 것이다. 한편, 『어제백행원』은 백성들에게 효행을 권장하기 위한 글인데, 한글 전용으로 되어 있지만 전이어까지 반영한 철저한 축자역의 번역이 되어 있다. 위의 특수한 두 운음을 제외하고 어제류가 보여주는 이러한 철저한 직역의 태도는 어제류라는 문헌의 특수성에서 기인하는 것으로, 교훈적인 뜻을 담은 임금의 말이 정확하게 전달되는 것이 무엇보다 중요했을 것이며, 독자에게도 원문을 그대로 번역하였다는 느낌을 줌으로써 권위와 신뢰를 주는 측면이 있었기 때문이라 생각된다.

『규장총목(奎章總目)』과 18세기 후반 조선의 외래지식 집성

정호훈

머리말

17·18세기 조선 학계의 지식은 이전 시기에 비한다면 상상할 수 없을 정도로 풍부해지고 다양해졌다. 이 같은 변화가 일어난 데에는 여러 요인이 있을 수 있지만, 우선 15세기 이래 축적된 조선 학계의 학문 성과가 여러 학파와 정파의 성장 속에 확장되는 사정을 거론할 수 있다. 16세기 중·후반부터 본격적으로 이루어지는 서경덕, 이황, 조식, 이이와 같은 학자들과 그들 후학들의 학파적 활동은 성리학에 대한 이해를 비롯, 현실 인식과 정치 운영의 방식을 둘러싸고 아주 다양한 논리와 견해를 만들며 전개되었다. 과거 조선의 학문 풍토가 정리되고

새로운 상황에 걸맞은 적절한 사유가 적극 모색되었다. 물론 이 과정이 순탄하게 평화롭게 이루어지는 것은 아니었다. 각 학파별로 지향이 다르고 생각이 다른 만큼 학파 상호 간의 활동에는 팽팽한 긴장과 길항이 항존했으며, 그리하여 그것이 정치적인 문제와 얽히면 격렬한 정쟁으로 폭발하기도 했다.[1] 하지만, 여러 학파의 경쟁적 활동이 이 시기 지식 세계를 확장하는 주된 힘으로 작용한 것은 분명했다.

중국으로부터 명·청대의 새로운 사상을 담은 서책들이 대거 유입되던 사정 또한 이 시기 학계의 지적 풍토를 풍요롭게 만들었다. 조선에서 중국의 서책을 받아들이는 기본 경로는 사행(使行)이었다.[2] 이를 통하여 개인이나 국가는 필요한 도서를 구입했다. 이 시기 중국에서는 명청 교체와 같은 대규모의 정치적 변화를 겪으면서도, 출판문화가 크게 발달하여 많은 서책들이 만들어지고 유통되고 있었다.[3] 명대의 상업 경제의 성장, 청대 국가의 서적 편찬과 지식의 계통화 노력은 그러한 지식 세계의 확장을 견인하는 힘이었다. 조선으로서는 쉽게 접할 수 없는 엄청난 규모의 지식 세계가 이웃 중국에는 펼쳐져 있었던 셈인데, 이 상황에서 조선의 지식인과 국가는 필요하다면 많은 노력을 기울여 이를 받아들이려 했다.

말하자면 17·18세기 조선의 학술 세계는 다양한 변화 요인에 노출되어 있었다 할 것이다. 이 시기의 학술 주체들은 각기 자신의 입지에

---

1 1589년의 기축옥사, 광해군대 폐모(廢母) 논쟁, 인조 '반정', 현종대 예송(禮訟), 이이와 성혼의 문묘종사(文廟從祀)를 둘러싼 논란 등은 학파와 정파 상호 간의 학문적, 정치적 갈등이 착종하며 야기되었다고 할 수 있다.
2 17·18세기 중국에서의 서적 수입에 관해서는 신익철, 「연행록을 통해본 18세기 전반 한중 서적 교류의 양상」, 『태동고전연구』 25, 2010; 부유섭, 「건륭 연간 연행록을 통해 본 중국도서 유입에 대해」, 『대동한문학』 34, 2011 참조.
3 여기에 대해서는 오키 야스시, 노경희 역, 『명말 강남의 출판문화』, 소명출판, 2007 참조.

서 앞선 세대의 지적 성취를 계승하고 새로운 학술과 사상을 흡수하며 자기에게 혹은 조선 사회에 필요한 지식과 사상을 만들어 나갔다. 주자학의 집중적 연구과 연구서 편찬,[4] 경세서(經世書) 편찬과 새로운 사회의 기획,[5] 조선의 역사와 문화의 정리, 유서(類書)의 편찬과 여러 경향의 지식의 집성(集成)[6]과 같은 다양한 학적 성취들은 그러한 노력이 구체화된 결과일 것이다.

17·18세기 조선 사상계를 깊이 있게 이해하기 위해서는 이 시기 사상계의 변화를 추동하는 내외적인 요소를 두루 검토해야 할 것이다. 이 글에서는 그 일환으로 조선의 서책 수입과 그 이해의 태도에 집중하여 이 시기 사상계의 움직임을 살피고자 한다. 사상의 변화와 외래 요소와의 상관관계, 외래 사상을 받아들이는 학술 주체의 특성에 대한 해명이 중심이 되겠다. 구체적인 분석 대상은 정조대 초반 규장각에서 만든『규장총목』이다. 이 책은 국가가 학술의 주체가 되어 편찬한 것이므로, 이에 대한 검토는 이 시기 학술 주체로서의 국가의 움직임, 국

4　송시열에 의한『주자대전차의』, 김창협의『주자대전차의문목』, 김매순의『주자대전차의문목표보』, 한원진의『주자언론동이고』, 강호부의『주서분류』등은 그 대표적인 성과들이다. 19세기 중후반에 이루어지는 이항로(李恒老)·이준(李㙫) 부자의『주자대전차의집보』간행은 그간 이루어진 성과들이 있었기에 가능한 작업이었다. 이 같은 사정에 대해서는 김준석,「조선 후기 기호사림의 주자인식─주자문집·어록 연구의 전개과정」,『백제연구』18, 1987; 류탁일,「주자서절요 주석의 맥락과 그 주석서들─외래문헌의 한국적 수용Ⅱ」,『서지학연구』5·6 합집, 1990; 강문식,「송시열의『주자대전』연구와 편찬─『주자대전차의』·『절작통편』을 중심으로」,『한국문화』43, 2008 참조.

5　김준석,「류형원의 정치국방체제 개혁론」,『동방학지』77·78·79 합집, 1993; 김선경,「반계 유형원의 이상국가 기획론」,『한국사학보』9, 2000.

6　이수광의『지봉유설』, 이익의『성호사설』, 안정복의『성호사설유선』,『잡동산이』, 정동유의『주영편』, 서명응의『고사신서』등은 17·18세기 유서의 대표적 성과일 것이다. 여기에 대해서는 안대회,「이수광의『지봉유설』과 조선 후기 명물고증학의 전통」,『진단학보』98, 2005; 심경호,「한국 유서의 종류와 발달」『민족문화연구』47, 2007 참조.

가 차원의 학술 활동에 대한 해명이기도 하다.

　『규장총목』은 정조 초반, 규장각에서 소장하고 있는 외국 서적들을 정리하는 과정에서 만들어진 일종의 목록·해제집이었다. 소장 도서를 정리하며 그와 관련된 목록을 작성하고 해제집을 갖추는 것은 필수적이며 그런 점에서 이 책의 편찬은 자연스러운 일이라 할 수 있을 것이다. 그러나 『규장총목』 편찬은 단순히 목록·해제집 차원의 작업에 머무르는 것은 아니었다. 이 책을 통하여 조선 정부는 당대 조선 사회가 구해볼 수 있는 중국의 서책들 특히 명·청대의 자료들을 일정한 기준에 맞추어 평가하고 계통화하려 하였다. 그것은 이 시기에 들어온 숱한 서적들이 대단히 풍부하고 또 다양한 내용을 갖추어 조선의 학술계 성장에 큰 도움이 되기도 했지만, 어떤 경우에는 종래 조선 사회가 지녀왔던 관행, 전통과 상치되는 요소를 지니어 악영향을 미칠 수 있었기 때문이었다. 책을 받아들이되, 그 책이 조선의 질서에 위협이 될지 아니 될 지를 판단하는 것이 필요했던 것이다.

　학계에서는 일찍부터 『규장총목』을 주목하고 그 책이 가진 의미를 파악하고자 했다. 『규장총목』에 해제를 붙여 영인물로 공개하기도 하고,[7] 『규장총목』의 개성을 그 체제적 특징과 연관하여 살피기도 했다.[8] 이들 작업을 통하여 『규장총목』이 가진 서지적인 기초 사항은 웬만큼 정리되었다고 하겠다. 그러나 『규장총목』을 통해서 살필 수 있는 점은 여전히 많이 남아 있다고 여겨진다. 특히, 18세기 외래 서적의 수용과 방법을 둘러싸고 조선의 권력과 학술계가 대응하는 방식과 태도가 어

7　신용하, 「규장총목 해제」, 『규장각』 4, 1981.
8　정만조, 「조선 정조대 규장총목지편찬여기특징」, 『제십회중국역외한적국제학술회의논문집』, 1995(1996 『모산학보』 8에 재수록).

떠했던가 하는 점은 아직 충분히 구명되지 않은 것으로 보인다. 이점에 대한 이해는 이 책의 편찬 배경을 파악하는데도 도움이 될 것으로 여겨진다.[9]

1.『규장총목』의 성립과 구성

1)『규장총목』의 성립과 규모

『규장총목』이 처음 완성된 해는 1781년(정조 5)이다. 정조는 이해 2월 규장각에서 이 책을 편찬하도록 조치를 취했으며,[10] 넉 달 뒤 6월 말에 작업이 마무리되었다(원본).[11] 규장각의 각규(閣規)를 갖추는 등 규장각 운영이 본 궤도에 오르는 시점이었다. 정조 즉위 후 창건했던 규장각은 초기에는 정조 권력이 불안했던 것과 맞물려 그다지 충실하게 운영되지 않았었다. 그러다가 권력을 위협했던 홍국영(洪國榮)을 축출하며 정조는 어느 정도 정치적 안정을 찾았고 이에 본격적으로 독자의 정국 운영에 시동을 걸며 그 핵심 작업으로 규장각의 기능을 확대, 강화했던 것이다.[12]

---

9 위의『규장총목』의 특징을 살핀 글에서는, 이 책의 편찬은 '조선중화주의(朝鮮中華主義)'에 기초하여 청 문화에 대한 문화적 우월감을 가지고 있었던 조선 지식인층이 청의『사고전서(四庫全書)』편찬에 대응하여 이루어지는 것이라고 파악 했다(정만조, 위의 글, 682쪽).

10 『정조실록』권11, 5년 2월 13일 병진.

11 『정조실록』권11, 5년 6월 29일 경자.

본시 규장각이 출범하며 이곳에는 조선본(朝鮮本), 중국본(中國本)을 중심으로 많은 서책이 수집, 소장되어 있었다. 정조는 왕세자 시절부터 관리하던 서책, 홍문관에 소장하던 도서, 강화도의 행궁(行宮)에서 보관하던 서책 들을 하나로 합하여 규장각 도서의 규모를 확대했다. 이후 규장각에서는 새로운 서책을 계속 늘려나갔다. 필요한 책이 있으면 새로이 구매하거나 아니면 선본(善本)을 번각(飜刻)하여 구비했으며, 지방 관서에서 사사로이 간행한 책이 있으면 외각(外閣)의 관원과 여러 도신(道臣)으로 하여금 즉시 이송하여, 규장각에 수장하도록 했다. 그리하여 규장각은 창건 후 5년여 동안 적지 않은 서책을 구비할 수 있었다. 이들 서책을 체계적으로 관리해야 할 필요성이 대두하자 규장각에서는 창덕궁의 후원에 건물을 짓고 소장 도서들을 일괄하여 보관하였다. 중국본을 수장한 건물은 열고관(閱古館), 조선본을 수장한 곳은 서고(西庫)였다.[13]

『규장총목』은 열고관에서 수장하고 있던 중국본 서책의 목록, 해제집이었다.[14] 1781년 2월에 일을 시작해서 그해 6월 말에 마무리된 데서

12　『정조실록』 권11, 5년 2월 13일 병진. "奎章閣, 始建於丙申初元, 而規撫草創, 閱歲未備. 及國榮屛黜, 朝著淸明, 上益勵爲治, 百庶畢張. 申命諸閣臣, 酌古參今, 次第修擧, 閣規始煥然大備. 敎曰, '內閣之名, 始於光廟丙子, 而中廢矣. 奎章閣之號, 始於肅廟甲戌, 而御書扁額, 至今在宗正寺. 予小子嗣服後, 追述建閣, 誠非偶然.' 仍命宗正寺所奉閣扁, 移揭內閣"

13　『정조실록』 권11, 5년 2월 13일 병진. "內閣藏書, 蓋倣有宋太淸樓、皇明文淵閣之遺制, 或購求新書, 或翻刻善本, 藏之東二樓. 又有私刊之書, 令外閣官, 諸道臣隨卽印送. 摛文院內藏書籍, 華本藏皆有窩, 東本藏西庫. 命原任提學徐命膺, 撰奎章總目"; 『弘齋全書』 권183, 羣書標記, "奎章總目, 四卷, 寫本. (…중략…) 予於丙申初載, 肇建奎章閣于內苑, 以奉謨訓峙圖籍. 旣又購求九流百家之昔無今有者, 幾數千百種, 遂命閣臣徐浩修著之爲目."

14　『규장총목』이 중국본 서책만을 담고 있는지 아니면, 중국본과 조선본을 다 포괄하고 있는지는 기록에 따라 다르게 나타난다. 『홍재전서』에서는 『규장총목』이 4권의 사본으로, 열고관의 중국본을 대상으로 한 것이라 했다(『弘齋全書』 권183 「羣書標記」. "奎章總目. 四卷, 寫本. 祕府藏書之所, 華本在閱古觀, 東本在西庫, 是書所錄者,

알 수 있듯, 해제 작업은 초속성으로 추진되었다. 처음에는 원임 제학 서명응(徐命膺, 1716~1787)에게 이 일을 주관하도록 했는데, 실제 작업은 그의 아들 서호수(徐浩修, 1736~1799)가 맡아 진행했다.[15] 서호수는 이때 강화유수로 재직하면서 규장각의 각직 또한 겸임하고 있었다.[16] 서명응의 둘째 아들인 서형수(徐瀅修, 1749~1824)도 작업에 참가했다. 이때 서형수가 작업에 참가하여 구체적으로 어떤 일을 했던가 하는 점은 해당 자료가 없어 확인하기 어렵지만, 1805년(순조 5)에 있었던 순조와 서형수의 대화,[17] 서형수의 문집인 『명고집(明皋集)』에 실려 있는 『규장총목』의 범례로 본다면 서형수는 이 작업에 깊숙이 개입하고 있었던 것으로 여겨진다.[18] 『규장총목』의 범례를 작성할 정도라면 핵심

閱古觀之華本也"). 그런데 실록에서는 경 · 사 · 자 · 집의 사부 서책과 열고관의 서목 그리고 서서의 서목을 합하여 『규장총목』이라 부른다고 했다(『정조실록』 권11, 5년 6월 29일 경자). 서서의 서목은 국내본 도서 목록이므로, 이 기록은 『규장총목』이 형태상 중국본과 조선본을 아우르고 있음을 이야기해준다. 두 기록의 차이는 적지 않은데, 4권 체재의 필사본인 현존 『규장총목』과 비교하면, 『홍재전서』의 기록이 사실에 더 부합한다. 이 글에서는 『홍재전서』의 기록과 현존본 『규장총목』의 실체에 기초하여, 이 책을 열고관의 중국본 도서를 대상으로 한 해제집으로 보고자 한다. 이상의 사항에 대한 자세한 논의는 정만조, 앞의 글, 679~680쪽에 정리되어 있어 참고할 수 있다.

15 책의 편찬을 맡은 사람을 두고 『정조실록』(권11, 5년 2월 13일 병진)과 『홍재전서』 (권183 「羣書標記」)에서는 각기 서명응과 서호수로 달리 기록하고 있다. 서명응에게 일을 주관하게 했지만, 실무 작업은 그의 아들이 했기 때문에 이 같은 상황이 벌어진 것으로 보인다.

16 『승정원일기』, 정조 5년 윤5월 19일 신유.

17 『승정원일기』, 순조 5년 4월 28일 신사. "瀅修曰, 書目事有言端, 故敢仰達矣. 臣於先朝, 承命編奎章總目, 凡內府書籍, 竝載撰人名氏, 纂輯本末, 或附以前輩議論, 成一部書, 此蓋昉於崇文總目 · 集賢書目之類, 而馬端臨通考, 亦有目錄家始, 自劉歆七略歷代史, 皆有藝文志, 此爲藏書之所不可闕者, 奎章總目編入後, 亦必多新購書籍, 使待教詳加訂定, 陸續編入, 似好矣."

18 『明皋全集』 권9, 「奎章總目叙例」. 『규장총목』의 범례가 『명고전집』에 실려 있는 것은 그가 이 범례를 지었기 때문일 것이다. 하지만 명확하지 않은 점이 많다. 정조 6년의 자료에서 서형수는 관학 유생이며 생원이었음을 알 수 있다(『승정원일기』, 정조 6년 7월 1일 병신). 서형수가 문과에 급제한 것은 정조 6년 말이었고, 정조 7년에

적인 일은 그가 다 했다고 보아도 좋을 것이다. 그 외, 이 작업에 어떤 인물이 참가했는지는 명확하지 않다. 기존의 해제를 참고한다고 하더라도, 엄청난 분량의 서적을 한두 사람이 맡아서 처리하는 것은 쉽지 않았을 것이다.

『규장총목』은 1805년(순조 5)에 다시 증보(增補)되었다(증보본). 이 해 4월, 그간 신규로 내입(內入)되던 도서의 서목(書目)을 정리하던 것을 계기로, 서형수가 『규장총목』을 보완할 것을 제안하여 그 일이 이루어졌다. 이때 서형수는 도승지를 맡고 있었는데, 『규장총목』을 편찬한 이후 새로이 구입한 도서가 많으니 대교(待敎)를 시켜 자세히 수정한 뒤 이를 옛 책에 편입시키도록 요청했던 것이다.[19]

실제 증보 작업은 홍석주(洪奭周, 1774~1842)의 의견이 많이 반영되었다. 그는 당초 편집을 주관했던 사람에게 증보 작업을 맡기면 전일(專一)해질 것이라는 순조의 의견에 반대하여 굳이 한 사람이 전관(專管)하지 않더라도 무방할 것이라고 하며 입직한 각신들이 일을 하도록 했다.[20] 홍석주의 참여는 기존에 이루어진 작업에 약간의 변화를 가하는 계기였던 것으로 보인다. 그는 구본에 잘못된 내용이 많이 있고 범례 또한 효란(淆亂)하므로 새 책자에서 이정(釐正)하여 이를 바로 잡자고 요청했다.[21] 그 구체적인 내용은 정확히 파악되지 않지만, 어쨌든 홍석

는 가감역(假監役)을 거쳐(『승정원일기』, 정조 7년 4월 1일 신유) 가주서(假注書)로 활동했다(『승정원일기』, 정조 7년 4월 22일 임오). 정조 7년 이후 서형수가 승정원의 보직을 맡고 또 초계문신(抄啓文臣)이 되어 정조를 지근거리에서 보좌할 정도의 능력을 지니고 있었던 것은 분명하다. 그러나 정조 5년 『규장총목』이 만들어질 때 그가 이 책의 범례를 지을 정도의 역할을 했는지는 미상이다.

19 『승정원일기』, 순조 5년 4월 28일 신사. "瀅修曰, 書目事有言端, 故敢仰達矣. (…중략…) 奎章總目編入後, 亦必多新購書籍, 使待敎詳加訂定, 陸續編入, 似好矣."
20 『승정원일기』, 순조 5년 5월 12일 을미.
21 『승정원일기』, 순조 5년 5월 19일 임인. "奭周曰, 舊本則多有誤書疊書處, 凡例亦多淆

주가 서호수 등에 의해 이루어진 기존의 작업을 만족해하지 않았던 것만은 분명하다.

『규장총목』의 증보 작업은 이해 4월 말에 시작해서 6월 초에 마무리되었다.[22] 이미 만들어져 있던 도서에 새로운 자료를 첨입하는 일이었기에 시간이 그렇게 많이 걸리지 않았다. 그 과정에서 기존『규장총목』을 그대로 두고 새로 들여온 책의 해제본을 따로 만들 것인지, 아니면 기존 책의 해제를 수정하고 또 새로 들여온 해제본을 같이 엮어 새로운 책으로 재구성할 것인지 하는 점이 문제로 대두했다. 논의 끝에 먼저 신규 서적의 해제본을 별도로 작성하기로 하고 초본까지 만들었다가,[23] 곧 이어 수정한 구『규장총목』과 신규 서적의 해제본을 엮어 1권의 책으로 완성했다. 증보본『규장총목』의 출현이었다. 원본은 규장각에 보관되었다.[24]

이와 같이 정조대에 만들어졌던『규장총목』은 순조 대에 들어와 새로이 증보되었다. 신규로 유입된 도서가 늘어나면서 이루어진 자연스런 변화였다. 이후로도 신규 도서가 들어와 쌓인다면 증보 작업은 새

亂, 故今方釐正, 追後編進, 而新定一本, 則纔已繕寫加衣矣." 이때 정비한 범례, 수정한 해제의 내용이 어떠한지 확인할 수 있는 자료는 현재로서는 발견하기 어렵다. 다만, 새로이 들어간 해제는 이전보다 더 엄한 비판적 태도를 견지했을 가능성이 크다. 가령, 사부(史部) 총목류(總目類)에 실린『사고전서간명목록』의 해제는 1782년(정조6년)에 간행된 것이므로『규장총목』증보 작업 시에 추가된 것이 분명한데, 이 책에 대한 해제자의 평가는 매우 엄격하다(3장 2절 참고). 이 책에 대한 당시인들의 비판적 사고가 반영된 것으로 보이는데, 해제에 참여했던 홍석주 또한 이 책에 대해서는 매우 부정적이었다. 이는『淵泉集』권16「答費吉士蘭墀書」에서 확인된다.

22 『승정원일기』, 순조 5년 4월 28일 신사;『승정원일기』, 순조 5년 6월 8일 경신.

23 『승정원일기』, 순조 5년 5월 17일 경자.

24 『승정원일기』, 순조 5년 6월 8일 경신. "宗薰曰, 然矣. 新編諸目, 從世代增入, 則原冊當改者過半, 故另以新舊合編者, 謄出一通矣. 上曰, 今日可以入之耶. 宗薰曰, 書役已畢, 而方爲準役, 明日始當入之矣. 旣以新本內入, 則原本姑爲留藏本閣乎. 上曰, 頃日所入之草本, 亦當還下, 與原本竝置本閣, 可也."

로 이루어졌을 것이다. 그렇다면 『규장총목』은 다시 증보되었을까? 현재의 판단으로는 그러한 사실은 없었던 것으로 보인다. 일단, 『규장총목』이 새로이 수정된 사실이 자료상으로 확인되지 않는 점을 들 수 있다. 1805년 이후 새로 구입하는 도서를 정리 해제하였다면, 이 일은 분명 여러 기록에 남아 있을 것이나 현재로는 파악이 되지 않는다.

이 사실은 원본에 실려 있는 도서와 현존본 『규장총목』의 도서를 비교하면 보다 명확해진다. 『규장총목』의 해제 도서는 경·사·자·집의 사부(四部) 체계로 분류되어 배치되었다. 원본에 실려 있는 도서의 규모는 『홍재전서』에 자세히 전한다. 『홍재전서』에 따르면 『규장총목』에는 경부류(經部類) 도서 60종, 사부류(史部類) 120종, 자부류(子部類) 148종, 집부류(集部類) 279종 등 모두 607종이 실려 있었다.[25] 그런데, 현존하는 규장각 소장 『규장총목』[26]에는 이 보다 모두 90종이 더 늘어 697종이 수록되어 있다. 다음 〈표 1〉에서 보는 대로 경부류 78종, 사부류 134종, 자부류 182종, 집부류 303종 합계 697종이다.[27] 이 사실은 『규장총목』을 증보하며 90여 종이 새로 편입되었다는 당시 참여자의 발언과 일치한다.

요컨대, 1805년 이후 『규장총목』을 증보했다는 기록이 나타나지 않

---

25 『弘齋全書』권183 「群書標記5」 「命撰1」 「奎章總目」. 이 책에 실려 있는 『규장총목』의 내용은 1801년에 정리된 것이다. 그런 점에서 『홍재전서』에 나오는 『규장총목』에 관한 사실이 반드시 처음 편찬했을 당시의 사정 그대로를 담고 있다고 볼 수는 없다. 처음 책을 만든 이후 『홍재전서』를 정리할 때까지 『규장총목』을 수정 보완하는 작업이 이루어졌던가가 문제가 되는데, 현재로는 그러한 사실을 확인할 수 있는 기록이 없다. 그렇다면, 『홍재전서』에 나오는 『규장총목』의 내용을 처음 편찬 당시의 사정을 담고 있는 것으로 보아도 무방할 것으로 보인다.

26 『규장총목』(奎4461), 筆寫本, 4卷 3冊.

27 『승정원일기』, 순조 5년 5월 6일 기축. "宗薰曰, 奎章總目今當彙成, 而新冊當入者, 爲九十餘種矣, 間多不知裏面者, 恐有漏錄之慮, 內藏冊子, 不可不請出而照據矣."

는 사실이나 '원본'에 비해 증보본에서 90여 종이 더 늘어난 사실 등으로 본다면, 순조 5년의 새로운 증보본은 현존『규장총목』으로 보아도 좋을 것이다. 이 글에서는 현존『규장총목』이 1805년의 증보본인 것으로 추정하고자 한다.[28]

〈표 1〉『홍재전서』의『규장총목』기록과 현존『규장총목』수록 경·사·자·집의 종수

전거\사부	經	史	子	集	총계
홍재전서	60	120	148	279	607
규장총목	78	134	182	303	697
늘어난 종 수	18	14	36	24	90

『규장총목』첫 편찬 작업은 아주 짧은 시간에 마무리되었다. 책의 범례를 정하고 600여 종의 서책을 해제한 작업량과 규모로 본다면, 소요 시간 4개월은 경이적이었다. 이 일에 참여한 학자들의 학식과 재능이 뛰어났다고 하더라도 그 추진력은 놀라울 정도였다. 이것이 가능했던 데에는 여러 요인이 있을 것이다. 우선 생각하게 되는 것이『규장총목』이전의『내각방서록(內閣訪書錄)』[29] 편찬 경험이다. 이 책은 규장각을 만든 이후 조선에서는 구해볼 수 없었던 새로운 서적들을 청으로부터 구입하기 위해 작성했던 목록이었다. 서책마다 간략한 내용의 해제를 달아 겉으로 보기에 해제집처럼 보인다.[30] 정조는 내각에서 이를 활

---

28 『규장총목』에 실려 있는 도서가 이 시기 조선이 보유하고 있던 외래 서적을 모두 포괄하고 있다고는 볼 수 없다.『규장총목』을 증보하면서도 미처 싣지 못해 누락된 책이 있다고 했다.

29 규장각에 소장되어 있으며(奎1748), 2권 1책(74張) 분량의 필사본이다.

30 이 책이 언제 만들어졌는지, 그리고 그 작업을 누가 주도했는지는 명확하게 밝혀져 있지 않다. 다만 다음 실록의 기사로 보건대 정조가 즉위하고 얼마 지나지 않아 이 책을 작성한 것으로 여겨진다. "上雅尚經籍, 自在春邸, 購求遺編, 拓尊賢閣之傍而儲之, 取孔子繫易之辭, 名其堂曰貞蹟. 及夫御極, 規模寢廣, 丙申初載, 首先購求圖書集成五千餘卷于燕肆, 又移舊弘文館藏本及江華府行宮所藏皇明賜書諸種以益之. 又倣唐宋故事, 撰訪書錄二卷, 使內閣諸臣, 按而購貿. 凡山經海志, 秘牒稀種之昔無今有

용하여 필요한 책을 구매하도록 하였다. 이미 왕세자 시절 많은 서책을 구입, 정이당(貞頤堂)을 짓고 보관 관리했던 정조는 즉위 후 그 규모를 확장하였다. 그 과정에서 새로운 책자 수입을 적극적으로 추진하며 이 책을 만들었던 것이다.[31]

『내각방서록』에 실려 있는 책들은 '경사(經史)'류와 '자집(子集)'류로 분류되어 있다.[32] 경·사·자·집의 사부 분류체계를 원용했지만, 그 체계가 제대로 잡힌 것은 아니었다. 1책에는 경사류를, 2책에는 자집류를 실었다. 각 부내 유문(類門) 분류는 별도로 하지 않았다. 경사류의 구분도, 경부 도서의 설명이 끝나고 사부 도서의 설명이 시작되는 곳에서 '이상(以上) 경부(經部)'라고 하여 작은 글씨로 표시하는 정도로 간략히 했다. 수록 도서는 경류 134종, 사류 64종, 자류 124종, 집류 63종으로 모두 합하면 385종이다. 각 책마다 책의 이름, 권수, 찬자, 찬자가 살았던 시대를 싣고, 아울러 책의 특성에 대해 해제를 했다.[33] 해제 없이 책의 이름만 표기하기도 했지만 이 경우는 수적으로 그다지 많지 않다. 『내각방서록』를 만들며 해제에 주로 참고한 서적은 『절강채집유서총록(浙江採集遺書總錄)』[34]이었던 것으로 보인다. 두 책에 실려 있는 서책과 그에 대한 해제를 맞추어 보면, 서로 일치하는 경우가 꽤 많

者, 無慮數千百種. 乃建閱古觀于昌慶宮內苑奎章閣之西南, 以峙華本. 又建西序于閱古觀之北, 以藏東本, 總三萬餘卷."(『정조실록』 권11, 5년 6월 29일 경자)

31 정연식, 「「내각방서록」 해제」, 『규장각』 13, 1990. 이에 관한 서술은 이 글을 많이 참조했다.

32 제 1책에는 '경사류'를, 제 2책에는 '자집류'가 실려 있다.

33 예를 들어, 제 1권 경사류에 실려 있는 『상서일기』에 대한 해제는 다음과 같다. "『尙書日記』十六卷. 明王樵輯. 字比句櫛, 討論折衷, 有明一代尙書之學, 推以爲宗."

34 『절강채집유서총록』은 12권 10책의 목판본으로 규장각에 소장되어 있다(奎中 4564). 이 책을 조선에서 구입한 최초의 시기는 기록상 정조 2년으로 확인된다(『靑莊館全書』 권67 「入燕記下」, 정조 2년 5월 26일. "來此後先得浙江書目").

다.[35] 해제의 분량은 책마다 조금씩 차이가 있지만, 대략 40~50자 정도로 간략한 편이다.[36]

『규장총목』 편찬이 쉽게 이루어지게 되는 또 다른 요인으로는 해제 작업에 쉽게 활용할 수 있는 다양한 목록류 서책들을 규장각에서 확보하고 있었던 점을 들 수 있다. 규장각에는 이미 『문헌통고(文獻通考)』, 『통지(通志)』와 같은 전고류(典故類), 청대에 만들어진 『절강채집유서총록』,[37] 진진손(陳振孫)의 『직재서록해제(直齋書錄解題)』[38] 고염무의 『일지록(日志錄)』 등이 구비되어 있었다.[39] 『규장총목』 편집자들은 이들 여러 서책에 실려 있는 해제 혹은 설명을 참조하며 분류의 체계를 잡고, 도서 하나 하나에 대해 해제를 달았다. 명·청대 중국에서 널리 보급된 목록류-해제집으로는 위의 책들 외에도 참고할만한 책으로는 송대의 『숭문총목(崇文總目)』, 조공무(晁公武)의 『군재독서지(郡齋讀書志)』 등을 들 수 있다. 다만 이들 목록류는 『규장총목』에 실려 있지 않은 것으로 보아 규장각에서는 아직 소장하지 않고 있었던 것으로 보인다.[40] 『규

---

35 예를 들면, 『내각방서록』의 제 2권 「자집류」에 실려 있는 『도일편』 해제는 다음과 같다. "道一編 六卷. 明 程敏政撰. 合朱陸兩家之言, 以證其同. 附以諸賢論贊." 이 내용은 『절강채집유서총록』에 그대로 실려 있다.

36 『내각방서록』과 관련하여 특기할 것은, 이 책에 실려 있는 서책들이 대부분 『규장총목』에서는 확인되지 않는다는 점이다. 실록이나 『승정원일기』 등 연대기 자료에도 이들 서책을 구입했다는 사실을 찾을 수 없다. 현재 규장각의 소장 목록에서도 이 책들은 나타나지 않는다. 구하기로 했지만, 실제로는 구하지 않았다는 의미로 이해된다.

37 『浙江採集遺書總錄』 「鍾音 等受命編」 「序」, 건륭 39년(1774).

38 『直齋書錄解題』(奎中4109), 「陳振孫 撰」 「序」, 건륭 39년(1774).

39 이들 여러 책은 모두 『규장총목』에 실려 있다.

40 『숭문총목』은 청나라의 오숭요(伍崇曜)가 편찬한 목판본 『월아당총서』(奎中5969)에 『숭문총목집석』의 이름으로 실려 있다. 『월아당총서』는 오숭요가 1853년에 쓴 서문이 실려 있어 이 무렵에 간행되었다고 볼 수 있다. 조선에 이 책이 들어온 것은 19세기 후반이었을 것으로 추측된다.

장총목』에는 또 『사고전서간명목록(四庫全書簡明目錄)』이 실려 있으나, 이 책은 1782년(정조 6) 그러니까 처음 『규장총목』이 만들어진 이후에 간행된 것이었으므로 『규장총목』 편찬 당시에는 참고하지 않았다고 할 수 있다. 현재 규장각에는 『사고전서간명목록』이 소장되어 있는데,[41] 이 책 구입 시기는 정조 6년 이후인 것으로 보인다.

판단하기에, 참고한 자료 중에서도 중요한 것은 『절강채집유서총록』, 진진손의 『직재서록해제』였다. 『절강채집유서총록』은 1774년(건륭 39)에 종음(鍾音) 등이 칙명에 따라 절강 지방에 유전(遺傳)하고 있는 서적을 수집하여 엮은 서목이다. 12권 10책의 목판본이며, 『규장총목』에는 『절강서목(折江書目)』으로 표기되어 있다.[42] 이 책은 1778년(정조 2)에 연행사행에 참가했던 이덕무가 구입해 왔던 것으로 추측된다.[43]

『직재서록해제』는 송대의 장서가 진진손이 편찬했다. 명대에는 이 책의 원본이 사라진 상태였는데, 『영락대전(永樂大全)』에서 내용을 발췌하여 다시 재구성, 세상에 널리 유통시켰다. 역대 전적을 53류로 나누되, 경사자집의 4부 체제는 갖추지 않았다. 역대 전적(典籍)의 권질(卷帙)과 저자의 성명을 자세하게 기록하고 또 그 득실에 대해 논하였다. 당시 사람들은 이 책을 『서록해제(書錄解題)』라고도 불렀다.[44] 마단림의 『문헌통고』 「경적고」에서는 역사상 처음으로 이 책으로부터 해제가 시작되는 것으로 파악하였다.[45]

---

41 영용(永瑢) 등이 편찬하였으며, 목판본으로 20권 12책 분량이다. 1782년(건륭 47년)에 간행되었다(奎中5445).

42 정조의 장서인이 날인된 책이 규장각도서(奎中4564)에 전한다. 표지 제목은 『浙江遺書』이다.

43 『青莊館全書』 권67 「入燕記下」, 정조 2년 5월 25일.

44 『海東繹史』의 「海東繹史 引用書目」 가운데 '중국서목록' 참조. 규장각에는 1774년에 간행된 22권 20책의 취진본(聚珍本)이 소장되어 있다(奎中4109).

『규장총목』에서『절강채집유서총록』과『직재서록해제』두 목록서를 참고한 점은 여러 사례에서 확인된다. 그러나『규장총목』의 해제가 전적으로 이들 책에 의존한 것은 아니었다. 어떤 서적의 경우에는 완전히 일치했지만, 두 책 사이에 아무런 연관이 없는 경우도 많이 있음을 확인할 수 있다.

2)『규장총목』의 구성과 특성

『규장총목』은 경사자집의 4부 체계 위에서 서책을 분류, 배치하고 그 내용을 해제하였다. 각 부는 또한 도서의 내용에 따라 여러 류(類)로 세분하였다. 경부에는 총경류(總經類), 역류(易類), 서류(書類), 시류(詩類), 춘추류(春秋類), 예류(禮類), 악류(樂類), 사서류(四書類), 소학류(小學類) 등 9류, 사부에는 정사류(正史類), 편년류(編年類), 별사류(別史類), 장고류(掌故類), 지리류(地理類), 초사류(鈔史類), 보계류(譜系類), 총목류(總目類) 등 8류, 자부에는 유가류(儒家類), 천문류(天文類), 역주류(曆籌類), 복서류(卜筮類), 농가류(農家類), 의가류(醫家類), 병가류(兵家類), 형법류(刑法類), 도가류(道家類), 석가류(釋家類), 잡가류(雜家類), 설가류(說家類), 예완류(藝玩類), 유사류(類事類), 총서류(叢書類) 등 15류, 집부에는 총집류(總集類), 별집류(別集類) 등 2류가 실렸다.[46] 모두 34류이다. 각 유문

---

45 『直齋書錄解題』권8「目錄類」「直齋書錄解題」.

46 『규장총목』의 유별 분류 방식은 시기에 따라 조금씩 변했다. 이 사실은『규장각지』에서 확인할 수 있다. 1779년 이전에 만들어진『규장각지』초초본(初草本)에는 아직 이러한 분류가 나타나지 않으며, 1783년 여름에 마무리 된 재초본(再草本)에서 와서야 비로소 이와 같이 분류되었다(『규장각지』편찬의 추이에 대해서는 우경섭,「규장각지 해제」,『규장각지』, 서울대학교 규장각한국학연구원, 2002). 그런데 재초본에서의 분류는 현『규장총목』과 비교하면 조금 차이가 있었다. 경부에서 집부까지의 유문의 수와 명칭은 거의 동일한데, 다만 자부의 유사류(類事類)는 유서류(類書類)였다(『奎

별 도서의 종수는 다음 표와 같다.

〈표 2〉『규장총목』의 체재 및 수록된 책의 성격

	1	2	3	4	5	6	7	8	9		비고 (수록 종수 및 특기 사항)
經	總經類	易類	書類	詩類	春秋類	禮類	樂類	四書類	小學類	9類	
	7	7	5	5	7	10	2	15	20	78종	
史	正史類	編年類	別史類	掌故類	地理類	鈔史類	譜系類	總目類	-	8類	編年類에 실린 『和漢歷代備考』는 일본간행
	27	16	48	15	22	2	1	3	-	134종	
子	儒家類	天文類	曆籌類	卜筮類	農家類	醫家類	兵家類	刑法類	道家類	15類	醫家類에 실린 『동의보감』 1책은 조선본. 類事類에 『圖書集成』 『淵鑑類函』 등 기재
	47	1	9	1	2	9	9	3	6	182종	
	釋家類	雜家類	說家類	禮玩類	類事類	叢書類	-	-	-		
	3	13	23	15	32	9	-	-	-		
集	總集類	別集類	-	-	-	-	-	-	-	2類	
	80	223	-	-	-	-	-	-	-	303종	

『규장총목』의 4부 체계로의 분류와 정리 작업은 조선으로서는 초유 (初有)의 일이었다. 중국에서 도서를 이와 같이 정리하는 것은 오랜 연원을 갖는 전통이었지만, 조선에서는 이런 방식으로 도서를 분류하고 관리해본 적이 없었다. 물론, 정조 초년에 나왔던 『내각방서록』에서 경사자집 형태로 분류했던 흔적을 찾을 수는 있지만, 거기에는 본격적인 분류라 보기에 애매한 점이 있었다.[47]

4부 34류 체재를 갖춘 『규장총목』의 도서 분류 체계는 『규장총목』만의 독자성을 지니고 있었다. 『규장총목』의 편찬을 맡은 사람들은 구입할 수 있는 자료의 정보를 두루 활용하여 분문(分門) 조례(條例)하되, 이

章閣志』(再草本) 尊閣6 「藏書」). 1784년 봄에 마무리된 완성본 『규장각지』의 분류는 『규장총목』의 그것과 일치한다(『奎章閣志』(完成本) 書籍第5 「藏書」, 25판의 '나'면). 한편, 『규장총목』이 만들어졌을 당시에는 「閱古觀書目」 권6, 「西序書目」 권2도 『규장총목』 속에 같이 포함되어 있었다. "至是命閣臣徐浩修, 撰著書目, 凡經之類九, 史之類八, 子之類十五, 集之類二, 閱古觀書目六卷, 西序書目二卷, 總名之, 曰奎章總目."(『정조실록』 권11, 5년 6월 29일 경자)

47 『내각방서록』에 대해서는 이 장의 각주 28 참조.

를 당대 조선의 현실에 맞추어 새롭게 설정했던 것으로 보인다. 이는 당시 조선에서 쉽게 구해볼 수 있었던 자료들의 분류 방식과 비교해보면 쉽게 확인된다. 『규장총목』을 만들 당시 참고했을 것으로 추정되는 『문헌통고』, 『직재서록해제』, 『절강서목』 그리고 『사고전서간명목록』, 『규장총목』의 분류를 검토해 보면 다음과 같다. 이들 서책은 모두 『규장총목』에 실려 있다.

〈표 3〉『규장총목』과 여러 서책의 각 部別 類門 대비표

	文獻通考 經籍志	直齋書錄解題	浙江書目	四庫全書簡 明目錄	奎章總目	鏤板考
經部	易 詩 禮 春秋 論語 孟子 諸經 經解 樂 儀註 諡法 讖緯 小學	易 書 詩 禮 春秋 孝經 語孟 經解 讖緯 小學	易 書 詩 周禮 儀禮 禮記 通禮 春秋 論語 孝經 孟子 四書 群經 樂 爾雅 小學 六書	易 詩 禮[48] 春秋 孝經 五經總義 四書 樂 小學[49]	總經 易 書 詩 春秋 禮 樂 四書 小學 （9류）	總經 易 書 詩 禮 春秋 四書 小學
史部	正史 編年 起居注 雜史 傳記 僞史　覇史 史評　史鈔 故事 職官　刑法 地理 時令 譜牒　目錄	正史 別史 編年 起居注 詔令 僞史 雜史 典故 職官 禮注 時令 傳記 法令	通史 編年 別史 覇史 雜史 掌故(1-8) 傳記(1-3) 地理(1-4) 史鈔 史學 譜系	正史 編年 紀事本末 別史 雜史 詔令奏議 傳記 史鈔 載記 時令 地理 職官 政書	正史 編年 別史 掌故 地理 鈔史 譜系 總目 （8류）	通史 雜史 傳記 掌故 史評

文獻通考 經籍志	直齋書錄解題	浙江書目	四庫全書簡 明目錄	奎章總目	鏤板考
	譜諜 目錄 地理		目錄 史評		
儒家 道家 法家 名家 墨家 縱橫家 雜家 小說家 農家 天文 曆算 五行 占書 刑法 兵書 醫家 房中 神家 釋氏 卜筮 類書 雜藝術	儒家 道家 法家 名家 墨家 縱橫家 農家 雜家 小說家 神仙 釋氏 歷象 陰陽家 刑法 醫書 音樂 雜藝 類書	儒家 雜家 說家(1-4) 荺玩 類事 叢書 天文術算 五行 兵家 農家 醫家 釋家 道家	儒家 兵家 法家 農家 醫家 天文算法 術數 藝術 譜錄 雜家 類書 小說家 釋家 道家	儒家 天文 曆籌 卜筮 農家 醫家 兵家 刑法 道家 釋家 雜家 說家 藝玩 類事 叢書 (15류)	儒家 兵家 醫家 天文籌法 術數 雜纂 說家 類書 譯語 道家 釋家
賦詩 別集 詩集 歌詞 章奏 總集	楚辭 總集 別集 (상·중·하) 詩集(상·하) 歌詞 章奏 文史	總集(1-2) 楚辭 別集(1-8)	楚詞 別集(1-6) 總集 詩文評 詞曲	總集 別集 (2류)	楚辭 總集 別集 (상·하)
총 56류	총 51류	총 44류	총 43류	총 34류	총 28류

행의 첫 칸 라벨: 자부(子部), 집부(集部)

『누판고(鏤板考)』는 1796년에 완성되었다. 『규장총목』 이후에 만들어진 책이다. 『규장총목』의 영향이 어떠했는지를 살필 수 있다.

위의 표에서 확인할 수 있는 대로 『규장총목』의 각 부별 유문 수는 『문헌통고』 『절강서목』 등에 비해 적은 편이다. 유문 수가 많지 않은

---

48 '예류'는 「周禮」, 「儀禮」, 「禮記」, 「三禮」, 「通禮」, 「雜禮書」 순으로 서술되었다.
49 '소학'은 「訓詁」, 「字書」, 「韻書」 순으로 배치했다.

것은 규장각에서 소장하고 있던 도서의 종수가 굳이 세세하게 구분하여 정리해야 할 정도로 많지 않았기 때문일 수 있지만, 편찬자들은 지나치게 자세하게 분류하는 것에 대해서 비판적이었던 같다. 『규장총목』은 유(類)를 분류하고 도서를 배치하며 몇 가지 원칙을 고려하였다.

우선, 『규장총목』에서는 기존 서적들에서 행했던 분류와 연관하여 몇 가지 점을 유의했다. 이는 『규장총목』이 견지하는 이념적 의도가 선명히 드러나는 대목이기도 하다. 자부에서 묵자(墨子)와 안자(晏子)는 잡가(雜家)로 분류했는데,[50] 이는 유흠이 『칠략(七略)』 제자략(諸子略)에서 이들을 순자와 맹자 등의 유자들과 동일하게 '제자(諸子)'로 규정했던 것을 경계한다는 의미였다.[51] 한편, 동중서(董仲舒)와 순자는 모두 유가(儒家)로 분류하였다. 정초의 『통지』가 범한 오류를 바로 잡기 위해서는 이렇게 해야 한다는 것이었다. 『통지』에서는 제자류(諸子類) '유술(儒術)'조에서 이들의 문헌을 다루어, 이들을 '제자'의 부류로 파악했었다.[52]

보계(譜系)와 목록(目錄)을 둘로 나누어 분류한 것은 마단림의 『문헌통고』의 방식을 분명히 하기 위한 것이었다.[53] 『문헌통고』는 사부에 '보첩목록류(譜牒目錄類)'를 설정, 보첩과 목록에 관한 도서들을 구분 없이 뒤섞어 수록했던바,[54] 『규장총목』 찬자들은 이를 같이 수록할 성질은 아니라고 생각했던 것이다.

---

50 『묵자』와 『안자춘추』는 『규장총목』의 「자부」 「잡가류」에 수록되어 있다. 「잡가류」는 자부의 마지막에 배치되었다.

51 『규장총목』 「奎章總目凡例」. "晏墨之俱列雜家, 所以規七畧也. 董荀之幷歸儒家, 所以正通志也."

52 『通志』 권66.

53 『규장총목』 「奎章總目凡例」. "譜系目錄之析爲二類, 辨乎馬氏也."

54 『文獻通考』 권207 「經籍考 34」.

『규장총목』에서 천문류와 역주류의 위치는 파격적이다. 유가류 바로 다음 자리에 이 두 유문에 해당하는 서책을 배치했다.[55] 매우 큰 비중을 부여했음을 알 수 있다. 중국의 여러 목록류 서책들에서 천문류와 역주류에 해당하는 것들은 그다지 비중 있는 위치에 자리 잡지 않았다. 『규장총목』의 범례에서는, 이와 같이 배치한 것은 사서(史書)의 지(志)의 체제를 본받은 것이라고 했다.[56] 『송사』의 경우, 첫 번째 지를 천문지(天文志)로 설정, 예지(禮志)나 식화지(食貨志) 병지(兵志)보다 앞세웠다. 천문지가 가장 중요하다는 의식에서 나온 방식이었다.[57] 『사고전서간명목록』에서 볼 수 있듯, 병가류를 천문류·역상류보다 먼저 배열하는 경우도 있었다. 『규장총목』의 유문 배치는 천문류와 역주류가 갖는 의미가 적지 않다는 것을 이 같은 방식으로 강조하고 있었다고 봐야 할 것이다.

천문류·역주류를 중시하는 사고는 범례에서 밝힌 대로 『송사』와 같은 사서의 체제를 원용한 것이지만, 한편으로는 '관상수시(觀象授時)'의 의식과 의례를 통해 왕권의 존재를 확인하고 밝히려던 이 시기 조선의 노력을 어느 정도 반영한 것으로도 여겨진다. 천문류와 역주류는 천문과 역상(曆象)의 문제와 연관된 범주였던 것인데, 영조의 경우, 국고문헌의 편찬 혹은 어제서에서 이 문제를 크게 고심하고 있었다. 『동국문헌비고』의 편찬은 이를 잘 보여준다.[58]

『동국문헌비고』에서 제일 먼저 배치된 것은 상위고(象緯考), 여지고

---

55 「천문류」와 「역주류」에 수록되어 있는 서책들은 대부분 서양의 과학기술서이다.

56 『규장총목』「奎章總目凡例」. "天文曆籌之進於兵刑, 鑑乎史志也."

57 '天文'·'五行'·'律曆志'는 『송사』 권48부터 권85까지, '兵志'는 권140에서 권151까지 걸쳐 있다.

58 『동국문헌비고』 편찬과 국왕 영조의 정치적 입장에 대해서는 박광용, 「『동국문헌비고』 편찬의 역사적 배경」, 『진단학보』 104, 2007 참조.

(輿地考)였다. 천문과 지리에 관한 내용을 담고 있는 편목이 앞부분에 자리 잡도록 하는 구도였다. 이러한 구성에는 영조의 의도가 깊이 작용했다. 『동국문헌비고』가 모델로 삼았던 『통전』이나 『문헌통고』의 경우, 전제(田制)와 전부(田賦)를 첫머리에 두었으나, 영조는 이렇게 되면 『서경』의 '경수인시(敬受人時)'의 태도 혹은 조선 초의 흠경각(欽敬閣)을 통하여 실현하려던 '경천(敬天)의 의미'를 제대로 살리지 못하므로 「상위고」여지고를 먼저 배치해야 한다고 주장했다. 『서명(西名)』에서 제기하는 '건부곤모(乾父坤母)'의 의미를 생각해도 상위고, 여지고가 첫 머리에 오는 것이 적절하다는 것이었다.[59] 『규장총목』에서 천문류·역주류를 중시하는 의식은 아마도 이러한 풍토와도 연관이 있었을 것이다.

한편, 참위류(讖緯類)와 오행류(五行類)는 따로 분류하지 않았는데, 이것은 이러한 내용을 담고 있는 서책에 대한 해제를 배제하기 위해서였으며,[60] 도가와 불교를 자부에서 뒤쪽으로 배치한 것은 이단(異端)을 축출하는 의식을 드러내기 위해서였다.[61]

범례에 제시하며 그 의미를 강조한 것은 아니지만, 『규장총목』의 분문 방식 혹은 서책 해제 방식에서 의미 있는 특징도 찾을 수 있다. 경부

59　『東國文獻備考』「御製東國文獻備考後序」. "書曰, 敬受人時, 我朝亦有欽敬閣敬天之義, 顧不重歟. 今覽通典通考目錄, 田制田賦爲首, 此有土地後有國之意. 然西銘稱乾父坤母, 以此推之, 象緯考輿地考宜先, 宗廟次之."

60　여기에 해당하는 「규장총목범례」의 원문은 "讖緯五行之不著, 闕文也"이다. 정만조, 앞의 글에서는 '참위 오행류의 책이 없어 기록하지 않았다'는 것으로 해석했지만, 『논어』「위령공」에 "吾猶及見史之闕文也, 有馬者借人乘之, 今亡矣夫"라는 공자의 말에 근거하여 본다면, 단순히 책이 없어 기록하지 않았다고 볼 수는 없다. 참위 오행류에 대한 비판적인 사고를 전제한 언급으로 판단된다. 『논어』의 위 구절은 "나는 예전엔 그래도 사관이 의심나는 곳은 빼놓고 기록하는 것을 보았고, 또 말을 가진 사람이 남에게 타도록 빌려 주는 것을 보았는데, 지금은 그런 미풍을 볼 수 없게 되고 말았다"로 해석된다. "讖緯五行之不著, 闕文也"라는 표현에는 이러한 서책을 적극 배척하는 의식이 자리 잡고 있었다.

61　『규장총목』「奎章總目凡例」. "道流釋氏之附後, 黜異也."

에서는 총경류(總經類)가 설정되어 있다. 이는 다른 서책의 분류에서는 찾기 쉽지 않다. 여기에는 『십삼경주소(十三經注疏)』, 『사서오경대전』 등 거질의 경서질(經書秩)이 실렸는데, '총경류'라는 새로운 이름을 내세운 것은 일단 이들 책이 들어갈 위치가 마땅치 않았기 때문이다. 이에 더하여, 이들 경서질이 지니고 있는 성격, 곧 역대의 주소(注疏)를 종합한 경서 모음이라는 위상 그 자체를 높이는 사고가 여기에 들어 있었던 것은 아닌가 생각하게 된다. 춘추류(春秋類)가 역·서·시의 3경 다음에 나오는 것도 이채롭다. '예'나 '악'보다 『춘추』의 위상이 앞선다. 17세기 이래 '춘추대의(春秋大義)'를 중시하던 사상계의 분위기가 반영된 것으로 여겨진다.

예류에서는 주자의 『의례경전통해(儀禮經傳通解)』를 제일 먼저 배치했다. 『예기』나 『주례』 관련 도서보다 앞서는 위치이다. 『문헌통고』나 『직재서록해제』, 『절강서목』 등에서 『주례(周禮)』를 제일 앞에 배치하고 이어 『예기』, 『의례』 관련 도서를 해제하는 것과는 뚜렷이 구별된다. 주자와 그의 학문을 높이고 중시하는 사고가 여기에 작용하고 있었던 것으로 판단된다.[62]

4부 34류로 이루어진 『규장총목』의 도서 분류와 배치는 이상에서 살피듯 특정 서책의 분류 방식을 전적으로 따른 것이 아니었다. 여러 서책의 경험을 고려하고 조선의 상황을 참고하여 절충한 판단이 『규장총목』에 반영되었다.[63] 『규장총목』의 분류는 중국서책의 단순한 모

---

62 주자는 『의례』 『예기』 『주례』의 삼례 가운데 『의례』를 가장 중시했으며 『예기』와 『주례』에 대해서는 그다지 높이 평가하지 않았다. 주자의 예학, 그리고 『의례경전통해』에 대한 인식에 대해서는 上山春平, 「朱子の 『家禮』と 『儀禮經傳通解』」 『東方學報』 54, 1982 참조.

63 『규장총목』 「奎章總目凡例」. "書分四部, 自魏之荀勖始. 而部各有類, 類各異例, 太細則眩於割裂, 太簡則傷於模糊. 究厥流品之相嬗, 實惟折衷之爲難, 故此書爲類, 凡三十

방과 활용에서 오는 것이 아니라, 조선에서 형성되고 관행되는 문화 전통, 그리고 특정의 유별 분류를 통하여 실현하고자 하는 특별한 의도 위에서 이루어진 것으로 보아 좋을 것이다. 『규장총목』 편찬자들은 오랫동안 조선 사람들이 키워왔던 사유 전통 위에서 중국의 여러 책들의 장단점을 분석하고, 그 한계를 넘어선다는 의식으로 유문(類門)을 세우고 해제를 행했다. 이같이 큰 원칙, 강목이 세워지면 아무리 많은 서책을 구입하더라도 통서(統緒)를 잃지 않을 것이라는 것이 편찬자들의 자부였다.[64]

2. 『규장총목』 수록 서책과 해제의 태도

1) 『규장총목』 수록 서책의 특징

『규장총목』에 수록되어 있는 책은 일단 정조 5년 그리고 그 뒤 일정 기간 조선에서 구입, 보관·관리하던 중국본들로 볼 수 있겠다. 이들 자료들 가운데 조선이 건국되기 이전에 이미 들어와 있던 것이 있는지 명확하지는 않지만, 대체로 조선 전기 이후 조선에서 구입, 관리하던

四, 而條門創義, 損益前人. 疑其似而合之者, 寧失於細, 不得不分. 同其類而分之者, 寧失於簡, 不得不合."

64 『규장총목』「奎章總目凡例」. "晏墨之俱列雜家所以規七畧也. 董荀之幷歸儒家所以正通志也. 譜系目錄之析爲二類, 辨乎馬氏也. 天文曆象之進於兵刑, 鑑乎史志也. 讖緯五行之不著, 闕文也. 道流釋氏之附後, 黜異也. 從此購刊之書, 雖不知爲幾千萬卷, 而其宏綱大目, 皆卽此乎在, 不必如唐之訪書錄, 宋之求書錄, 隨得隨志, 紛紜無統也."

서책으로 판단된다. 조선에서는 나라를 세운 이른 시기부터 중국으로부터 다양한 서책을 수입한 뒤, 이를 조선의 문화 성장에 활용하였다. 이를테면, 세종대 『소학집성』의 구입 및 이의 번각과 전국적 보급,[65] 중종대 김안국의 『주자대전』 수입과 간행[66] 등은 그 대표적인 사례가 된다. 임진왜란을 거치며 많은 서책이 사라졌지만, 17세기 이후에도 정부는 중국서책을 많이 보유하고 있었고, 어떤 때에는 민간에서 소장하던 책을 활용, 새롭게 간행하기도 하였다.

중국책이 대거 유입된 것은 17세기 후반 이후였다. 특히 18세기에는 대량으로 중국 책이 수입되었다. 주된 유입 경로는 연행을 통한 구서(購書)였다. 개인 혹은 정부에서는 필요한 서책이 있으면 연행길에 구입하여 소유하였다.[67]

연행에 참가했던 사람들이 개인적으로 서책을 구하는 것은 흔한 일이었다. 1690년, 김창협이 『주자유서(朱子遺書)』를 입수하게 되는 사정은 새로운 서책이 조선 사회에 어떻게 유포되는지를 잘 보여주는 사례이다. 김창협은 『근사록』, 『연평문답(延平答問)』, 『상채어록(上蔡語錄)』, 『논맹정의(論孟精義)』가 한 책으로 같이 묶여 있는 『주자유서』를 사행으로 나갔던 사람을 통하여 얻게 되었다. 간행된 지 얼마 되지 않은 신간이었는데, 김창협은 이 책을 통해서 "정자와 주자 두 선생과 그 이하 여러 문인들의 학문의 깊이와 순수성을 자세히 보고 더욱 확고히 믿을

---

65 『세종실록』 권30, 7년 12월 무자; 『세종실록』 권37, 9년 7월 정해; 『세종실록』 권41, 10년 9월 정사.

66 『記言別集』 권26 「慕齋金先生行狀」. 김안국은 이들 책과 함께 『論語或問』, 『孟子或問』, 『延平答問』, 『二程傳道粹言』, 『張子語錄』, 『經學理窟』, 『胡子知言』, 『家禮儀節』, 『古今表選』 등의 서적도 같이 구입해왔다고 한다.

67 이 시기 중국도서의 구입 과정, 그리고 그 구체적인 대상에 대해서는 신익철, 앞의 글; 부유섭, 앞의 글에 자세히 나와 있다. 본 글에서는 도서 구입 과정에 대해서는 논의에 필요한 만큼만 정리했다.

수 있다"고 여기고, 읽지 않은 사람들에 읽도록 권유했다.[68]

　새로운 서적의 유입을 촉진하는 것은 또한 조선 정부의 적극적인 서책 구입 노력이었다. 18세기가 되면 정부에서는 어느 때보다도 자주 연행 사절단에게 중국의 서적들을 구해오도록 했다. 1720년(숙종 46) 7월 동지사겸정조성절진하정사(冬至使兼正朝聖節進賀正使)로 중국에 사행했던 이의현(李宜顯)의 경험은 이 시기 연행 사절의 서책 구입 규모에 대한 정보를 어느 정도 알려준다. 연행 후 이의현이 남긴『경자연행잡지(庚子燕行雜識)』에는『책부원귀(冊府元龜)』(301권),『삼재도회(三才圖會)』(80권),『도서편(圖書編)』(78권),[69]『속문헌통고(續文獻通考)』(100권),『형천패편(荊川稗編)』(60권),『통감직해(通鑑直解)』(24권),『전당시(全唐詩)』(120권) 등을 비롯 40여 종의 새 책을 구입한 기록이 담겨 있다.[70]

　이 시기 조선 사회에서는 명대 문장가 혹은 사상가들의 서책이 많이 나돌고 그들의 사상과 논리가 식자들 사이에 활발하게 운위되기 시작하였으며 나아가 청 문물의 적극적 수용론까지 대두하고 있었는데,[71] 이 같은 사정도 일단은 새로운 책들이 적지 아니 유입되는 점과 깊은 관련이 있었다. 명말청초 시기, 중국의 활발한 출판 활동이 만들어내

68　『農菴集』권13「答林德涵 庚午」.

69　이 세 책은「자부」「류사류」에 실려 있다.

70　이 외에도 이의현이 구입한 서책은 다음과 같다.『名山藏』40권,『楚辭』8권,『漢魏六朝百名家集』60권,『唐詩正聲』6권,『唐詩直解』10권,『唐詩選』6권,『說唐詩』10권,『錢註杜詩』6권,『瀛奎律髓』10권,『宋詩鈔』32권,『元詩選』36권,『明詩綜』32권,『古文覺斯』8권,『司馬溫公集』24권,『周濂溪集』6권,『歐陽公集』15권,『東坡詩集』10권,『秦淮海集』6권,『楊龜山集』9권,『朱韋齋集』6권,『張南軒集』20권,『陸放翁集』60권,『楊鐵厓集』4권,『何大復集』8권,『王弇州集』30,『王弇州集續集』36권,『徐文長集』8권,『抱經齋集』6권,『西湖志』12권,『盛京志』6권,『通州志』8권,『黃山志』7권,『山海經』4권,『四書人物考』15권,『黃眉故事』10권,『白眉故事』6권,『列朝詩集小傳』10권,『萬寶全書』8권,『福壽全書』10권,『發微通書』10권,『壯元策』10권,『彙草辨疑』1권,『製錦篇』2권,『艶異篇』12권,『國色天香』10권(『庚子燕行雜識』上).

71　김문식,「18세기 후반 서울 학인의 청학 인식과 청 문물 도입론」,『규장각』17, 1994.

고 보급하는 지식 세계의 세례를 이 무렵 조선 학계에서는 서책의 수입을 통해 맛보고 있었던 것이다. 정조가 세손 시절, 그리고 즉위 후 중국으로부터 많은 서책을 구입해오도록 했던 것도,[72] 앞선 시기의 지속적인 신서(新書) 구입의 연장선상에서 이루어지던 일이었다.

『규장총목』이 담고 있는 경사자집의 서책들은 종래 조선에서는 쉽게 구할 수 없던 것들이었다. 여기에는 아주 다양한 면모의 새로운 지식 세계가 담겨 있었다. 그것은 어떠한 성격을 지니고 있었을까? 일단, 『규장총목』에 수록된 책들의 시대-왕조별 분포가 어떠했던지 살펴보자. 찬·저자가 활동했던 시대-왕조를 중심으로 통계를 내 보았다. 아래 〈표 4〉에서 제시한 대로, 송(宋) 이전, 송, 금원(金·元), 명(明), 청(淸)으로 나누었다. 송대에 활동했던 인물의 저작이 명·청대에 간행되는 등, 찬·저자의 생존 시기와 책의 간행 시기가 반드시 일치하지 않는 경우도 많이 있는 것으로 여겨지지만, 통계를 내며 이점은 굳이 고려하지 않았다.

〈표 4〉 경·사·자·집 수록도서 찬·저자의 활동 시기별 상황

	宋 이전	宋	金·元	明	淸	송·명 散佚本의 청대 拾遺	기타	총계
經	3	11	4	32	26	1	1	78
史	20	16	3	59	35		1	134
子	20	30	4	74	51	1	2	182
集	21	39	6	178	59			303
총계	63	96	17	343	171	2	4	697

〈표 4〉에서 알 수 있는바, 명대와 청대에 활동했던 인물들이 편찬하거나 지은 서책이 압도적이다. 송대 인물들의 저술은 생각보다 적다.

---

72 서형수로 하여금 『고금도서집성』을 구입해 오게 한 사실은 『정조실록』 권3, 1년 2월 24일 경갑 참조.

전체 10%에 불과하다. 명대와 청대와 연관된 서책은 경·사·자·집 4부에서 고루 확인된다.

　명대 인물들의 저술은 전체 700여 종의 50%를 넘는다. 특히 집부의 비중이 크다. 명대 간행된 중요한 책으로는 『사서오경대전』(총경류), 『명일통지(明一統志)』(지리류),[73] 『홍무정운(洪武正韻)』(소학류), 『오학편(吾學編)』(편년류), 『역대군감(歷代君鑑)』(별사류), 『황명명신언행록(皇明名臣言行錄)』(별사류), 『대명집례(大明集禮)』(장고류), 『속문헌통고(續文獻通考)』(장고류), 『대명회전(大明會典)』(장고류), 『만성통보(萬姓統譜)』(보계류), 『공제격치(空際格致)』(잡가류),[74] 『설문장전(說文長箋)』(소학류),[75] 『패문운부(佩文韻府)』(소학류),[76] 『청류천문분야지서(淸類天文分野之書)』(천문류)[77] 등이 있다. 이 가운데에는 15·16세기 조선에서 구해 보았던 책도 있지만, 대부분 일찍이 구할 수 없었던 것들이었다. 조선으로서는 경학, 역사학, 지리학, 고거학(考據學), 음운학 등 명대에 이루어진 풍부한 문화를 이같이 많은 서적들을 통하여 접할 수 있게 되었다고 할 수 있다.

　청대 인물들의 저술 또한 적지 않다. 전체 종수로 본다면 20%를 넘는

73　이 책은 모두 33책으로 되어 있다. 그런데 오류가 많았던 모양이다. 편찬자는 고염무의 평을 들어, 이 책이 가진 한계를 다음과 같이 지적했다. "謹按, 明儒顧炎武極論此書之紕繆, 以爲當日儒臣令稍知今古, 何爲至此, 爲之太息."(『규장총목』 권2 「史部」 「地理類」)

74　이탈리아의 과학자 고일지(高一志, Alfonso Vagnonib)가 천체기상학(天體氣象學)의 기본 원리를 정리한 책이다. 명의 학자 한운(韓雲)과 진소성(陳所性)이 교정하였으며, 현재 규장각에서 소장하고 있다(古 7100-2).

75　문자학 서적이다. 『규장총목』에서는 이 책에 대해 오류가 많다고 평가했다. "謹按, 說文長箋疵謬甚多, 識者不取. 錢謙益謂, 長箋出而字學亡, 顧炎武謂, 好行小慧 求異前儒, 且亦擧十餘條以辨正之."

76　이 책에 대해, 『규장총목』에서는 "韻學之盛, 未有過於此"(권1 「小學類」)라고 소개하고 있다.

77　"以十二星次分配天下郡縣, 又於郡縣之下, 詳載古今沿革"(『규장총목』 권3 「天文類」)라고 한대로 천문과 지리를 일치시킨 저술이다.

다. 『대청회전(大淸會典)』(장고류)을 비롯하여, 『경의고(經義考)』(총경류), 『주역본의절중(周易本義折中)』(역류),[78] 『삼례의소(三禮義疏)』(예류), 『독례통고(讀禮通考)』(예류),[79] 『율려정의(律呂正義)』(악류), 『사서이동조변(四書異同條辨)』(사서류),[80] 『강희자전(康熙字典)』(소학류),[81] 『명사(明史)』(정사류),[82] 『명사고(明史藁)』(정사류),[83] 『팔기통지(八旗通志)』(별사류), 『역사(繹史)』(별사류), 『명사본말(明史本末)』(별사류), 『대청회전(大淸會典)』(장고류), 『무영전취지판정식(武英殿聚珍版程式)』(장고류), 『독사방여기요(讀史方輿記要)』(지리류), 『여지도(輿地圖)』(지리류), 『절강서목(折江書目)』(총목류), 『사고전서간명목록(四庫全書簡明目錄)』(총목류), 『지부족재총서(知不足齋叢書)』(총서류) 등을 꼽을 수 있다. 서양의 과학기술을 담고 있는 『곤여도설(坤輿圖說)』(지리류),[84] 『서양신법역서(西洋新法曆書)』(역주류), 『혼천통헌도설(渾天通憲圖說)』(역주류),[85] 『치력연기(治曆緣起)』(역주류), 『수리정온(數理精蘊)』(역

---

78 청대 학자 이광지(李光地)의 저술이다.

79 청대 학자 서건학(徐乾學)이 편찬했다.

80 청대 학자 이패림(李沛霖)이 편찬했다. 세밀한 분석을 가하는 청대 고증학의 특징
    이 반영된 주자학자의 책이다. 『규장총목』에서는 "考覈之精, 門路之正, 近代諸儒鮮
    有倫比. 然研究太密, 分析太繁, 支離破碎之病, 亦所不能免焉"(권1 「四書類」)이라고
    평가했다.

81 이 책이 자전(字典)으로서는 최고의 경지에 올라 있었음을 『규장총목』의 편찬자들
    은 인정하고 있었다. "分門解字, 倣梅膺祚, 字彙之例, 而義例較精, 蒐羅彌廣, 稱爲歷
    代字書之總匯, 非過辭也"(권1 「小學類」)

82 이 책에 대한 『규장총목』의 평가는 아마도 조선 사람들이 이 책을 통하여 가지게 되
    는 생각을 대표적으로 표현하고 있는 것으로 판단된다. 이 책의 특징에 대해, "天文
    曆法, 專出於西洋人戴進賢, 故絶勝前代史. 自萬曆至崇禎遼瀋之事, 語多忌諱, 後世莫
    可考信"하다고 정리한 뒤, 이 책의 최대의 장점을 다음과 같이 특기 했다. "臣謹按,
    明史遜國事實, 書以宮中火起, 帝不知所終, 而如從亡隨筆致身錄等無稽之言, 一切芟
    去. 道學則弁于儒林, 歷志則詳于法原, 視前代諸史, 體例彌嚴, 顧炎武朱彛尊之功居
    多"(卷2 「正史類」).

83 비교적 명대의 역사를 잘 정리하고 있다고 『규장총목』 찬자들은 평가했다. 다음과
    같다. "凡例多質之於皇明遺民顧炎武" "於遜國時事, 多正野乘之實"(권2 「正史類」).

84 서양인 남회인(南懷仁, Ferdinand Verbiest)이 편찬한 책이다.

85 이마두(利瑪竇, Matteo Ricci)의 제법을 이지조(李之操)가 정리한 책이다. 『규장총목』

주류), 『역상고성후편(曆象考成後篇)』(역주류) 등도 수록되어 있다. 특기할 만한 것으로는 청 황제의 문집인 『강희어제집(康熙御製集)』, 『건륭어제집(乾隆御製集)』, 『미여서실전집정본(味餘書室全集定本)』[86]을 거론할 수 있다.

청대의 저술이 많이 도입, 수장된 것은 어떤 면에서는 의외이다. 조선 사람들이 청에 대해 가지고 있던 반감 혹은 부정적 의식에 비추어 본다면, 청대의 저술 수는 결코 적다고 할 수 없다. 이들 중에는 청의 국책 사업으로 편찬된 서책, 청 황제의 문집, 청의 역사적 문화적 정체성을 본격적으로 담고 있는 책들도 많이 있었다. 이런 책들을 배격하지 않고 조선 정부에서는 적극 수입하고 있었던 셈이다. 서책의 구입과 보관·관리가 청대의 문물과 학술에 대한 전면적 긍정과 적극적인 수용을 의미하는 것은 아니지만, 조선으로서는 이들 서책이 지니고 있는 새롭고도 풍부한 내용을 통해 청 문화, 청대 지식을 만날 수 있는 여지를 넉넉하게 확보하고 있었던 것이다. 18세기 후반에 일기 시작한 북학파의 움직임도 18세기 내내 이루어지고 있던 정부의 서책 구입, 문화 수입의 배경 위에서 이루어진 일일 것이다.

이와 같이 『규장총목』에 실려 있는 서책은 명·청 시기를 살았던 인물의 저술이 주를 이루었다. 17세기 이래 명·청 교체의 특별한 상황을 반영하며 이루어진 중국에서의 학술활동과 그 성과들을 조선에서는 이 지역에서 간행되었던 서책을 매개로 접하고 있었다고 할 것이다. 그렇다면, 『규장총목』에 실려 있는 서책들이 그리고 있는 지적 지

의 찬자는 이 책에 대해 "臣謹按, 渾天譬如塑像, 蓋天譬如繪像. 渾天卽渾天之影, 而蓋天之法也……. 晝察時刻, 夜考星辰, 實儀象之神變妙用也"(권3 「曆籌類」)라고 적극적으로 평가했다.

86 가경어제(嘉慶御製)로, 즉위 이전의 작품들이 실려 있다. 시(詩) 304권, 문(文) 6권, 수필(隨筆) 522칙으로 구성되었다(권4 「別集類」).

형도는 어떠한가? 송대부터 청대에 이르기까지의 책들이 고루 분포하고 있는 만큼, 여기서 선진(先秦)·한당(漢唐) 유학을 비롯, 성리학, 육학(陸學), 양명학(陽明學), 고증학의 세계를 동시에 발견할 수 있다. 영역별로도 경학, 사학, 문학, 천문학, 서지학, 경세학의 이름난 성과들을 볼 수 있다. 이 글에서는 송대 성리학 이래 전개된 주요 사상을 중심으로 몇 가지 사례를 예시하기로 한다. 괄호 안의 표기는 유문(類門), 저자, 저자의 활동 국가를 가리킨다.

송대 성리학 : 『임천집(臨川集)』(別集, 王安石, 宋) 『소자전서(邵子全書)』(儒家, 邵雍, 宋) 『주자대전(朱子大全)』(別集, 朱熹, 宋) 『상산집(象山集)』(別集, 陸九淵, 宋) 『수심집(水心集)』(別集, 葉適, 宋) 『용천집(龍川集)』(別集, 陳亮, 宋) 『사서집석도대성(四書輯釋章圖大成)』[87](四書, 倪士毅, 元) 『사서몽인(四書蒙引)』(四書, 蔡清, 明) 『주자전서(朱子全書)』(儒家, 康熙御撰, 淸)

양명학 : 『장서(藏書)』(別史, 李贄, 明)[88] 『성리대전회통(性理大全會通)』(儒家, 鍾人傑, 明) 『명유학안(明儒學案)』(儒家, 黃宗義, 明) 『성학종전(聖學宗傳)』(儒家, 誅汝登, 明) 『주자만년전론(朱子晚年全論)』(儒家, 李紱, 淸) 『노장익(老莊翼)』(道家, 焦竑, 明) 『소창자기(小窓自紀)』(說家, 吳從先, 明) 『왕문성공전서(王文成公全書)』(別集, 王守仁, 明) 『원중랑집(袁中郎集)』(別集, 袁宏道, 明) 『이씨분서(李氏焚書)』(別集, 李贄, 明) 『대아당집(大雅堂集)』(別集, 李贄, 明) 『담원집(澹園集)』(別集, 焦竑, 明) 『헐암집

---

87 이 책은 '일본판(日本版)'이라고 명기되어 있다.
88 이지(李贄)가 지은 『속장서(續藏書)』도 수록되어 있다.

(歇菴集)』(別集, 陶望齡, 明)『목재초학집(牧齋初學集)』·『목재유학집
(牧齋有學集)』(別集, 錢謙益, 明)

고증학 :『사서이동조변(四書異同條辨)』(經, 李沛霖, 清)『사고전서간명목
록(四庫全書簡明目錄)』(史, 內閣諸臣, 清)『일지록(日知錄)』(子, 顧炎武,
明)『서하집(西河集)』(別集, 毛奇齡, 清)

　간단히 추려본 것이지만,『규장총목』에는 북송대의 성리학은 물론
이고 송대의 공리학자, 명대 양명학자, 청대 고증학자들의 생각을 담
고 있는 서책들이 고루 소개되고 있다. 양명좌파 학자인 이지(李贄)나,
주자학에 비판적이었던 모기령(毛奇齡)의 저술에 대한 정보가 실려 있
는 점도 주목된다. 이들의 사상은 주자학자의 생각과 비교하면 대단히
이질적이었다. 그런 만큼 각 사상이 사회와 정치에 미치는 영향 또한
상이했다. 사상 상호 간에 격렬한 대립과 갈등이 일어나기도 했다. 중
국의 학술사, 사상사의 흐름은 이를 잘 보여준다. 청 말의 학자 양계초
(梁啓超)가 명대의 양명학이 명 사회의 붕괴를 가져온 장본이라고 격렬
하게 비판하며 청대 고증학 성립과 발전의 정당성을 평가하는 것은 그
한 예가 되겠다.[89] 조선에서도 주자학과 육학·양명학과의 충돌은 16
세기 말 나타난 이래 지속되었다.[90] 그리하여 주자학의 처지에서 육
학·양명학의 사유가 확산되는 것에 대해 늘 경계하고 차단하고자 하

---

[89] 양계초, 전인영 역,『중국 근대의 지식인－청대학술개론』, 혜안, 2005, 36쪽.
[90] 이황의「백사시교전습록초전인서기후」(『退溪集』권41「雜著」)는 주자학의 견지에
　　서 육학과 양명학을 비판하는 본격적인 글이었다. 이황이 이글을 쓸 만큼, 이 시기 조
　　선학계에는 육학과 양명학이 많이 주목받고 있었다. 여기에 대해서는 윤남한,『조선
　　시대의 양명학』, 집문당, 1982; 신향림,「노수신 시에 나타난 사상 연구－주자학에서
　　양명학으로의 전변」, 고려대 국문과 박사논문, 2005 참조.

는 것이 학계의 주된 흐름으로 자리 잡고 있었다.[91]

『규장총목』에는 서로 성격을 달리하는 다양한 사상을 담은 서책들에 대한 정보와 지식이 매우 풍부하게 담겨 있었다. 그것은 달리, 18세기 말 조선 사회에 주자학 양명학 고증학의 사유를 담은 책들이 많이 들어와 있었음을 알려준다. 이들 책은 대부분 청에서 간행된 것들이었다. 명·청기의 책을 만나는 것은 이적(夷狄)의 나라 청 문화를 직통으로 접하는 일이었다. 서책이 미칠 영향성 혹은 그 위험성을 두고 얼마든지 많은 논의가 일어날 수 있는 상황이었다.

2) 『규장총목』의 시선과 태도 ─ 주자학의 옹호와 '위험' 사상의 배척

『규장총목』은 조선 정부, 국가기관에서 보유하고 있던 중국 전래 서책[92]에 대한 해제집이었다. 서책 한 권 한 권에 대해 비록 짧은 분량의 해제를 가한 것을 모은 것에 불과하지만, 여기에는 방대한 정보가 또 내장되어 있었다. 정조는 이 책을 조선 사람들이 접하게 되면, 구래의 식견과 안목을 넘어서는 새로운 지평을 지닐 수 있으리라 기대했다.

---

91 이를테면, 김창협이 임영(林泳)에게 보낸 다음 편지는 주자학자들에게 '주륙절충'의 문제가 얼마나 심각하게 인식되고 있었던가를 잘 보여준다. "주 선생이 만년에 오로지 『맹자』의 「구방심장」을 가지고 학자들을 이끌고 깨우쳐 주었으니, 이것이 이른바 노파심이 깊다는 것입니다. 그러나 육상산(陸象山)과 왕양명(王陽明)의 무리 또한 이 말을 전면에 내세우지 않은 적이 없었지만 그들의 뜻은 마침내 한낱 이 마음 찾기만을 일로 여기자는 것이었고 독서하고 궁리하기를 더 이상 그와 병행하지 않았으니, 이는 주 선생이 사람을 가르친 뜻과 같지 않습니다. 털끝만한 차이에서 걷잡을 수 없는 잘못이 파생된 것이니, 이 또한 잘 살피지 않아서는 안 될 것입니다. 요컨대 이 한마디 말이 학문을 하는 데에 있어 기초요 본령이며 가장 중요하고 절실한 부분임을 알아야 합니다."(『農菴集』 권13 「答林德涵」)

92 『화한역대비고(和漢歷代備考)』 등 일부 일본 서책도 포함되어 있다.

우리나라 사람의 가장 큰 병통은 고루하다는 것이다. 만일 이 책을 잘 만들어 즉시 간행하여 배포한다면, 마귀여(馬貴與, 마단림을 말함)가 말한 바, '그 책을 읽는 자가 깊이 연구하여 뜻을 환하게 알 수 있을 뿐만 아니라 그 서목을 열람하는 자가 이 소개하는 내용을 맛보고도 그 단서를 대충은 엿볼 수 있게 될 것이다'는 것이니, 그 공이 어찌 적다 하겠는가. 경들은 고루 찾고 널리 상고해서 마음을 다하여 편찬함으로써 맡은 직책에 부응하는 한편 학자에게 혜택을 주는 실효를 거두도록 하라.[93]

학술과 사상, 문화의 변화에 새로운 사상, 사실, 역사인식을 담고 있는 서책이 미치는 영향이 적지 않다는 것은 불문가지의 사실이다. 정조는 자신의 도서 수집과 『규장총목』 해제가 궁극에서는 조선 사회를 변화시키는 힘으로 작용하기를 기대하고 있었다. 개별 서책에는 고루한 생각을 깰 수 있는 새로운 정보가 다양하게 들어 있거니와, 해제집에 있는 그 서책에 대한 간단한 소개만으로도 새로운 정보를 접하여 새로워 질 수 있으므로, 해제집 편찬은 큰 의미가 있다는 것이었다. 이런 생각은 정조 자신의 실제 경험으로서도 이야기될 수 있는 것이었다. 정조는 조선 학술이 심하게 고루하다는 것을 박세당(朴世堂)의 사례를 통하여 절감하고 있었다.

박세당은 『사변록(思辨錄)』에서 『논어』의 '상인호불문마(傷人乎不問馬)'에 대한 구두와 연관하여 자신의 논지를 주자와는 다르게 펼쳤다.[94]

---

93 『弘齋全書』 권161 「日得錄 1」 「文學 1」.

94 『思辨錄』 권3 「論語」 「第十鄕黨」. "廏焚, 子退朝, 曰傷人乎不問馬. 先儒皆以爲恐傷人之意多, 故未暇問馬, 是得貴人賤畜之理. 或人又謂傷人乎不, 當爲一句, 蓋先問人而後問馬也, 今以理求之, 恐或說爲得. 蓋廏焚而問馬, 人情之常而理亦當然, 聖人先問人而後問馬, 此可見恐傷人之意多而人畜貴賤各當其理矣. 若曰遂不問馬則殆非人之常情, 其於理亦未爲盡, 馬雖賤畜, 君子固不忘弊帷之施, 況於廏焚而不問其死生, 可乎."

주자는 "傷人乎, 不問馬["사람이 다쳤는가?" 하고, 말에 대해서는 묻지 않았다]"로 읽었으나, 박세당은 "傷人乎不, 問馬["사람이 다치지 않았는가?" 하고, 말에 대해 물었다]"가 의리로나 인정상 적절하다고 보았다. 이에 대해, 김창협은 박세당의 견해가 독창적이라고 높이 평가했다. 정조는 이와 관련, 박세당의 견해를 긍정하면서도, 그것은 박세당의 독창적 견해가 아니라 『패해(稗海)』[95]에 실려 있는 이야기이며, 그럼에도 김창협 같은 큰 학자가 박세당의 견해를 독창적인 것이라고 한 것은 우리의 고루함을 보이는 일이라고 하였다.[96] 김창협이 『패해』를 접해 그 내용을 보았다면 결코 그런 이야기를 하지 않았으리라는 것이 정조의 생각이었다.[97] 정조는 새로운 사유를 열어감에 서책이 갖는 의미를 그 누구보다 잘 알고 있던 군주였다.

새로운 사유, 새로운 문화의 성장에 서책이 중요한 역할을 하게 되는 사정을 뚜렷이 보여주는 것으로 서양의 과학과 기술을 담고 있는 서적만한 것도 없을 것이다. 『규장총목』에서는 이 시기 조선에 들어와 있던 서양의 과학기술을 담고 있는 서책에 대해 특별한 관심을 표하며 해제하고, 그 의미를 구체적으로 드러내었다. 자부의 역주류(曆籌類)에 실려 있는 9종의 도서는 대부분 마테오 리치 등 서양인이 저술한 천문서, 역서, 수학서였다.[98] 하지만, 앞서 본대로 『규장총목』이 해제 대상

---

95 이 책은 『규장총목』의 「자부」 「총서류」에 실려 있다.

96 『弘齋全書』 권161 「日得錄 1」 「文學 1」.

97 이 구절 해석은 작아 보이는 듯하지만, 실제 큰 논란이 되었다. 주자는 '귀인천축(貴人賤畜)'의 견지에서 이 구절을 해석했고, 박세당은 그 인식 태도를 긍정하면서도, 말에 대해 묻지 않는 것은 사람이 가지는 상정(常情)이 아니라고 보았다. 이 구절을 어떻게 해석할 것인가 하는 것은 주자학을 따를 것인가 아니면 주자와는 다른 사유를 할 것인가의 문제와 연관이 있었다. 박세당과 비슷한 시기에 살았던 한여유(韓汝愈, 1642～1709)는 주자의 견지에서 이 구절 해석이 갖는 의미를 논술하기도 했다(『遁翁集』 권7 「曰傷人乎不問馬」).

으로 잡은 중국본 서책들에는 그것이 자유롭게 풀리는 순간에 현실 사회에 어떠한 영향을 미칠 지 알 수 없는 요소를 지니고 있었다. 『규장총목』을 만든 정조와 그 편찬자들은 『규장총목』을 통하여 일정한 계선(界線)을 정하려 하였다. 해제 과정에서, 이들은 주자학을 옹호하되, 주자학의 경계를 침범할 소지가 있는 서책에 대해서는 그 책이 가지는 위험성을 명기(明記)하여 주의를 크게 환기하였다. 일종의 해제를 통한 가이드라인의 제시였다.[99] 물론, 이러한 조치를 취한다고 해서 책이 가진 '위험한 요소'들이 조선에서 확산될 가능성이 사라지는 것은 아니었지만, 국가적 권위가 지니는 규정성에 그 '위험성'이 억제되고 관리되는 측면이 적지는 않았다. 『규장총목』을 만든 실제의 이유 혹은 이 책의 역사적 의미는 이점에서 찾을 수 있을 것이다.

이 책에서 주자학을 중시하고, 주자학을 옹호하는 양상은 다양하게 볼 수 있다. 앞서 살핀대로, 경부의 예류(禮類)에서 「의례경전통해」의 해제를 가장 앞에 두었던 것도 그 한 모습이었다. 명대 학자 채청(蔡淸)의 『사서몽인(四書蒙引)』을 소개하며, 채청의 학문이 반궁(反窮) 실천을 위주로 함을 밝힌 뒤, 주자의 '장구(章句)' '집주(集註)'의 의미를 최대로 밝혔음을 높이는 해제 또한 이 책의 편찬자들이 주자학에 대해 갖는 깊은 신뢰를 잘 보여준다.[100]

---

98 『西洋新法曆書』, 『渾天通憲圖說』, 『治曆緣起』, 『數理精蘊』, 『曆象考成後篇』 등이 실려 있다. 이들 책을 조선 사람들이 접하고 영향 받는 사정에 대해서는 전용훈, 『조선 후기 서양천문학과 전통 천문학의 갈등과 융화』, 서울대 박사논문, 2004 참조.

99 문제로 삼은 저술들은 몇 권 되지 않지만, 이 얼마 안 되는 책을 통하여 『규장총목』 편자의 지향, 그리고 『규장총목』이 문제로 삼고 있었던 것이 무엇이었던가를 분명히 알 수 있다. 그리고 이것은 단지 『규장총목』만의 문제는 아니었다. 18세기 말 조선 학계 일반의 문제의식을 충실히 반영하고 있었던 모습이기도 하다. 다른 측면에서는 이를 통하여 이 시기 조선 학계의 문제의식이 어느 지점에 있었던가를 선명히 확인할 수 있다.

주자학의 질서를 어지럽힐 가능성이 있는 서책으로는 대체로 양명학의 영향을 받은 책, '주륙절충(朱陸折衷)'의 논리를 주장하는 책, 주자의 사상을 직접 공격하는 책, 고증학을 담고 있는 책, 주자학적 의리를 해치는 책 등이 꼽혔다.

우선, 양명학의 영향을 받은 위에 성리학을 거론하고 있는 책으로 『성리대전회통(性理大典會通)』[101]을 들 수 있다. 이 책은 명대 종인걸(鍾人傑)이 편집한 것이었다. 『규장총목』에서는, 이 책 속집의 경우 당(唐)에서 명(明)에 이르기까지 42가의 '담리논학(譚理論學)'의 설을 모으되, 왕수인과 진헌장(陳獻章)의 논리를 중심에 두었으며 또 음양(陰陽)·상위(象緯)·율려(律呂)의 서책에서 정주학과는 배치되는 내용을 골라 책을 구성했다고 평가하고, 성리학과는 결코 교섭함이 없는 책이라고 단정 지었다.[102]

'주륙절충'의 논리를 주장하는 책으로는, 청대 학자 이불(李紱)의 『주자만년전편(朱子晩年全論)』을 들 수 있다.[103] 이 책에서 이불은, 주자 만년의 견해가 육구연(陸九淵)과 합치했다고 보고 『주자대전』에서 이를 증거할 내용 357조를 찾아 제시하고자 했다. 주자와 육구연은 젊었을

---

100 『규장총목』 권1 「經集」 「四書類」. "小著易四書蒙引, 一遵朱子本義, 章句集註, 寂大發明, 學者宗之."

101 『규장총목』 권3 「子部」 「儒家類」 「性理大全會通」. "明鍾人傑輯. 有原集續集. 續集則取諸儒譚理論學之書, 自唐迄明凡四十二家, 而專用王守仁陳獻章之說爲宗. 其他則又多陰陽象緯律呂之書, 而索隱語怪, 顯與伊洛背馳者, 皆竄入其中. 要之與性理之學, 絶無交涉者也."

102 이 책에 대한 조선 학자들의 영향력은 그다지 깊지는 않았던 모양이다. 현재로는 정약용이 이 책을 활용했던 모습을 확인할 수 있다. 정약용은 『고본대학』의 "在明明德"을 이해하며, 이 책의 내용을 참고하고 있었다('在明明德', 『與猶堂全書』 第2集, 『經集』 第1卷, 『大學公議』 1, 舊本大學, "考訂○劉元卿大學略疏曰, 君子明其孝之德以老老, 明其弟之德以長長, 明其慈之德以恤孤. 「見性理大全會通」").

103 『규장총목』 권3 「儒家類」 「朱子晩年全論」.

때는 생각이 달랐지만 만년에는 상호 합치했다는 이른바 '조이만합설 (早異晚合說)'을 전형적으로 내세운 책이라 할 수 있다. 이 책에 대한 『규 장총목』의 비판은 "신근안(臣謹按)"의 형식으로 가장 강도 높게 이루어 졌다. 『규장총목』의 해제자들은 자신들의 의견을 적극적으로 드러내 고자 할 때는, 칭찬과 비판을 막론하고 "신근안"의 방식을 빌려 자세한 설명을 가하려 하였다. 이 책에 대한 비판도 그 중의 하나였다.[104] 주자 와 육구연의 '조이만합설'은 정민정(程敏政)의 『도일편(道一編)』에서 시 작되고 왕양명의 「주자만년정론(朱子晚年定論)」에서 행해지다가 이불 의 『주자만년전론』에서 완성되었으며, 고염무가 왕양명에 대해 말한 바 "후현(後賢)의 발란반정(撥亂反正)을 기다린다"는 주장[105]은 지나친 것이 아니라는 것, 그리고 이불의 이야기는 사실을 왜곡하여 자신과 타인을 속이는 것이라는 것이 비판의 주된 내용이었다.[106]

『규장총목』의 해제는 위에서와 같이 과격한 언사를 구사, 대상 서적 과 서적 편찬자를 크게 공격했지만, 명대 주여등(誅汝登)이 지은 『성학 종전(聖學宗傳)』에서와 같이 조용히 비판하는 경우도 있었다. 『규장총 목』은 이 책이 정자(程子) → 주자(朱子)로 이어지는 도의 통서(統緒)를 육구연·왕수인과 연결지우고 있다는 정도로만 설명하고 있었다.[107] 이 책의 이해 방식을 못마땅해 하면서도 이에 대한 적대감 혹은 배척 의식은 노골적으로 드러내지 않는 방식이었다.[108]

---

[104] 『규장총목』에서 해제 말미에 "臣謹按"의 형식으로 적극적으로 의견을 개진한 책은 모두 10종이다. 이 의견이 붙은 책은 '경·사·자' 3부에만 있다. 집부에는 따로 이러 한 형식의 의견 제시를 하지 않았다.

[105] 『일지록』 권18에 나온다.

[106] 『규장총목』의 이불 문집 해제에서는 그가 주륙절충논자(朱陸折衷論者)의 모습을 지니고 있었던 것으로 그려졌다(『규장총목』 권4 「別集類」 「穆堂草藁」).

[107] 『규장총목』 권3 「儒者類」 「聖學宗傳」, 194쪽. "明, 誅汝登編. 自伏義至羅汝芳立傳凡 八十二. 作道統正系圖, 以陸九淵王守仁, 接于朱程之下. 總十八卷."

　'주륙절충'의 논리를 크게 문제 삼는 『규장총목』의 이 같은 태도는, 주자학의 세계에 위협이 되는 것은 주자학을 직접 공격하거나 주자학과는 다른 논지를 명확히 드러내는 주장보다, 오히려 주자가 만년에 심학(心學)으로 변화를 일으켰다고 내세우는 논리가 더 위협적이고 파괴적이라고 보았기 때문이었던 것으로 보인다. 주자가 생애 말년에 생각을 바꾸어 육구연·왕수인과 비슷한 학문 방법을 인정했다는 점을 받아들이게 된다면, 주자학의 경계를 지키는 것이 매우 어려워질 수 있었던 것이다. 반면, 『규장총목』에서는 왕양명이나 이지와 같은 인물들의 서책에 대해서는 비판보다는 간단한 내용 소개에 머물렀다.[109]

　주자를 직접 공격하는 책·인물의 경우이다. 『규장총목』에서 거론하고 유의한 바, 최고로 위험한 인물은 모기령(毛奇齡)이었다. "평생 주자를 배격하는 것을 자기 일로 삼는 인물이므로, 성문(聖門)에서 죽이지 않을 수 없는 인물"이라고 극단적으로 평했음을 볼 수 있다.[110] 모기령에 대해, 이 시기 조선 사람들은 대체로 그가 주희의 사서(四書) 해석을 부정하고 자신의 의견을 따로 내세우는 것에 대해 우려하고 또 배격하고는 있었지만,[111] 『규장총목』에서와 같이 극단적인 태도를 취하는 것은 아니었다.[112]

108　이미 16세기 말 조선에서도 『성학종전』을 알고 또 평가하고 있었음을 볼 수 있다. 김우옹의 글에서 확인된다(『東岡遺稿』 권2 「與權處士塾」; 『東岡遺稿』 권2 「書 與權處士」).

109　『규장총목』 권4 「別集類」 「王文成公全書二十二冊」. "守仁天姿英異, 嘗以爲格物致知, 當反諸心, 不當求諸事物. 故其爲敎, 專主致良知, 從遊弟子甚衆 (…중략…) 黃宗羲曰, 有明之文統始于宋, 至陽明而中興, 爲之一振. 自宋以外, 文與道分爲二, 故陽明之門人, 不欲奉其師爲文人, 遂使此論不明 可爲太息."

110　『규장총목』 권4 「別集類」 「西河集」. "以縱橫之辯, 濟之以淹博, 而平生著述, 唯以排擊朱子爲務, 其眞詖淫邪遁之尤, 聖門之所不容不誅絶者也."

111　『靑莊館全書』 권19 「雅亭遺稿十一」 「與潘秋庭筠」.

112　모기령과 조선 후기 학술과의 관계에 대해서는 김문식, 「모기령 경학의 수용 양상」 『사학지』 38, 2006 참조.

고증학을 담고 있는 책 또한『규장총목』에서는 위험한 것으로 파악했다.[113] 그중에서도『사고전서간명목록(四庫全書簡明目錄)』[114]에 대한『규장총목』의 평가는 고증학에 대한『규장총목』의 태도를 극명히 드러내 보여준다. 이 책은 건륭제(乾隆帝)가 내각의 신하들에게 조칙을 내려 편찬한 것으로『사고전서총목제요』의 번잡함을 줄여 만든 간략 해제집이었다. 총책임자는 기윤(紀昀)이며, 1782년에 간행되었다. 조선에 이 책이 들어온 것은 1782년(정조 6) 이후라고 봐야 할 것이다.[115]

『규장총목』에서는 이 책에 대해서 "신근안"의 형식으로 강도 높은 비판을 가했다. 문제가 되는 것은 강학가(講學家)와 고고가(考古家)를 송학(宋學)과 한학(漢學)으로 구분한 뒤, 평가를 내릴 때에는 한학을 높이고 송학은 배척한다는 점이었다.『규장총목』의 편찬자들이 보기에, 이 책의 편찬 책임자 기윤은 겉으로는 염락(濂洛)의 학자들을 높이는 듯하지만 실제로는 이들에게 자주 불만을 표하고, 주자 문하의 제자들에 대해서는 드러내놓고 공격하였으며, 반면 모기령과 같은 인물에 대해서는 그의 박학과 엄밀한 고증을 칭찬하기를 마다하지 않았다. 그런 점에서 기윤은 참으로 문제가 많은 인물이었다.[116] 이 책에서 그가 소옹의『황극경세서(皇極經世書)』를 '유가(儒家)'로 분류하지 않은 점,『태

---

113 『규장총목』에서는 지리 번쇄한 고증학 서책에 대해서는 그다지 호의적이지 않았다.
114 『규장총목』권2「總目類」,「四庫全書簡明目錄」.
115 이규경의『오주연문장전산고』(「經史編 4」,「經史雜類 2」,「其他典籍」,「中國典籍」)에 서는 조선에『사고전서간명목록』이 많이 들어왔으며, 자기가 아는 바로는 서너 집이 된다고 했다. 18세기 말~19세기 초, 조선 사회에서는 이 책을 통하여, 어쨌든『사고전서』의 세계를 엿볼 수 있었을 것으로 보인다.
116 『규장총목』권2「總目類」,「四庫全書簡明目錄」. "蓋以考古家爲漢學, 講學家爲宋學, 而評騭之際, 右漢左宋. 於濂洛諸賢, 則陽尊陰抑, 屢示不滿, 於朱門弟子以下, 則昌言攻之, 不遺餘力. 而畔經橫議, 猖狂無忌, 如毛奇齡之甚者, 則稱其博辨淹通, 嘉其根據分明, 片言隻字, 惟恐蒐採之不盡. 至以邵子經世之書, 不可入於儒家, 而太極通書正夢易啓蒙之類, 皆不別立目錄, 則其意之所在, 可知矣."

극도설(太極圖說)』,『통서(通書)』,『정몽(正蒙)』,『역계몽(易啓蒙)』 등을 별
도로 수록하지 않은 점도,『규장총목』찬자들의 입장에서는 이해할 수
없는 일이었다.[117]

『사고전서간명목록』이 조선 학계에 던진 충격파는 꽤 컸던 것으로
보인다.『규장총목』의 거센 비판과 배척도 그러한 사실을 보여주는 것
이거니와, 정조대의 명신 윤행임(尹行恁)이『사고전서간명목록』에 대
해 가지고 있었던 비판적 시각 또한 그 한 모습이다.「사고전서간명목
록후(書四庫全書簡明目錄後)」[118]라는 글에서 윤행임은『사고전서간명목
록』에서『왕문성전서(王文成全書)』[119]을 대상으로 한 해설 등 문제가 되
는 해제 몇 가지를 거론하고는, "청나라 사람들이 '사고전서목록'을 지
으며 비록 '주자를 높인다'고는 하면서도 겉으로는 받드는 척하되 몰래
배척하여 거의 윤리가 사라져 버렸다. 심지어는 왕수인을 주자에 맞설
만하다고 하고 모기령에 대해서는 전거(典據)를 인용하는 것이 정확하
다고 하면서, 주자가 고경(古經)의 내용을 산삭(刪削)하고 고친 것에 대
해서는 감히 '용이하다'는 말로 거리낌 없이 지목하고 배척했다"[120]고

---

117 이와 같이,『사고전서간명목록』의 찬자인 기윤에 대한『규장총목』의 찬자의 비평
    은 혹독했다. 그 비평자가 누구였을까 하는 것이 문제가 되는데,「규장총목범례」의
    작성에 참여했던 서형수는 아닌 것으로 보인다. 서형수는 1799년(정조 23)에 사은
    사로 연경에 갔다가『주자문집』의 휘·민고본(徽閩古本)을 구하기 위해 기윤을 만
    난 적이 있었다. 그런데 서형수는 기윤에 대해, '혹자는『사고전서간명목록』중에
    주자를 폄하하는 글이 있는 것을 가지고 그가 육학(陸學)에 물든 것이 아닌가 의심
    하지만, 고증가(考證家)는 주문(朱門)과 나뉘지 않을 수 없으며, 명물훈고(名物訓
    詁)를 해 나감에 왕왕 신뢰가 미치지 못하는 부분이 있지만, 그것이 반드시 육학(陸
    學)에 좌단(左袒)해서 그런 것은 아니다'고 그를 변호하고 있었다(『明皐全集』권14,
    紀曉嵐傳)
118 『碩齋稿』권15「題跋」「書四庫全書簡明目錄後」.
119 위의 글. "王文成全書. 明王守仁撰. 守仁確然有自得之處, 其才其學, 固朱子之勁敵也."
120 위의 글. "淸人著四庫全書目錄, 而雖曰尊朱子, 陽扶陰擠, 殆沒倫脊. 甚至以王守仁謂
    朱子之勁敵, 以毛奇齡謂引據之精確, 而朱子之刪改古經, 敢以容易二字指斥不忌." 여

극력 비판하였다.

　이상 살펴본바,『규장총목』에서 견지한 주된 해제 태도는 조선이 소장하고 있는 서책들로부터 지키고 배척해야 할 것이 무엇인가를 일목요연하게, 단호하게 제시하고자 하는 것이었음을 알 수 있다. 국가의 운영과 민의 삶에 도움을 받을 수 있는 실용의 서책들이야 문제될 것이 없었다. 반면, 주자학의 질서를 위협할 수 있는 위험성을 담고 있는 책들은 어느 선에서 경계를 그어야 했다.

　한편, 이 같은 맥락에서『규장총목』이 주의를 기울인 서책들이 또 있었음을 주목하게 된다. 명대에 활동했던 일군의 문인들의 저술 및 문집이 그것이다. 명대의 문학은 의고문파(擬古文派), 당송파(唐宋派), 공안파(公安派), 경릉파(竟陵派) 등으로 분화하며 전개되었다고 이야기된다. 이몽양(李夢陽), 하경명(何景明), 왕세정(王世貞), 이반룡(李攀龍), 귀유광(歸有光), 당순지(唐順之), 모곤(茅坤), 원굉도(袁宏道), 종성(鍾惺), 담원춘(譚元春) 등이 여기에 속하는 주요 인물들이다.[121] 이들의 문학 이론과 창작 활동의 경향은 매우 다양했는데,『규장총목』에는 이들이 편집한 서책 혹은 문집들을 대거 수록, 소개하였다. 이를테면, 왕세정의『엄주사부고(弇州四部稿)』(권4, 별집), 양신(楊愼)의『승암집(升菴集)』(권4, 별집), 하경명의『하대복집(何大復集)』(권4, 별집), 모곤의『당송팔대가문초(唐宋八大家文鈔)』(권4, 별집), 원굉도의『원중랑집(袁中郎集)』(권4, 별집), 종성의『종백경집(鍾伯敬集)』(권4, 별집), 담원춘의『담우하집(譚友夏集)』(권4, 별집) 등이 그

기서 "'용이' 두 글자로 지척함에 거리낌이 없었다"고 한 것은『사고전서간명목록』에서『효경문』을 해제하며, "孝經問一卷, 毛奇齡撰. 駁詰朱子孝經刊誤刪改古經, 談何容易, 其說不得謂之無理也"라고 한 것을 두고 한 표현이다.

[121] 여기에 대해서는 강명관,『공안파와 조선 후기 한문학』, 소명출판, 2007; 김대중,「조선 후기 한문학 연구와 '중국'이라는 타자」,『대동문화연구』60, 2007 참조.

러한 경우이다. 규장각 서책 가운데 명대 활동했던 인물의 서책이 가장 많았던 데서도 알 수 있듯이, (앞의 〈표 4〉 참조) 18세기 조선 사회에서는 이들의 문학론을 둘러싸고 많은 논의가 일었으며, 문단 일각에서는 그들의 사유에 크게 영향 받는 사람도 나타나고 있었다.

명대 문학 이론가들에 대한 『규장총목』의 태도는 객관적인 소개에 그치기도 하고, 또 비판적으로 정리하는 경우도 있었다. 대체로 평이한 해제가 많은 편이다. 그러면서도 몇 인물의 서책에 대해서는 날선 비판을 보였다. 공안파의 중심인물인 원굉도에 대해, 그의 공안체는 "戱謔嘲笑, 間雜俚語"하는 것이 특징이니 공소한 자들은 이를 편하게 여길지라도 식자들은 취하지 않는다 하여 싸늘하게 비판했다.[122] 오종선(吳從先)의 『소창자기(小窓自紀)』에 대해서는 '소품(小品)'에 쏠렸다고 평가했다.[123]

문학이론, 작품성에 대한 평가보다 명청 교체기에 절의(節義)를 제대로 지키지 못했다는 점을 들어 비판하는 경우도 확인할 수 있다. 전겸익(錢謙益)의 문집에 대한 평가가 그것이다. 전겸익은 명대 문학사의 전개 과정에서 제일 마지막 과정에 위치하는 것으로 평가받는다. 곧 의고문파 → 당송파 → 공안파 → 경릉파로 이어지는 문학적 전통 위에서 전겸익은 자신의 독자적인 문학론을 구축했다. 명대 문학사를 이해함에 빼놓을 수 없는 인물이 전겸익이다. 조선에서도 전겸익의 문학론은 17·18세기에 많은 영향을 미쳤다. 그런데, 그는 명이 멸망할 때 저항하지 않고 청 세력에 합류, 예부상서(禮部尙書)의 관직을 유지했다.

---

122 『규장총목』 권4 「別集類」 「袁中郎集八冊」. "袁中郎著. 詩文務主淸新輕俊, 學者多舍王李而從之, 目爲公安體. 然戱謔嘲笑, 間雜俚語, 雖空疎者便之, 識者不取焉."

123 『규장총목』 권4 「小窓自紀」. "焦竑序, 其首謂可彷彿臨川世說. 然觀其文體, 則小品之靡也."

말하자면, '절의'에 문제가 있을 수 있는 인물이었다.『규장총목』에서는 이 점을 유의하여, 그의 경술과 문장은 세상이 인정할 정도의 수준이지만, 예부상서의 직함을 유지한 것에 대해 "식자들은 부끄럽게 여긴다"[124]고 했다.

요컨대,『규장총목』은 중국으로부터 전래된 수많은 책들에 대한 정보를 일목요연하게 정리하되, 조선의 사상과 문화로 보아 위험하다고 인지하는 서책에 대해서는 비판적인 평가를 더하였다. 특히 문제가 되었던 것은 육학 양명학에 물들어 주자학과 육왕학의 경계를 허무는 책들이었다. 중국 내부에서도 청대 학문이 양명학에 많은 영향을 받고 있었음을 심히 우려하는 분위기가 있었지만,[125] 조선에서의 대응은 국가적 차원에서 이루어지고 있었다. 그것은 책에 대한 이념적 접근이었다. 그런 점에서『규장총목』은 이념서, 정치서로서의 성격 또한 강하게 지니고 있었다.『규장총목』의 체재를 언급하고 있는 완성본『규장각지(奎章閣志)』에서 "교화의 근본은 서책에 구비되어 있고 치란(治亂)의 근원은 책으로부터 감계(鑑戒)한다. 그러므로 예로부터 책을 소장하는 기구를 만들고 책을 만드는 관부를 세웠다"[126]고 하여 서책을 '교화'와 '치란'의 근원이라고 연결 지워 파악하고, 이와 연관하여 도서를 수집 정리하고 편찬하려 했던 태도는, 바로『규장총목』을 관류하는 의식이기도 했던 것으로 판단된다.

---

124 『규장총목』 권4 「集部」, 「別集類」, 「牧齋初學集」, "淸, 錢謙益. 謙益當崇禎末, 以經術文章爲一世所推重. 及淸兵到南京, 首先迎附於豫王, 得保禮部尙書銜, 識者恥之."

125 이러한 분위기는 김매순이 육농기(陸隴其)를 평가하는 글에서 읽을 수 있다(『臺山集』 권17 「闕餘散筆」, 「榕村第三」).

126 『奎章閣志』(完成本) 권1 「書籍第五」. "敎化之本, 具於書, 治亂之原, 鑑於書. 故自古建藏書之府, 立編書之官."

맺음말

『규장총목』은 1781년(정조 5)에 처음 편찬되고(원본), 1805년(순조 5)에 다시 수정·증보되었다. 본래 간행하여 보급하고자 했으나 끝내 그렇게 되지는 못하고 필사본 형태로 남았다. 『규장총목』의 세계 그리고 그 속에 담겨있는 지적 지형도는 매우 복잡하다. 복잡한 만큼 이 책이 담고 있는 내용은 풍성하다. 이 책에서 해제하고 있는 중국본 서책에는 조선의 학술, 조선의 사상 문화가 그 경계를 확장함에 큰 도움을 받을 수 있는 논리, 지식이 풍부하게 내장되어 있었다. 해제의 방식을 빌리긴 했지만, 조선 정부에서 이들 서책이 가진 지식 세계를 집성하고 거기에 접근할 수 있는 효율적인 방도를 마련하는 것은 대단히 의미 있는 일이었다.

『규장총목』이 갖는 개성은 다음 몇 가지로 정리할 수 있다. 우선, 『규장총목』은 조선에서는 최초로 경·사·자·집 체재로 분문조례(分門條例)하여, 도서를 분류하고 해제했다. 유문의 분류는 중국의 선행 경험들을 참고하면서도 조선의 상황을 반영하여 절충하고자 했다. 그런 점에서 『규장총목』의 분류는 중국서책의 단순한 모방과 활용에서 오는 것이 아니라, 조선에서 형성되고 관행되는 문화 전통, 그리고 특정의 유별(類別) 분류를 통하여 실현하고자 하는 특별한 의도 위에서 이루어진 것으로 보아 좋을 것이다. 유가(儒家)와 제자(諸子)의 구분을 명확히 하고, 『춘추』를 높이며, 천문류·역주류를 중시하는 점 등을 그 두드러진 특징으로 들 수 있는데, 이는 18세기 조선의 문화적 개성이 충분히 흡수된 것이었다.

『규장총목』에서 싣고 있는 책의 생산 시기는 그 서책의 찬·저자의 활동을 중심으로 본다면, 명대와 청대가 압도적이었다. 700여 종의 70% 가까이가 명·청대 시기에 활동했던 인물들이 편찬하거나 지은 서책들이었다. 송대에 활동했던 인물들의 저술은 생각보다 적어 전체 10%에 불과했다. 명대와 청대와 연관된 서책은 경·사·자·집 4부에서 고루 확인된다. 그런 만큼,『규장총목』이 담고 있는 지식 세계의 지형은 복잡했다. 경학, 사학, 문학, 천문학, 서지학, 경세학의 이름난 성과들을 볼 수 있을 뿐만 아니라, 선진·한당 유학을 비롯, 성리학, 육학, 양명학, 고증학의 세계를 동시에 발견할 수 있다.

『규장총목』 해제자들은 개별 서책이 가지고 있는 기본 정보를 축약해서 정리했다. 그것은 책이 가진 다양한 정보를 쉽게 접할 수 있는 해제집 고유의 면모였다. 이와 동시에,『규장총목』의 편찬자들은 조선의 주자학에 위협이 될 논리와 방법을 담고 있는 서책에 대해서는 엄정한 비판을 가했다. 특히, 주자학과 양명학의 경계를 허물 수 있는 방법을 가진 책이나 주자의 사상을 해체하고자 했던 책에 대해서는 그 어디에서도 볼 수 없는 단호함을 보였다.

이와 같이 살피면『규장총목』은 해제집이면서 단순히 거기에만 머무는 것이 아니었음을 알 수 있다. 이 시기 조선 정부, 조선 학술계의 개성을 어느 정도 반영한 특별한 모습이 이 책에는 담겨 있었다. 이는 다음 몇 가지로 이야기할 수 있다.

첫째, 주체의 문제이다.『규장총목』의 분류 방향과 해제의 방법을 결정한 것은 조선의 국왕과 신료들이었다. 이는 달리 말해 조선 국가가 필요로 하는 지식체계, 사유체계 위에서 중국으로부터 외래한 서책을 평가한 결과가『규장총목』에 담겼다는 의미가 된다. 이러한 모습은, 외래문화의 수입에 국가가 주도적인 역할을 해왔던 종래 조선 사회의 개성을 계승하는 것이면서, 국왕의 주도적 역할을 보다 강화하려던 정조의 사정이 겹친 것이었다.

둘째, 지식의 세계와 사상의 상관성 문제이다. 『규장총목』은 이 시기의 조선 정부, 그리고 정부에 참여하는 양반 지식인들의 지적 세계, 세계관을 직접 반영하고 있었다. 그 주된 내용은 주자학의 옹호·강화, 주자학을 담고 있는 서적에 대한 의미부여, 육왕학의 배척, 고증학으로 대표되는 청대 학문에 대한 비판과 배척, 서양 과학 기술에 대한 우호적 판단 등으로 압축된다. 청대에 나온 여러 문헌에 대한 무비판적 소개, 서학 서적(과학 방면의)의 적극 긍정과 그 성과의 수용 의지 등도 이에 덧붙여 살필 수 있다.

셋째, 지식의 집성과 공적 소통의 측면이다. 『규장총목』에서 해제가 이루어진 중국의 서책들은 새로운 지식과 문물, 정보를 담고 있는 귀한 매체였다. 17·18세기 명청 교체의 정치적 변동과 무관하게, 경제 문화면에서 대단한 성장을 이루었던 중국의 여러 변화상이 여기에 온전히 담겨 있었다. 조선은 그러한 풍부한 문화로부터 많은 자양분을 취할 수 있는 위치에 있었고, 실제 그렇게 하기도 했다. 전에 없던 새로운 안목과 식견을 조선 학술계가 만들어 나감에 이 시기 중국 문화가 미치는 영향은 결코 적지 않았다. 하지만 그 풍부한 문화는 또 한편 주륙절충(朱陸折衷)의 논리나 주자학 비판 논리도 포괄하고 있었으므로, 조선으로 본다면 구래의 지배적 질서를 약화시키거나 붕괴시킬 수 있는 힘도 지니고 있었다. 『규장총목』에서는 주자학을 중시하는 한편으로 주자학의 위상을 위협하는 사상, 그리고 그 사상을 담고 있는 서책에 대해서는 분명한 계선을 마련하여 배격하고자 하였다.

『규장총목』은 조선이 변화하고 확장함에 도움을 받되 적정선에서 통제할 수 있는 지점에서, 새로운 지식을 집성하고 공적 소통의 매개를 만들려 했던 18세기 말 조선 사회가 '선택'한 결과였다. 그 점에서 이 책의 존재는, 국정 운영에 도움이 되는 새로운 서책과 그 서책 속의 정보들은 받아들이면서도, 그 책 속의 위험한 지식 요소들은 통제하고 관리하며 일정한 한계를 그으려 했던 정조와 그 신료들의 의식 세계를 구체적으로 드러내는 바로미터이기도 했다. 『규장총목』이 가지는 지식 집성과 그에 부수된 사상 통제의 한 면모는 반드시 정조로부터 오는 것만은 아니었다. 거기에는 주자학의 세계를 강고하게 지키려 했던 대다수 양반 지식인들의 열망이 동시에 간여하고 있었다. 이 책이 나왔던 시점, 그리고 19세기에 들어가 조선 지식인들이 새로운 지식과 문화를 만나고 소화하는 방식 혹은 방향성은 아마도, 이 책에 집약되어 있었을 것이다.

이 글에서는 『규장총목』의 체재 구성, 그리고 개별 서책에 대한 해제자의 해제 방식과 태도에 대한 분석에 한정하여, 18세기 말·19세기 조선에서 『규장총목』이 갖는 의미를 살폈다. 이 책에 들어 있는 숱한 책들을 당대 조선의 학술계가 구체적으로 만나고, 또 새로운 사유를 만들어나가는 양상은 또 다른 방향에서의 작업이 될 것이다.

『수교등록(受敎謄錄)』의 내용과 가치

정긍식

머리말

조선은 『경국대전(經國大典)』과 『대명률(大明律)』을 토대로 한 법전국가이다. 법전을 바탕으로 국법질서의 통일을 기도하였지만, 현실에서는 새로운 법령의 등장은 필연이었다. 즉, 법전에서는 일반추상적인 규범을 수록하였기 때문에 개별구체적인 사건에 대한 판단은 계속 축적되었으며, 이 개별적 판단인 국왕의 판부(判付)는 당해 사건에만 적용되는 것과 이후에도 동일 또는 유사한 사건에 대해서 구속력을 갖는 것의 두 가지가 있다. 그중에서 후자, 즉 현재의 판례법에 해당하는 판부는 '수교(受敎)'의 형태로 이후에도 법적 구속력을 지니게 되었다.

수교는 원래 개별 사안에 대한 국왕의 판단을 의미하며, 나아가 국왕의 명령인 법령 자체를 의미하기도 하였다. 조선시대에 법전편찬은 이러한 수교를 일반추상규범으로 통일·종합하는 과정이다. 개별사안에 대한 판단인 수교는 『경국대전』과 『대명률』 등 법전의 흠결을 보완하는 역할을 하였다. '대전'이 씨줄이라면, '수교'는 날줄이라고 할 수 있다.

수교는 조선 건국 후는 물론 『경국대전』 편찬 이후에도 계속 집적되었으며, 그래서 담당관서에서 업무상 편의를 위하여, 또 국왕의 입장에서는 법의 통일적 적용을 위해서 각종 수교를 연대별로 종합적으로 수집·정리할 필요가 있었다. 그러나 수교의 방대한 집적은 도리어 법령의 통일적인 적용에 혼란을 가져올 우려가 있었다. 그래서 수교들 중에서 영구적 효력을 부여해야 할 것들을 집성하여 '록(錄)'을 편찬하였다. 그리고 이러한 수교들을 토대로 각종 대전류의 법전이 편찬되었다. 즉 조선시대의 법전편찬은 '수교(受敎) → 록(錄) → 대전(大典)'의 단계를 거쳤다.[1]

조선전기에 수교를 집성한 자료로서 현재 남아 있는 것은 선조 연간에 일차적으로 정리된 『각사수교(各司受敎)』가 있으며, '록'으로는 1493년(성종 24)의 『대전속록(大典續錄)』과 1543년(중종 38)의 『대전후속록(大典後續錄)』을 들 수 있으며, 이는 수교 가운데서 비교적 영구효력을 부여할 만한 것을 선별한 것이다. 조선 후기에는 『속대전(續大典)』 편찬의 기초작업으로 1698년(숙종 24) 『수교집록(受敎輯錄)』과 1743년(영조 19)경 『신보수교집록(新補受敎輯錄)』이 편찬되었다.[2]

---

1 김지수, 「수교와 조례의 법적 성격과 이념」, 『한국법사학논총』, 박영사, 1991(김지수, 『전통법과 광주반정』, 전남대 출판부, 2006, 37쪽에 재수록).

『속대전』 편찬 후에는 새로운 수교자료집[3]을 종합적으로 편찬하였다
는 기록이 보이지 않는다. 그러나 개별관서에서는 업무의 편의 등을 이
유로 개별적으로 수교를 정리하였다.[4] 이들은 "수교등록(受敎謄錄)", "수
교정례(受敎定例)" 등의 명칭으로 총 34종, 37건이 현존하고 있으며, 규장
각에 25종 28건이, 장서각에 6종[5]이 그리고 국립중앙도서관과 국회도서
관에 각각 1종이, 일본 동경대학 법학부 도서관에 1종이 소장되어 있다.
이 중 이미 공간된 『각사수교』, 『수교집록』, 『신보수교집록』을 제외하
면 30종 31건이다.[6] 서울대학교 규장각한국학연구원에 가장 많이 소장
되어 있는데, 이는 규장각이 조선시대 정부문서(政府文書) 내지 관문서
(官文書)를 보관하는 기관이라는 성격에서 연유하는 것이다. 이 중 서울
대학교 규장각한국학연구원에 소장된 『수교정례』(古5120-176)[7]와 『수교
정례』(奎12407)[8] 및 『특교정식(特敎定式)』(古951.009 T296)과 『수교등록』(奎

---

2 홍순민, 「조선 후기 법전 편찬의 추이와 정치운영의 변동」, 『한국문화』 21, 1998 참조.

3 "수교자료집"은 관부문서(官府文書) 중 대관부문서(對官府文書)의 일종으로 성책
   문서(成冊文書)에 해당한다. 수교를 수록한 성책문서를 별도의 관(부)문서 양식 내
   지 종류로 할 것인지에 대해서는 숙고가 필요하다. 현재 18세기 이후의 자료만 발견
   되고 있다. 잠정적으로 각종 수교를 모은 성책문서를 "수교자료집"으로 명명한다.

4 국왕의 명령을 '수교'라고 하였는데, 모든 (수)교가 법으로 인정되는 것은 아니다. 법
   으로 인정된 수교는 영구보존이 되고, 그렇지 않은 것은 폐기문서(휴지)가 될 것이
   다. 양자를 구분하는 기준에 대한 논의가 필요하지만 그러나 현재로서는 이에 대한
   기준을 제시할 수 없다. 다만 『승정원일기(承政院日記)』에는 "出擧條" 등의 표현이
   보이며, 수교자료집에는 "俾卽載之受敎"(17. 정조 8년(1784)), "以此判付, (…중략…)
   亦令禁府·刑曹載之受敎"(18. 정조 8년(1784)), "以此傳敎, 載之該曹受敎事, 使之定
   式施行"(25. 정조 9년(1785)), "今配享功臣子孫, 一從錄勳功臣子孫例, 用有世之典, 載
   之法書, 照此遵行"(30. 정조 11년(1787)) 등의 표현이 보인다(이하 이 글의 모든 강조
   는 인용자). 이에 대해서는 향후 귀납적인 연구가 필요하다.

5 자료의 동일성 내지 중복성은 각 기관에서 제공하는 서지사항이나 해제를 참조하였
   다. 원문을 대조하면 중복자료가 더 있을 수 있다. 이는 향후 연구를 기대한다.

6 향후 조사를 진행하면 다양한 기관에서 더 많은 자료가 발굴될 수 있을 것이다. 특
   히 해외에 소장된 것은 더욱 그러하다.

7 『수교등록』(古5125-23)은 『수교정례』(古5120-176)의 초고본으로 내용은 같으며, 부
   록이 다르다.

15142)[9]은 학계에 소개되었다.[10] 30종의 수료자료 가운데, 국립중앙도서관에 소장된 『수교등록』(古6022-77)은 다른 수교와는 매우 다른 것이다. 이는 후술하는 것처럼 지방관서 — 경상감영 — 에서 중앙으로 하달받은 수교를 보고하는 것이다.[11]

본 장에서는 『수교등록』의 체재와 내용을 일별하고(2절) 특히 수교의 행이(行移) 과정을 중점적으로 검토한 후(3절) 마지막으로 사료적 가치 등에 언급한다(4절). 그리고 전체에 대한 이해를 돕기 위해 부록으로 『수교등록』 전체 목록(부록 1)과 원문 및 관련 자료를 수록하였다(부록 2·3).

1. 『수교등록』의 체재 및 구성

1) 체재

『수교등록』(古6022-77)은 현재 국립중앙도서관에 소장되어 있는 유일 필사본(筆寫本)이다.[12] 2권 2책으로 선장본(線裝本)이며, 제1책은 49장이

---

8   정긍식·조지만·김대홍·田中俊光, 『조선 후기 수교자료 집성 1 — 형사편 (1)』(규장각 소장본), 한국법제연구원, 2009 참조.

9   정긍식·조지만·田中俊光·김영석, 『조선 후기 수교자료 집성 2 — 형사편 (2)』(규장각 소장본), 한국법제연구원, 2010 참조.

10 자세한 내역은 정긍식 외, 앞의 책, 2009의 「부록 1. 규장각 및 기타 기관 소장 "수교" 자료 현황」 참조.

11 국립중앙도서관(http://www.nl.go.kr/nl/index.jsp 최종 검색일 : 2014.5.8)에서 원문을 열람할 수 있다.

12 "수교등록"이라는 서명(書名)에 대해 의심을 할 수 있으나, 표지에도 같으며, 특히

고, 제2책은 50장으로 모두 99장이다.[13] 책의 크기는 31.5×21.5cm이며, 한 쪽에 12행, 1행에 22자를 백지에 그대로 정서한 필사본이다(〈부록 2-1·2〉표지 및 첫 면 참조).[14]

기재방식은 다음과 같다. 첫 행에 1자를 띄우고 수교를 받은 날짜와 이를 뜻하는 '도부(到付)'까지 기재하고 나서 행을 바꾼 다음, 그 이후 모든 내용을 행을 바꾸지 않았다. 날짜는 원칙적으로 연호나 묘호를 사용하지 않고 간지(干支)를 기재하였다. 그러나 예외가 있는데, 1786년(정조 10)의 28번과 1795년(정조 19)의 69번 수교는 모두(冒頭)에서, 1783년(정조 7)의 15번, 1784년(정조 8)의 18번, 1790년(정조 14)의 40번, 1801년(순조 1)의 74번, 1811년(순조 11)의 77번에서는 수교를 그대로 인용하면서 청의 연호를 밝혔다(〈부록 2-3·4〉 연호 사용례 참조). 국왕이나 왕실을 나타내는 "왕(王), 상(上), 판(判), 계(啓), 명(命), 성(聖), 전(傳), 세(世), 교(敎), 선(先), 조(朝)"와 국왕의 묘호 앞에는 1자를 띄웠다. 내용에 등장하는 인물의 성명(姓名)은 모두 기재하거나 성만 기재하여 통일성이 없다. 또한 수교나 당시 행정의 실태를 그대로 반영하여 이두문을 그대로 수록하였다.

그리고 수교와 관련되는 내용은 전체를 한 문단으로 수록하였지만, 별도의 추가적인 내용이 있으면 문단을 바꾸어 수록하였다. 그 내용은 대부분이 절목(節目) 등으로 다음이다.

제2책인 『권 곤(卷 坤)』의 첫 면 첫 행에 "수교등록"이 있으므로 "수교등록"을 서명으로 보아야 할 것이다(〈부록 2-1〉 참조).

13 제2책 74쪽은 완전한 내용이 아닌데, 후대에 누락되었는지 처음부터 그러한지는 알 수 없다.

14 서지사항은 국립중앙도서관에서 제공하는 내용을 참조하였다(www.nl.go.kr 최종 검색일 : 2014.5.8).

10. 정조 4년(1780) 放未放啓本規式 : 별행으로 규식(規式)과 서문 등을 수록하였으며, 아울러 삭계개정식(朔啓改定式)을 행을 바꾸어 추가하였다.

12. 정조 6년(1782) 定配罪人物故啓本規式 : 별행으로 보고양식을 수록하였다.

20. 정조 8년(1784) 禁標內入葬 : 수교 2개만 기재하였다.

21. 정조 8년(1784) 禁標內入葬 : 수영(水營)에서 준행할 절차를 기재하였다.

23. 정조 8년(1784) 檢驗定式事例 : '후록 내(後錄 內)'로 표시하고 구체적인 규정을 수록하였으며, 아울러 할주(割註)로 세부내용을 설명하였다(〈부록 2-5〉 절목 추가 참조).

27. 정조 10년(1786) 奴告主 : 노비 등의 주인 등에 대한 개별적 범죄에 대한 처벌 규정을 별행으로 수록하였다.[15]

31. 정조 11년(1787) 禁紋緞 : 구체적인 규정을 수록하고, 할주로 세부내용을 설명하였다.

48. 정조 15년(1791) 奪符宣傳官 禁府都事之作弊與擅用刑棍者 狀聞事 : 수교의 내용을 모두에 할주로 설명하였다.

73. 정조 24년(1800) 貶下守令反罵上營者用投印律 : 상급관서의 질문에 대한 회답의 양식을 수록하고 할주로 세부내용을 설명하였다.

위 형식과 부수된 내용을 보면『수교등록』은 중앙관서가 아니라 수교를 실제로 집행하는 지방관서에서 취해야 할 구체적인 업무지침을

---

15 『대명률』 등의 규정을 발췌하고 조선의 실정에 맞는 수교를 추가하였다. 추가된 수교는『수교정례』(古5120-176)의 부록 「제사목(諸事目)」 중 '신반사목(新頒事目)'에 수록되어 있다(정긍식 외, 앞의 책, 2009, 204쪽 참조).

수록한 것으로 여겨진다.

『수교등록』의 특징으로 들 수 있는 것은 이두가 많이 사용된 점이다. 먼저 수교의 수령상황을 나타내는 기두(起頭)와 집행의지를 밝힌 결사(結辭) 부분은 이두로 되어 있다. 그리고 수교 본문 중에는 대신이나 국왕의 발언은 한문으로 되어 있지만, 다음의 경우는 이두를 사용하였다. ― 절목 등의 연결,[16] 대신 발언의 인용,[17] 판부나 회계(回啓)의 인용,[18] 지방의 굴검요청 봉계[19] 등 ― 그리고 절목 등 구체적인 시행을 위한 내용은 이두를 사용하였다.[20]

이두는 수교의 수령 등의 상황과 내용의 연결 그리고 이두를 사용한 원래의 문서를 인용할 때 그대로 사용되었다. 특히 집행을 위한 절목에는 어김없이 사용되었는데, 이는 수교 집행자의 편의 때문일 것이다.

---

[16]　10. 정조 4년(1780). "'…分付'事, 傳敎**敎是乎等以**, 參考諸道放未放啓本後錄移文**爲去乎**, 此後段, 依此擧行**向事. 謹啓爲相考事**"(고딕으로 강조된 부분은 이두문이며, '…' 부분은 수교내용으로 생략하였다. 이하 같다).

[17]　15. 정조 7년(1783). "據其時判書臣徐浩修, 就議大臣**爲白乎則**, 領議政徐命善以爲, '…伏惟上裁' 云**是白乎旀**, 右議政李徽之以爲, '…'"

[18]　15. 정조 7년(1783). "…去辛丑正月二十二日, 因全羅道寶城郡殺獄罪人鄭大仁獄事回啓, 判付內, '罪人鄭大仁**段**, 實因狼籍, 證援分明, 故殺獄情節, 斷然無疑**是去乙**, …'"

[19]　84. 순조 16년(1816). "丙子七月二十八日封啓 / 啓爲相考事. 陜川郡守徐鳳輔牒呈內, 「本郡邑內面上三里場基洞居, 姜召史與其夫鄭卜萬爭鬪後, 卜萬第四日致死, 仍**爲掩埋是如**, 傳說喧藉. 故應問各人**等**, 推捉取招, 則詞證呑吐, 獄情疑眩, 未檢之前, 無以定執眞贓**是如**」牒呈**爲白有臥乎所**, 不可不開檢**乙仍于**, 差定檢官, 使之掘檢**爲白乎旀**, 緣由馳啓**爲白臥乎事是良尒**, 謹具啓聞."

[20]　정조 8년(1784). "甲辰三月 日到付, 元事目. / 一. 禁標內入葬, 勒限掘移**爲白乎矣**, 繩有有主墳地內, 盜葬之律**爲白齊**. 一. 禁標內冒葬者, 依盜田宅條强占官民山場律, 論斷**爲白齊**." 원문은 '占'이 없으나 의미상 보충하였다.

2) 구성

　영조 51년(1775)부터 순조 11년(1811)까지 37년 동안 모두 84개의 수교가 있는데, 첫 수교는 내용상 2개이다. 영조대는 1개(2.4%), 정조대는 72개(84.7%)인데, 『대전통편(大典通編)』 편찬 이전은 24개, 이후는 48개이며, 순조대는 11개(12.9%)이다. 후술하겠지만, 지방에서 수교를 수령한 상황을 수록한 것이기 때문에 수교의 발령 시기 자체는 큰 의미가 없지만, 정조대, 특히 『대전통편』 편찬 이후 순조대의 수교가 59개(70.2%)로 대부분이다. 마지막 수교는 순조 16년(1816) 7월의 것이다. 내용은 물론 상단의 수교제목도 필체가 동일하며 또 국왕 순조[21]의 묘호 등이 없는 것으로 보아 1817년 이후 순조 재위기인 1834년 사이에 한 사람이 정서한 듯하다.

　별도의 목록은 없지만, 본문 상단에 제목을 기재한 것이 25개가 있는데,[22] 연속되는 부분이 있는 것으로 보아 특정인이 정리하였을 가능성도 있다. 이 중 9개는 기존의 수교보다 제목이 자세하여 제목만으로 수교의 내용을 쉽게 파악할 수 있는데,[23] 대표적인 것은 1790년(정조 14)의 다음 수교이다.

　　『수교등록』 : 奴犯主山 當禁之內 嚴刑絶島仍本役充定事(노가 주인 산의
　　　금장지역(禁葬地域)을 범하면 엄형하고 외딴섬(절도(絶島))으로 보내

21　묘호는 처음에는 순종이었으나 철종 8년(1857)에 순조로 추존(追尊)되었다.
22　다음이다. 9~13(5개), 32~36(5개), 38~40(3개), 42~52(11개), 60(〈부록 2-6〉 난외 제목 참조).
23　다음이다. 32, 34, 36, 38, 40, 45~47, 51. 동일 또는 유사한 것은 4개로 33, 44, 52, 60 이다.

어 그대로 본역을 지게 할 것 : 40)

『수교정례』(古5120-176) : 奴犯主山(노가 주인의 산을 범함 : 65)

『특교정식』(古951.009 T296) : 奴主相訟(노와 주인의 소송 : 1.94)[24]

위 제목에서 보듯이 이『수교등록』은 제목만으로 범죄사실과 처벌
내용 등 수교의 전체 내용을 파악할 수 있다. 또 인찰지(印札紙)가 아닌
백지에 그대로 필사한 것으로 보아, 담당관서에서 정식으로 정리한 것
은 아니며 담당 서리 등이 임시로 정리한 것으로도 볼 수 있다.[25] 따라
서 이는 담당 서리들이 업무의 편의를 위하여 백지에 정리하면서 제목
까지 별도로 붙인 것으로 추정할 수 있다.

2. 수교의 행이 과정

1) 다른 자료와의 비교

후술하듯이『수교등록』은 중앙관서에서 반포한 수교 자체가 아니
라 지방관서에서 수령한 수교를 정리한 것이다. 그렇다면 일차적으로
반포된 수교 자체와 여기에 수록된 수교를 비교하여 이동(異同)을 확인

---

24 각각 정긍식 외, 앞의 책, 2009, 190쪽; 정긍식 외, 앞의 책, 2010, 150쪽 참조.
25 백지에 정서한 형조 관련 수교자료는 이『수교등록』과『수교정례』(奎12407)뿐이며,
    나머지 거의 모든 수교는 인찰지(印札紙)에 정서하였다.

해야 한다.[26] 비교의 편의를 위해 이미 공간된 『수교정례』(古5120-176)와 『수교등록』 두 곳 모두에 있는 수교를 대상으로 하였다.[27]

① 제1유형 : "△△내관(內關)"으로 시작하는 유형으로 "1777년(정조 1) 매장된 시체의 검험에 대한 수교"를 검토하기로 한다.[28]

『수교등록』: 4. 금굴검(禁掘檢)[29]

__丁酉五月十六日到付

備邊司關內, 節__啓下敎. 今五月初十日, 左右相入__侍時, __傳曰, "昔我__肅祖之敎, (…중략…) 藹然於__辭敎之外." __傳曰, "先王斯有不忍人之心, (…중략…) 此後又或有年數已久, 可以掘檢者, 亦勿經自開檢, 必也__啓聞後爲之事, 定式施行, 知委京外."事. 傳敎敎是置, __傳敎內辭意, 奉審施行爲乎矣. 今此__聖敎實出於重民命愼刑獄之盛意, 凡在按法之臣, 孰敢不仰體, 萬一而大抵, 獄體專以無寃錄爲主爲旀, 今此聖敎, 亦以無寃錄爲主敎是則, 從今以後, 一以無寃錄爲主, 俾無一毫參差之弊, 惕念擧行爲乎矣, 到付形止到關, 卽時星火馳報, 宜當向事.[30]

『수교정례』: 28. 굴검신명(掘檢申明)[31]

正宗元年丁酉, __傳曰, "昔我__肅朝之敎 (…중략…) 藹然於辭敎之外." 傳

---

26 지방관서에서 상주(上奏)하는 수교(5개)는 장래에 대해 효력을 발생하는 일반적 수교가 아니므로 이를 제외한다.

27 『승정원일기』 등 관련 자료의 대비는 '부록 3', 단 분량상 짧은 것으로 하였으며, 아울러 번역을 첨부하였다.

28 "관내(關內)", "위상고사(爲相考事)"에 대해서는 2항 『수교등록』의 형태'에서 상술한다.

29 원문의 형식은 〈부록 2-2〉 첫 면 참조. 이 수교에는 제목이 없다.

30 "__"는 원문의 빈 칸을 표시한 것이다(이하 동일).

31 정긍식 외, 앞의 책, 2009, 174~175쪽 및 원문은 53~56쪽 참조.

曰, "先王斯有不忍人之心, (…중략…) 此後又或有年數已久, 可以掘檢者, 亦勿輕自開檢, 必也啓聞後爲之事, 定式施行, 知委京外."

수교 본문은 "昔我肅祖之敎~知委京外"[32]인데, 양자는 거의 일치한다. 『수교정례』와 『수교등록』에 차이가 있는 날짜와 상황은 『승정원일기』 정조 원년 5월 10일의 기사에서 확인할 수 있다. 즉 『수교등록』은 『수교정례』의 본문을 그대로 옮겨두고, 첫 머리에서는 수교를 수령한 날짜와 지시한 관서, 즉 여기서는 비변사를 기록하는 등 『수교정례』보다 더 자세하게 기재하였다. 그리고 수교 본문이 끝난 다음에는 "事. 傳敎敎是置, __傳敎內辭意, 奉審施行爲乎矣"[33]라고 있는데, 이는 수교를 받들어 집행하겠다는 지방관서의 의사표시이다. 그리고 추가적으로 『무원록(無寃錄)』에 따라 검험을 하고 아울러 수교를 수령한 사실을 즉시 보고하도록 하였다.

② 제2유형 : "△△위상고사(爲相考事)"로 시작하는 유형으로 "1786년(정조 10) 정배 중인 죄수가 친상을 당하였을 때 휴가를 주는 수교"를 검토하기로 한다.

『수교등록』 : 28.[34]

　　__乾隆丙午七月二十五日到付

　　刑曹爲相考事, 節__啓下敎. 以忠淸監司狀__啓, "洪州牧囚推罪人海南縣

32　수교 본문은 한자로 768자이어서 분량상 제외하였다.
33　번역 : "(본문 생략)"라는 일로 전교하셨습니다. 교지의 뜻에 따라 받들어 시행할 일이다.
34　원문의 형식은 〈부록 2-3·4〉 연호 사용례 참조. 이 수교에는 제목이 없다.

船格孫福深, 遭其父喪給由, 過葬後使之還囚, 令該曹禀處事." __傳曰, "依狀
請施行事, 回諭. 此後, 除非死囚及關係逆獄外, 依法典, 直爲給暇, 以形止狀
聞, 以此定式施行事, 令該曹分付諸道."事, __傳敎**敎是置**, __敎旨內辭意, 奉
審施行**向事**.

『수교정례』: 44. 定配罪人遭親喪 關係逆獄外給由[35]

   正宗十年丙午, 因海南縣船格孫福深, 遭其父喪, 給由, 過葬後, 卽使之還
囚, 令該曹禀處事. __傳曰, "依狀請施行事, 回諭. 此後除非死罪及關係逆獄
外, 依法典, 直爲給暇, 以形止以聞, 以此定式施行事, 令該曹分付諸道."

『수교등록』의 본문인 수교내용은 "以忠淸監司狀啓～令該曹分付諸
道"로 『수교정례』와 거의 일치하며, 차이는 날짜와 수교 제정의 계기
인데 이는 역시 『승정원일기』 정조 10년 7월 19일의 기사에서 확인할
수 있다.

우선 위 수교에 대해 보자. 죄수의 휴가(급유(給由))에 대한 사항이므
로 담당관서는 형조이다. 충청감사(忠淸監司)가 장계로 손복심(孫福深)
에게 휴가를 줄 것을 형조에 보고하고, 형조에서는 이를 정조에게 보
고하여 승인을 받았다. 정조는 나아가 "以此定式施行事, 令該曹分付諸
道",[36] 즉 이를 일반적으로 시행할 것을 명령하여 수교로 완성되었다.
명을 받은 형조에서는 이를 지방으로 발송하였는데 이를 받은 날짜가
엿새 뒤인 7월 25일이다. 이를 받은 지방관서에서는 전교를 시행할 것
을 다짐하였다.[37]

---

[35] 정긍식 외, 앞의 책, 2009, 182쪽 및 원문은 81쪽 참조.

[36] 번역 : 이것을 법식으로 정하여 시행할 것을 형조(해조)에 명하여 여러 도에 분부하라.

[37] 『수교등록』은 대부분 발령된 수교를 그대로 인용하고 있지만, 약간의 차이에 대해
   서는 후술한다.

이를 종합하면 다음과 같은 결론을 내릴 수 있다. 우선 『수교등록』은 이두[38]와 정확한 날짜와 상황까지 있는 등 수교의 원래 모습에 훨씬 더 가깝다고 할 수 있다.[39] 그리고 본문인 수교를 기준으로 앞에 있는 '기두'에서는 날짜와 수교의 발령관서(發令官署) 등을 제시하고 있으며, 뒤에 있는 '결사'에서는 수교의 집행의지 등을 밝히고 있다.[40]

2) 『수교등록』의 형태

『수교등록』의 형태는 다른 수교자료집과는 다른 방식이다. 다른 수교자료집은 『수교정례』에서 보듯이 연도가 먼저 나오고 그 다음에 수교의 발화자와 그 내용이 수록되고, 발화자가 국왕이 아닌 신하이면 그 의견을 국왕이 수용하는 형식으로 되어 있다.[41] 발화자의 발언내용이 수교인 것이다. 그런데 『수교등록』은 수교를 전후로 기두와 결사가 추가되어 있다. 『수교등록』의 내용은 ① 중앙에서 지방으로 수교를 보내어 집행을 지시하는 것과 ② 지방관이 국왕에게 보고하는 것 두 종류로 나눌 수 있다. 기두는 수교를 수령하게 된 날짜 등 배경을 알려주는 것이며, 결사는 마무리하는 것이다. 기두는 2개의 유형으로, 결사는 3개의 유형으로 구분할 수 있다. 먼저 중앙에서 지방으로 보내는 수교의 기두와 결사에 대해 자세히 살펴보고, 이어서 지방관이 보고하는

---

38 『수교등록』에서 이두의 사용례는 앞의 각주 16~20 참조.

39 이는 『각사수교』와 『수교집록』에 대비된다(정긍식, 「속대전의 위상에 대한 소고─ '봉사 및 입후'조를 대상으로」, 『서울대학교 법학』 46-1, 2005 참조).

40 기두와 결사에 대해서는 후술 2항 '『수교등록』의 형태' 참조.

41 수교의 형태에 대해서는 구덕회가 언급한 바 있다. 그는 『각사수교』의 규정형식을 분석하여 발의자를 기준으로 4종으로 구분하였다(구덕회, 「『각사수교』 해제」, 한국역사연구회 중세 2분과 법전연구반 역, 『각사수교』, 2000, 13쪽). 그러나 『수교등록』은 수교의 전달 과정을 드러내기 때문에 『각사수교』와는 또 다른 형태이다.

경우에 대해 검토하자.

(1) 기두의 유형

기두에서는 수교를 최초로 발령한 관서가 중앙관서로 다양한데, 『수교등록』의 기두는 날짜 다음에 각각 '△△관내(關內)', '△△위상고사(爲相考事)', '봉계(封啓)'로 시작하는 세 유형으로 분류할 수 있다.

　① △△관내(關內), 절계하교(節啓下敎) : 이것은 상급 관청의 관문(關文)으로 수교의 집행을 지시하는 형식이며 다음과 같다(제1유형).

〈표 1〉『수교등록』 기재 형태 (1)

＿干支 ○月 ○日 到付 / 刑曹關內, 節啓下敎. (수교 내용) 事, 傳敎敎是置, 敎旨內辭意, 奉審施行向事.

여기서 '기두'는 날짜부터 "절계하교(節啓下敎)"까지이며, 본문은 수교의 내용 그리고 결사는 "事, 傳敎敎是置, 敎旨內辭意, 奉審施行向事"이다. 이 형태는 부분적으로는 차이가 있지만, 84개의 수교 거의 모두에 공통되는 투식어(套式語)라고 할 수 있다.

기두의 '도부(到付)'는 "공문서나 지령이 도달되어 받다"의 의미이며, '관'은 관문의 약칭으로 '관문(關文)'은 "동급의 관서 사이에 또는 상급관서에서 하급관서로 보내는 관문서 양식"이고, '내(內)'는 "안[內]"의 뜻으로 내용을 소개·인용하는 역할을 한다. '절(節)[디위]'는 "명령, 분부, 지시의 뜻으로 '지위(知委)'와 같다."[42] '계하(啓下)'는 "임금에게 계문(啓聞)

---

[42] '절(節)'의 다른 의미에 대해서는 각주 56 참조.

을 올려 재가를 받았다"는 의미이며, '교(敎)'는 "왕명"이다. 그리고 결사의 '사(事)[일]'은 "－일"이고, '敎是置[이시두]'는 "－입니다"이며, '向事[안일]'은 "－할 일 / －한 일"이란 의미이다.[43]

위를 현대적으로 직역하면 "○○년 ○월 ○일에 도착·접수한 형조의 관문이다 : (국왕의) 재가를 받은 수교는 (…중략…) 이다. 위와 같이 전교(傳敎)하셨습니다.[44] 교지의 뜻을 받들어 시행할 일"이다. 즉 중앙관서에서 결정된 수교를 관문 등의 형태로 수령하여 그 수교를 집행하겠다는 의사를 지방관서에서 표시한 것이다. 이의 이해를 돕기 위해서는 다음과 같이 번역을 할 수 있다.

○월 ○일에 도착·접수한 △△의 관문으로 지시한 수교이다. (수교 내용) 위와 같이 전교하셨습니다. 교지의 뜻에 따라 받들어 시행할 일이다.

이러한 기두의 유형에 해당하는 것은 모두 21개이며, 형식은 약간 다르지만 상급관청에서 하급관청에 집행을 지시하는 것인 형조장방회통(刑曹長房回通 : 6),[45] 추조사통(秋曹私通 : 13) 그리고 예조의 원사목(元事目 : 20)까지 포함하면 24개이다. 또 특징적인 것은 첫 수교인 1776년(영조 52)의 수교부터 1784년(정조 8) 22번 수교까지는 모두 이 형식이다. 형조의 관문 등이 20개이며, 비변사의 관문이 3개이다.[46]

43　이상은 장세경, 『이두읽기사전』, 한양대 출판부, 2001 각 항목 참조.
44　"위와 같이 전교(傳敎)하셨습니다"는 "위와 같은 왕명(전교(傳敎))입니다"로도 번역할 수 있다.
45　후술 각주 49 본문 참조.
46　이에 해당하는 수교는 1～22, 69, 74이다.

② △△위상고사(爲相考事) : 이것은 수교의 작성에 관여한 상급관청을 밝히는 것이다. 제1유형과는 달리 구체적으로 지시하는 내용이 분명하게 드러나지는 않지만, 지방관에게 집행을 지시하는 것으로 다음과 같다(제2유형).[47]

〈표 2〉『수교등록』 기재 형태(2)

_干支 ○月 ○日 到付 /
禮曹爲相考事, 節啓下敎. (수교 내용) 事, 傳敎敎是置, 敎旨內辭意, 奉審施行向事.

기두는 제1유형과 같으며, 여기서 '상고(相考)'는 "서로 비교하여 고찰하다. 조사하다. 잘 살피다"라는 뜻으로 '△△위상고사(爲相考事)'는 "△△에서 처리한 일이다"라고 풀이할 수 있다. 이에 해당하는 것은 모두 55개인데, '절계하교(節啓下敎)'가 있는 것은 49개이며, 이것 없이 바로 본문인 수교가 수록된 것은 6개이다.[48]

위를 현대적으로 직역하면 "○○년 ○월 ○일에 도착·접수하였습니다. 예조에서 처리한 일이다. (국왕의) 재가를 받은 수교는 (…중략…)이다"이다. 이는 간략하게 다음과 같이 번역을 할 수 있다.

○월 ○일에 도착·접수한 △△에서 처리한 수교이다. (수교 내용 및 결사 생략)

이는 1784년(정조 8) 23번 수교부터 1813년(순조 13) 80번 수교까지 지

47　1784년(정조 8)의 23 수교만 "刑曹爲相考"로 되어 있는데, '事'는 필사과정에서 실수로 누락된 듯하다.
48　이에 해당하는 수교는 23, 24, 31, 53, 61, 63이다.

속된다. 형조, 비변사, 의금부, 예조 등 모든 관서에 해당한다.

(2) 결사의 유형과 추록(追錄)

결사는 기두의 제1유형에서 본 것처럼 "－－事, 傳敎敎是置, 敎旨內辭意, 奉審施行向事"가 기본형이다. 그리고 수교를 수령한 상황의 보고를 명령한 것[49]도 이에 포함할 수 있다. 변형으로는 특별한 결사가 없는 것(6, 20, 63), 사통(私通)으로 지시한 것(13) 등 4개가 있다(제1유형). 그리고 수교의 내용에 따라 말미에 일반론이 추가되는 경우가 있는데, 22개이다. 이는 다른 수교자료집에는 없는 것으로, 그 내용은 대개 수교의 준행이나 즉시 집행을 강조하고 있다(제2유형).[50]

또 하나의 유형으로 수교의 말미에 수교를 시행하기 위한 구체적인 절목 등이 추가된 것이 7개가 있다(제3유형). 그리고 일반론과 사목이 모두 수록된 것도 1개 있다(제4유형). 각각 해당하는 수교는 다음이다.

제3유형 : 10. 放未放啓本規式(1780), 12. 定配罪人物故啓本規式(1782), 20・21. 禁標內入葬(1784), 23. 檢驗定式事例(1784),[51] 31. 禁紋緞(1787),[52] 73. 貶下守令反罵上營者 用投印律(1800)

제4유형 : 27. 奴告主(1786)[53]

---

[49] 표현은 대개 다음이다. "祇受形止 依例狀聞[卽爲狀聞], 宜當向事[삼가 (수교를) 수령한 상황을 관례에 따라 장문함이(즉시 장문함이) 마땅한 일]."

[50] 이에 해당하는 수교는 18, 19, 22, 25, 26, 32, 33, 34, 36, 38, 39, 41, 43, 53, 57, 64, 65, 72, 74, 75, 77, 80이다. 그 내용은 통일적으로 정리할 수 없다.

[51] 『特敎定式』「5.7. 檢驗定式事例」; 정긍식 외, 앞의 책, 2010, 266쪽 참조.

[52] 『秋官志』 권10 「掌禁部」 「申章 奢侈」 「禁紋定式」 참조.

[53] 『秋官志』 권10 「掌隷部」 「私賤 奴主」 「奴告主」 참조.

제1유형은 중앙의 수교가 지방에 전달되는 과정을 알려주고 있다. 그러나 제2유형 이하는 훨씬 더 많은 정보를 제공해주고 있다. 특히 추가적인 내용은 다른 수교자료나, 『추관지(秋官志)』, 『승정원일기』 등 관찬자료 등에서는 찾을 수 없는 유일한 자료이다. 제2유형에서는 수교를 반포한 이후 정부의 집행의지 등을 엿볼 수 있다. 그리고 제3, 4유형에 수록된 사목 내지 절목은 현재 같은 내용이 『추관지』 등에 일부만 보이고 있다. 이를 통해 일반추상적 내용을 규정한 수교가 구체적으로 집행되는 상세한 내역을 파악할 수 있다.[54]

(3) 감사(監司)의 상주(上奏)

『수교등록』에는 지방관이 국왕에게 보고하는 수교가 모두 5개이다. 이 수교의 내용은 이미 매장된 시체에 대한 검시(檢屍)인 굴검(掘檢)의 승인을 국왕에게 요청하는 것으로 다른 수교집에서는 찾기 어려우며, 그 형태는 다음과 같다.

〈표 3〉 『수교등록』 기재 형태 (3)

_干支 ○月 ○日 封啓 / 啓爲相考事. (상주(上奏) 내용) 緣由謹具啓聞.

'계(啓)'(문(文))는 "신하가 정무(政務)와 관련하여 국왕에게 상주(上奏)하는 문서형태"이다.[55] '봉계'는 "서장(書狀)이나 서계(書啓) 등을 밀봉하여 임금에게 보고하는 것"이며, "啓爲相考事"는 "봉계로 처리할 일"이다. 본문은 "節到付"로 시작하는 것(79, 82, 83)과 그렇지 않은 것(81, 84)이

54　구체적인 절목 내지 사목을 정리하는 작업이 필요하며, 이는 추후의 과제로 미룬다.

55　최승희, 『한국고문서연구』, 지식산업사, 1989, 152쪽.

있는데, 이는 "이번[절(節)]⁵⁶에 도착·접수"하였다는 의미이다. 이어서 현감(縣監)이나 군수(郡守) 등의 첩정이 수록되어 있다. '첩정(牒呈)'은 하급관청에서 상급관청에 올리는 문서형태로, 내용은 치보(馳報)·첩보(牒報)·상고(相考)·상송(上送) 등이다.⁵⁷ 따라서 첩정에 근거하여 관찰사가 봉계를 올리는 것이다. 봉계의 내용은 정배죄수(定配罪囚)가 자살한 것에 대해 향리 등의 책임을 묻는 것, 매장된 시체의 검험을 요청하는 것⁵⁸ 등에 대해 국왕의 승인을 요청하는 것이다. 결사는 "緣由幷以馳啓(79), 緣由謹具啓聞(81~83), 謹具啓聞(84)"이다. '연유'는 "까닭, 이유, 원인, 사정"이다. '치계'는 "지방관이 급히 임금에게 아뢰는 것", '계문'은 "관찰사 등이 임금에게 글로 써서 아뢰는 것"이다. 결사의 의미는 "(위와 같은) 사정[내용]을 삼가 갖추어 보고합니다"이다. 이를 현대어로 풀이하면 다음과 같다.

　　○월 ○일 봉계이다. 봉계로 처리할 일이다. (수교 내용) 내용을 삼가 갖추어 보고합니다.

　　이러한 수교는 기존의 수교와 달리 단순한 행정처리의 승인을 국왕에게 요청하는 것이다. 『수교등록』에 보이는 지방관이 보고하는 이러한 문서형태는 『경국대전』「예전(禮典)」이나 『전율통보(典律通補)』「별편(別編)」의 '경사계본식(京司啓本式)' 등에서 찾을 수 없고, 또 지방관은 원칙적으로 계목(啓目)을 쓸 수 없다.⁵⁹ 그러나 일정한 틀이 있는 것으

56　절(節) : 때, 기회, 이때, 이번.

57　최승희, 앞의 책, 186쪽.

58　『受敎謄錄』 권4, 정조 1년(1777) '禁掘檢' 참조.

59　『經國大典』「禮典」「用文字式」 및 『典律通補』「別編」「京司啓本式」 "大事啓本, 小事

로 보아, 19세기 이후 나름의 형태가 확립되었다고 볼 수 있다. 또한 굴검에 대한 정조 원년(1777)의 수교가 19세기 초반까지 준수되고 있음을 확인할 수 있다.

3) 문서의 주체

『수교등록』에 나타나는 관문서의 발송과 수령 주체를 검토하자. 우선 지역을 알 수 있는 단서는 본문에 나오는데, 경상도이다. 1811년(순조 11)에 경상감사가 칠곡부(漆谷府)에 배소를 정하지 말 것을 요청하는 수교(77)와 정배죄인의 사망에 따른 관련자의 처벌(79), 매장된 시체의 검험(굴검(掘檢))을 요청하는 수교(81~84)에 사천현(泗川縣), 의성현(義城縣), 현풍현(玄風縣), 함양군(咸陽郡), 합천군(陜川郡) 등의 명칭이 나오는 것으로 보아 분명하다.[60] 여기서 경상감사는 지방관의 첩정을 수령하여 이를 국왕에게 승인할 것을 요청하였다. 따라서 이 6개 수교의 발송 주체는 경상감사임이 분명하다.

나머지 79개의 완성된 수교를 발송한 주체는 기두의 관서를 통해 알 수 있는데, 형조가 가장 많으며 다음 면의 〈표 4〉와 같다.

1784년(정조 8) 4월(23번 수교)을 전후로 수교의 발송주체를 표시하는 방식이 "△△관내(關內)"에서 "△△위상고사(爲相考事)"로는 바뀐 듯하다. 다만 특이하게 1791년(정조 15)의 69번과 1801년(순조 1)의 74번 수교는 각각 "啓爲到配事云云關是白置有亦",[61] "節到付刑曹關內"[62]이다.

啓目, 外則無啓目."

60 『受敎謄錄』 77. "刑曹爲相考事, 節啓下敎. 因本道漆谷府勿定配所啓本"; 79. "泗川縣監李儒謹牒呈內云云"; 81. "義城縣令柳尋春牒呈內"; 82. "玄風縣監李鐸遠牒呈內"; 83. "咸陽郡守金芝淳牒呈內"; 84. "陜川郡守徐鳳輔牒呈內."

<표 4> 수교 발령 관서

관서	형태	해당 수교	계
형조	관내(18)	1~3, 5, 7~12, 14~17, 19, 22, 69*, 74*	50
	위상고사(30)	23, 25, 27~30, 33~36, 38, 40, 46, 47, 52~55, 57, 60, 63, 64, 68, 70~72, 75~78	
	기타(2)	형조장방회통내(刑曹長房回通內 : 6) 추조사통내(秋曹私通內 : 13)	
비변사	관내(3)	4, 18, 21	24
	위상고사(21)	26, 31, 32, 37, 39, 41, 43~45, 48~51, 56, 58, 59, 61, 62, 66, 67, 80	
의금부	위상고사	42, 65, 73	3
예조	위상고사	24	2
	원사목	20	
지방관	봉계	79, 81~84	5

이들의 특징은 일반추상적인 수교를 내리는 것이 아니라 개별사건의 처리에 관한 것, 즉 69번 수교는 정배죄수가 10명이 넘었기 때문에 죄수를 더 이상 배정하지 말 것을 요청하는 내용이며, 74번 수교는 발총죄인(發塚罪人)의 처벌에 대한 내용이다. 따라서 수교의 내용에 따라 형태가 다르다는 추정을 할 수 있다.

특이한 내용은 형조의 장방(長房) 회통(回通)과 사통(私通)이 언급된 사실로, '장방'은 "서리들이 거처하는 방"이며, '회통'은 "아전들 사이에 왕래하는 문서로, 통지하기 위한 것"이다.[63] 1779년(정조 3)의 6번 수교는 고복(考覆)한 죄인의 심리문안의 형태에 대한 내용이며, 1783년(정조 7)의 13번 수교는 살인사건 중죄수에 대한 조사보고서(사안(査案))의 형태를 통일하기 위한 것이다. 이를 통하여 형사재판의 심리 내지 처리

---

61 번역 : "(국왕이) 재가하신 배소에 도착하라는 일 (…중략…) 하는 관문이 옵다고 하였어요."

62 번역 : "지금 도착 · 접수한 형조의 관문 내에"

63 최승희, 앞의 책, 1989, 244쪽.

와 직접 관련이 없는 문안의 작성 등에 대해서는 이러한 실무를 직접 담당하는 서리들이 '회통이나 사통'의 형식으로 전국적인 통일을 추구하였다고 생각할 수 있다.

'봉계'는 "서장(書狀)이나 서계(書啓) 등을 밀봉하여 임금에게 보고하는 것"으로 임금에게 직접 보내는 문서이다. 이는 굴검(掘檢)을 요청하는 것[64]에만 등장하고 있다.

기두와 결사의 형태와 내용에 비추어 보면 최초의 문서는 중앙관서나 경상도의 지방관이 발송하였고, 이를 경상감사가 수령한 것이다. 즉, 『수교등록』은 형조 등에서 경상감영으로 관문(關文) 등의 형태로 수교를 발송하면 감영에서 이를 수령하고 중앙의 지시 등에 따라 수교를 집행할 의사를 밝힌 경상감영에서 발송한 관문서를 수록한 것이다. 이를 종합적으로 관리·정리를 담당한 관서를 특정하는 것이 남은 문제이다. 우선 경상감영을 상정할 수 있다. 즉 경상감영이 문서를 중앙관서로 발송하고 부본(副本)을 따로 작성하여 보관한 것이다. 그러나 이럴 가능성은 극히 희박하다. 우선 부본이라면 필체가 다양해야 하는데, 1인의 필체이며,[65] 또 부본을 작성하는 예는 드물기 때문이다.

그렇다면 중앙관서에서 수령한 관문서를 정리하였을 가능성이 높다. 우선 관문을 발송한 관서에서 정리하였을 가능성은 극히 낮다. 만약 그렇다면 형조 등이 기두에 등장할 수 없다. 따라서 그 중앙관서는 비변사 또는 승정원이다. 승정원은 왕명을 출납하는 관서이며, 국왕에게 올라온 각종 문서를 보관하였다.[66] 그러나 승정원의 본연의 임무는

---

64 『受敎謄錄』 권4, 정조 1년(1777) '禁掘檢' 참조.

65 물론 추후에 일괄적으로 정서했을 가능성도 배제할 수는 없다.

66 『經國大典』 「吏典」 「正三品衙門·承政院」 '掌出納王命'; 『六典條例』 「吏典」 「正三品衙門·承政院」 "[出納 啓板奉安于廳內, 凡奏啓公事皆留置.]"

왕명을 수령·발송하는 것이지, 왕명의 시행 여부에 대한 것까지는 관장하였다고 보기 어렵다. 비변사는 서울과 지방의 군국사무를 총괄하여 8도를 관장하는 구관당상(句管堂上)을 두었다.[67] 따라서 비변사는 수교의 집행 여부를 총괄하는 기관이므로 지방으로 내려 보낸 수교가 실제로 도달하였는지 그리고 제대로 집행되는지에 대해 파악하고 있어야 한다. 따라서 『수교등록』은 비변사의 경상도를 담당하는 부서(방(房))의 서리들이 보관하고 있다가 특정 시점에 전체를 정서하였을 것이다. 이상을 종합하면 『수교등록』에 수록된 문서의 행이과정은 다음과 같이 정리할 수 있다.

(국왕) 수교 승인 → 승정원 → 중앙관서 / 지방관서[68] → 경상감영 → 비변사의 경상도 담당방

『수교등록』은 형조를 위시한 중앙관서에서 하달된 수교를 경상감영에서 접수한 후 이 상황과 후속조처 등을 다시 비변사로 보고한 것을 비변사의 경상도 담당방에서 정리한 것이다.

---

67 『續大典』「吏典·增置 正一品衙門 備邊司」 "總領中外軍國機務 (…중략…) ○都提調 時原任議政兼 提調無定數啓差 吏戶禮兵刑曹判書 兩局大將 兩都留守 大提學 例兼 四員稱有司堂上〈有副提調 則例兼〉 八員兼差八道句管堂上." 이 규정은 『대전통편』에서도 같았다. 그러나 『대전회통』에서 비변사가 폐지되었기 때문에 『육전조례』 등에서도 이러한 행정관행 내지 문서의 행이과정을 확인할 수 없다.
68 '지방관서'는 굴검을 요청한 경우이다.

3. 사료적 가치

　『수교등록』은 1775년(영조 51)부터 1816년(순조 16)까지 형식적으로는
84개, 내용적으로는 85개의 수교를 수록하고 있다. 이는 경상감영에서
형사와 관련된 수교를 접수하여 이와 관련된 상황을 작성·보고하여
비변사의 경상도 담당 서리가 정리한 행정문서이다. 이 중 5개의 수교
는 일반적인 수교와는 성격이 다른 경상감사가 개별적 사안에 대해 국
왕에게 상주하는 것이다. 또 『수교등록』에는 다른 수교자료에서 찾을
수 없는 수교가 46개가 있으며, 이 가운데는 이 자료에서만 확인할 수
있는 것도 16개이다.[69] 유일 자료는 내용적으로 일반적 수교(43, 53)와
세부적인 형사절차(6, 13, 61, 63), 수교의 구체적인 집행(20, 21), 도배수
(徒配囚)의 배정(69), 개별사건에 대한 판단(74, 79)과 굴검요청(81~84)으
로 구분할 수 있다. 세부적인 형사절차를 규정한 것은 수교를 반포한
후에 이에 부수되는 내용을 규정한 것으로, 비변사 등에서 의논하여
결정한 것이라기보다는 형조 등에서 결정하였기 때문에 관찬자료에
서는 보이지 않는 것으로 여겨진다. 그리고 개별사건에 대한 판단과
굴검의 요청은 향후에도 구속력을 가지는 수교로는 보기 어렵지만, 왕
명이고 또 이에 대한 회답이기 때문에 수록된 것이다.

　특히 『수교등록』은 지방 차원에서 수교의 집행 등과 관련된 내용을
알려주는 중요한 자료이다. 즉 군수나 현감 등 지방수령이 굴검 등을
요청할 경우, 지방수령이 감사에게 첩정(牒呈)으로 보고하면 감사가 봉

계(封啓)로 이의 승인을 국왕에게 상주하는 행정절차를 이 자료에서 잘 알 수 있다. 이는 형사와 관련된 것이기는 하지만, 조선 후기 지방행정의 절차적인 면을 대표하는 것이다. 즉, 조선 후기 지방의 말단행정단위와 중앙관서와의 업무연락 등의 실태를 파악할 수 있게 해주는 대표적인 자료라고 할 수 있다.[70]

『수교등록』은 다른 자료보다 훨씬 더 풍부한 자료를 소개하는 경우도 있다. 대표적으로『대전회통』「형전」'추단(推斷)'의 "고용인이 돈 10냥을 받고 5년 이상을 기한으로 정하고, 문서를 만들어 입적(入籍)한 경우에는 고공(雇工)으로 논한다. 돈이나 문서를 받지 않고 입적하여 한두 해 부린 경우에는 일반인으로 논한다."[71]의 규정이 성립되는 배경인 1783년(정조 7)의 "15. 雇工定制"를 들 수 있다. 이는 8,500여 자의 방대한 분량으로『승정원일기』,『심리록(審理錄)』,『추관지』등의 관련된 내용을 모두 정리하였으며, 정조의 판부와 신하들의 발언을 모두 수록하였다. 이를 자세히 보면, 1781년(정조 5) 1월 22일에 영의정 등 4명의 발언과 정조의 판부가 수록되어 있으며, 본격적으로 논의된 1783년 6월 7일에는 정조가 대신에게 문의하여 답한 3명 그리고 6월 15일에는 여러 신하와 승지, 3사와 의금부 당상에게 문의하여 답한 35명의 의견이 수록되어 있다.[72] 이러한 의견을 종합하여 비변사에서 최종적으로 정리하여 정조의 승인을 받아 수교가 정립되었고, 그 핵심만『대전회

---

70 현재 지방에서의 행정실태를 알려주는 자료는 일본 경도대학에 소장된『영영장계등록(嶺營狀啓謄錄)』이다. 이에 대해서는 황위주 외역,『영영일기 · 영영장계등록』, 2004 참조. 그러나 형태 등은『수교등록』과 차이를 보인다. 이에 대해서는 추후 연구가 필요하다.

71 『大典會通』「刑典」「推斷」"佣工之人, 受値十兩, 議限五年以上, 立券入籍者以雇工論, 不受値立券入籍, 一二年使喚者, 依凡人論."

72 발언을 하지 않은 신하는 1781년에는 1명, 1783년 6월 7일에는 3명이다.

통』에 등재되었다.[73] 따라서 수교, 나아가 대전의 규정이 입안되는 과정과 배경에 대한 정보를 제공하는 법제사 연구의 기초적인 자료이다. 그러나 법제사료로서 『수교등록』은 일반적인 것을 넘는 독자적인 가치가 있다.

『수교등록』의 가장 큰 특징은 후술하는 바와 같이 중앙에서 제정된 수교가 지방에 전달되는 양상을 살필 수 있는 점이다. 또 수교의 제정일은 『승정원일기』에서 확인할 수 있는데, 경상감영에서 이를 수령한 일자와의 간격을 조사하면 조선 후기 법령의 전파속도를 어느 정도 가늠할 수 있다. 나아가 이를 다른 자료와 비교하면 조선 후기 정보의 전파력 내지 정도 그리고 각종 정보에서 수교—법령—가 차지하는 위상을 알 수 있다. 이는 조선 후기의 통치에서 법이 갖는 역할을 가늠하는 한 척도로 활용할 수 있을 것이다. 이러한 연구방법은 섣부른 판단 내지 전제일 우려가 있다. 하지만 조선 사회를 다양한 시각에서 분석하고 그 의미를 규명하는 것도 의의가 있을 것이며, 특히 조선 사회에서 법이 차지하는 위상이나 역할은 거의 주목되지 않았던 점을 고려하면 나름의 연구사적 의의는 부여할 수 있을 것이다. 즉 조선 사회의 법의 관점에서 법령의 전파속도를 척도로 사회의 법화(法化)의 정도를 측정하여 조선의 사회와 역사를 다르게 평가할 수 있을 것이다.

다음, 수교의 집행과 관련하여 추가적이고 세부적인 사항인 절목 등을 제시하고 있다. 이러한 사목은 개별·분산적으로 규정되어 수교와는 독립적으로 존재하고 있다. 세부적인 형사절차 내지 행정관례—오늘날의 내규—가 정립되는 과정을 보여주고 있다. 특히 수교가 사목과

---

73 자세한 논의는 조지만, 「『대전회통』 형전 규정의 성립연혁」, 『서울대학교 법학』 52-1, 2011, 64~65쪽 참조.

함께 연계되어 있어 사목의 이해와 해석에 많은 도움을 주고 있으며, 이를 『추조결옥록(秋曹決獄錄)』[74] 등과 함께 분석하면 조선 후기 형사사법 및 지방에서의 사법행정의 실체에 접근함에 큰 도움이 될 것이다.

이상에서 우리는 『수교등록』을 분석하여 조선시대 입법과정을 입체적이고 구체적으로 파악할 수 있을 것이다.[75] 나아가 수교의 실제적 집행 내지 적용상황을 어느 정도 이해할 수 있을 것이다.

맺음말

수교는 국왕의 명령으로 관청의 업무이며, 수교집은 그 과정에서 생산된 문서이다. 관문서는 그 가치에 따라 평가과정을 거쳐 문서로서의 효력이 다한 폐기문서는 '휴지'가 되어 재활용의 대상이 되었고, 영구 보존의 가치가 있다고 판단된 문서는 '등록'의 과정을 거쳐 보존되었다.[76] 수교 역시 이러한 과정을 피할 수 없다. 수교는 일차적으로 업무를 관장한 관서에서 후일의 업무 처리 후 참고용 또는 증빙용으로 정

---

74 『추조결옥록』(奎15148-v.1-43)은 서울대학교 규장각한국학연구원에 소장된 자료로, 1822년(순조 22)부터 1893년(고종 30) 사이에 형조에서 처리한 업무를 국왕에게 보고한 내용을 월별로 정리한 것이다. 권차(卷次)를 보면 정조 즉위년(1776)부터 시작하여 1893년까지 매년 1권씩 총 118권이 만들어진 것으로 보이나, 현재는 43책만 남아 있다(단 1책만 국사편찬위원회에 소장되어 있다).

75 이와 관련된 선구적인 연구는 정옥태, 「이조입법절차에 관한 일고찰―수교정제를 중심으로」, 『전남대학교 논문집(법행정학편)』 29, 1984를 들 수 있다.

76 김현영, 「조선시대 문서와 기록의 위상―사초, 시정기에 대한 재검토」, 『고문서연구』 26, 2008, 46쪽.

리한 '등록'으로 일차적으로 보존되었고, 이러한 수교를 정리한 것은 "수교등록"으로 통칭되었으며,[77] 수교가 최종적으로 영구보존문서로 남게 되는 것은 '대전(大典)'에 수록되는 것이다.[78] 따라서 "수교등록"은 관문서의 일종인 개별적 수교 — 이때에는 휴지로 폐기처분이 될지 영구보존 처분이 될지가 확정되지 않은 상태이다 — 가 각종 대전에 수록되어 영구보존이 되는 중간단계의 문서를 종합·정리한 것이다. 그렇기 때문에 대전에 수록된 조문의 성격을 잘 파악할 수 있다.

국립중앙도서관에 소장된『수교등록』은 1775년(영조 51)부터 1816년(순조 16)까지의 수교 84개 또는 85개를 정서한 것이다. 현존하는 수교집은 업무에 참고하기 위해서 중앙관서에서 독자적·고립분산적으로 정리한 것이 대부분이다. 그러나 이『수교등록』은 형조 등 중앙관서에서 발송한 수교를 수령한 지방관서 — 경상감영 — 에서 수교의 집행과 관련하여 보고한 문서를 비변사의 경상도 담당방에서 정서한 것이다. 그 시기는 1817년(순조 17) 이후 헌종 즉위년(1834) 이전으로 추정된다.

『수교등록』에는 다음의 특징이 있다. 우선 수교에 이두가 그대로 있는 점 등으로 미루어보아 지방관서에서 중앙으로부터 받은 수교의 원형을 그대로 보여주고 있다. 둘째, 수교의 지방에의 하달과 중앙에의 보고 및 수령이 감사를 경유하여 굴검(掘檢)의 허가를 받는 것 등 지방행정의 일단을 엿볼 수 있다. 셋째, 중앙에서의 수교 성립 일자와 지방에서 이를 접수한 일자의 비교를 통해 중앙에서 제정된 수교가 지방에 전달되는 양상을 살필 수 있으며,『승정원일기』에서 확인할 수 있는

---

77 정긍식 외, 앞의 책, 2009, 6~7쪽.
78 이는 1865년(고종 2)의『대전회통』의 편찬과정에 잘 나타나 있다. 정긍식,「『대전회통』의 편찬과 그 의의」,『서울대학교 법학』41-4, 2001 참조.

수교 제정일과 『수교등록』에 나타나는 경상감영의 수령 일자의 간격을 조사하면 조선 후기에 수교의 전파속도를 어느 정도 가늠할 수 있다. 넷째, 구체적인 시행을 위해 부기한 절목과 결사에 해당하는 부분을 통해 지방관서에서의 구체적인 집행방법 등을 파악할 수 있다. 유일본인 『수교등록』은 조선 후기 지방에서의 형사사법의 실체를 파악할 수 있게 해 주는 점에서 사료적 가치가 더욱 높다.

『수교등록』에는 다른 수교자료에서 찾을 수 없는 수교가 44개 있으며, 다른 수교자료 및 『승정원일기』, 『심리록』, 『추관지』 등보다 훨씬 더 풍부한 내용을 소개하는 경우도 있다. 이를 분석하면 조선시대 입법과정을 입체적이고 구체적으로 파악할 수 있을 것이다. 뿐만 아니라 다른 수교집에서는 찾을 수 없는 수교의 집행과 관련된 절목 등도 함께 수록되어 있는 점은 사료적 가치를 더욱 빛나게 하고 있다.

대전(大典)의 법문이 입법의 결과만을 나타낸다면, 수교자료는 입법과정을 가감 없이 표출하고 있다. 입법은 정치의 과정이다. 그 과정에는 군신 간의 갈등, 정치적 입장이 다른 신하들이 타협하는 모습이 잘 드러나 있다. 정치적 입장은 현실에 대한 인식이며 그들의 의견은 조선 사회의 방향에 대한 입장 표명이다. 이 과정에 다양한 논변이 등장하며 이는 수교로 귀결된다. 이러한 연구는 기존의 연구에서 간과한 조선 후기의 여러 모습을 보여 줄 것이다.

법은 '사건(事件)'이면서 동시에 구조(構造)'이다.[79] 법의 주된 대상은 사회의 주류에서 배제된 일탈과 비정상적인 사건이다. 비정상을 정상으로 돌리고 일탈된 소수를 주류로 편입시키려는 구체적인 시도는 개

---

79 한상권, 「자료소개 조선시대 법전 편찬의 흐름과 각종 법률서의 성격」, 『역사와 현실』 13, 1994, 320쪽 참조.

별사건을 해결하기 위한 법으로 나타난다. 이러한 법의 집적이 구조이며, 구조인 법은 사회가 지향해야 할 이상적인 모습을 구체적으로 그리고 있다. 그 모습은 조선 사회의 성격과 직결된다. 따라서 법에는 지향하는 사회의 모습이 직접적으로든 간접적으로든 나타나 있다. 수교자료는 입법을 둘러싼 배경과 그 과정을 잘 제시하고 있기 때문에 구조로서의 법의 위상을 더욱 잘 파악할 수 있다.

법은 사회와 역사의 전체는 아니지만, 특정부분의 미세한 모습을 그릴 수 있는 돋보기와 그 전체를 조감(鳥瞰)할 수 있는 망원경의 역할을 할 수 있다. 수교자료의 정리가 한편에서는 개별사건의 파악을 통한 역사의 이해에 도움이 되고 다른 한편으로는 미시적으로 사회를 그려내며 동시에 거대한 사회변화의 방향을 조감할 수 있는 망원경으로서 역할을 하기를 기대한다.

참고문헌

『經國大典』(서울대학교 규장각 영인본, 1997)
『續大典』(서울대학교 규장각 영인본, 1998)
『秋官志』(서울대학교 규장각 영인본, 2004)
『典律通補』(서울대학교 규장각 영인본, 1998)
『秋曹決獄錄』(奎15148-v. 1-43)
장세경, 『이두읽기사전』, 한양대 출판부, 2001.
황위주 외역, 『영영일기 · 영영장계등록』, 영남문화연구원, 2004.

정긍식 · 조지만 · 김대홍 · 田中俊光, 『조선 후기 수교자료 집성 (I) − 형사편 1』(규장각 소장본), 한국법제연구원, 2009.
정긍식 · 조지만 · 田中俊光 · 김영석, 『조선 후기 수교자료 집성 (II) − 형사편

2』(규장각 소장본), 한국법제연구원, 2010.
최승희, 『한국고문서연구』(증보판), 지식산업사, 1989.

구덕회, 「『각사수교』 해제」, 한국역사연구회 중세 2분과 법전연구반 역, 『각사수교』, 청년사, 2000.
김지수, 「수교와 조례의 법적 성격과 이념」, 『한국법사학논총』, 박영사, 1991.
김현영, 「조선시대 문서와 기록의 위상−사초, 시정기에 대한 재검토」, 『고문서연구』 26, 2008.
정긍식, 「대전회통의 편찬과 그 의의」, 『서울대학교 법학』 41-4, 2001.
______, 「속대전의 위상에 대한 소고−'봉사 및 입후'조를 대상으로」, 『서울대학교 법학』 46-1, 2005.
정옥태, 「이조입법절차에 관한 일고찰−수교정제를 중심으로」, 『전남대학교 논문집(법행정학편)』 29, 1984.
조지만, 「『대전회통』 형전 규정의 성립연혁」, 『서울대학교 법학』 52-1, 2011.
한상권, 「자료소개 조선시대 법전 편찬의 흐름과 각종 법률서의 성격」, 『역사와 현실』 13, 1994.
홍순민, 「조선 후기 법전 편찬의 추이와 정치운영의 변동」, 『한국문화』 21, 1998.

국립중앙도서관(http://www.nl.go.kr/nl/index.jsp 최종 검색일 : 2014.5.8)
『승정원일기(承政院日記)』(http://sjw.history.go.kr/main/main.jsp 최종 검색일 : 2014.5.8)

|부록 1| 『수교등록』 목록

수교등록 [乾]

一. 1. 屠牛禁斷[영조 52년(1776)][†]

一. 2. 特教竄配者 稟啓[영조 52년(1776)][†]

二. 先朝受教 書「先朝」二字[정조 즉위년(1776)][†]

三. 奴婢推刷 依先朝乙亥節目 比摠擧行[정조 즉위년(1776)][†]

四. 禁掘檢[정조 1년(1777)][†]

五. 刑具釐正綸音[정조 2년(1778)][†]

六. 考覆罪人之結案 一一謄啓[정조 3년(1779)][†]

七. 徒年限滿則放送[정조 4년(1780)][†]

八. 罪關倫常草記[정조 4년(1780)][※]

九. 生進朝士充軍許入赦典幼學之降定水軍許令赴擧勿入赦典事[정조 4년
(1780)]

十. 放未放啓本規式[정조 4년(1780)]

十一. 逆賊親屬 勿揀赦典事[정조 5년(1781)]

十二. 定配罪人物故啓本規式[정조 6년(1782)]

十三. 査啓付籤事[정조 7년(1783)]

十四. 査啓定式[정조 7년(1783)][※]

十五. 雇工定制[정조 7년(1783)][※]

十六. 充軍 依到配狀例 啓聞[정조 7년(1783)][†]

十七. 事係一律 必啓稟定奪絞斬[정조 8년(1784)][※]

十八. 各宮房圖署[정조 8년(1784)][※]

十九. 挽裳對飯 奸獄狀聞[정조 8년(1784)][※]

二十. 禁標內入葬(1)[정조 8년(1784)][†]

二一. 禁標內入葬(2)[정조 8년(1784)][†]

二二. 不當招之兒 以證其不當證之案[정조 8년(1784)][†]

二三. 檢驗定式事例[정조 8년(1784)][※]

二四. 爲父母, 以孝烈上言[정조 9년(1785)][†]

二五. 錄啓條·疏放條·未錄啓條 分秩狀聞[정조 9년(1785)][†]

二六. 內侍訟卞[정조 10년(1786)][※]

二七. 奴告主[정조 10년(1786)][※]

수교등록 [坤]

二八. 定配罪人遭親喪者 係關逆獄外 直爲給由[정조 10년(1786)][※]

二九. 徒年遇赦 雖干重獄 卽放[정조 11년(1787)][※]

三十. 配享臣子孫世宥[정조 11년(1787)][※]

三一. 禁紋緞[정조 11년(1787)][※]

三二. 中官凡有訟卞 京司則必準內侍府尾粘公文 外方則必令代奴或親屬 無
　　　得親呈接面事[정조 12년(1788)]

三三. 倫義重處 律例反輕事[정조 12년(1788)]

三四. 孝行無論爲親與他人 無得上言事[정조 13년(1789)]

三五. 檢驗跋辭 勿爲對偶之文 務從情實事[정조 13년(1789)]

三六. 檢官謀避 少勿饒貸 直爲狀聞重勘事[정조 13년(1789)]

三七. 禁草記防啓[정조 13년(1789)][※]

三八. 朝官通訓以下係干殺越 自斷訊推 內侍亦無異同事[정조 13년(1789)]

三九. 乾隆甲子以後善政碑 無論竪石鑄鐵磨崖設臺 一併毀撤事[정조 13년
　　　(1789)]

四十. 奴犯主山 當禁之內 嚴刑絶島仍本役充定事[정조 14년(1790)]

四一. 禁乘轎及乘擔機[정조 14년(1790)]†

四二. 徒配難釋者 稟請改錄事[정조 14년(1790)]

四三. 守令有罪直書罷黜 勿請令攸司稟處事[정조 14년(1790)]

四四. 犯流者 妻妾許從配所事[정조 14년(1790)]

四五. 漕船致敗地方官堂上及侍從守令罷職 堂下及邊將護送者 營門決杖事

　　　[정조 14년(1790)]

四六. 宮房踏條列邑 切勿聽施事[정조 15년(1791)]

四七. 訟理外拖及題外說話者 原情燒火 加等減罪事[정조 15년(1791)]

四八. 奪符宣傳官禁府都事之作弊 與擅用刑棍者 狀聞事[정조 15년(1791)]

四九. 使星法外之杖 加數把馴 隨現狀聞事[정조 15년(1791)]

五十. 驛卒良妻所生 從願陞吏 不可從良事[정조 15년(1791)]

五一. 掖隸之稱以索帖 往來守令家者 嚴處事[정조 15년(1791)]

五二. 邪學禁斷事[정조 15년(1791)]

五三. 犯禁之使臣 購來紋緞[정조 16년(1792)]†

五四. 鄕戰飭禁[정조 16년(1792)]†

五五. 鄕戰者 勿論曲直 嚴刑充軍[정조 16년(1792)]※

五六. 諸道閫帥 毋得用刑[정조 17년(1793)]†

五七. 殺獄檢驗 五家長[정조 17년(1793)]†

五八. 圖出楷條 假稱宮監者 摘發狀聞事[정조 17년(1793)]※

五九. 中官之作奸 地方官用島配[정조 17년(1793)]†

六十. 婢夫定制事[정조 18년(1794)]

六一. 放未放啓本 年分成冊例秩秩開錄 別成冊子[정조 18년(1794)]†

六二. 乘轎之申禁[정조 18년(1794)]†

六三. 放未放曹上件一卷 別爲修送本曹[정조 18년(1794)][†]

六四. 遇赦未得放 徒年罪人[정조 18년(1794)][†]

六五. 災結私用・還穀立本 斷以重律[정조 18년(1794)][※]

六六. 土地折受 毋敢自下擅爲事[정조 18년(1794)][※]

六七. 堤堰司之弊[정조 18년(1794)][†]

六八. 徒罪勿爲移錄於不限年[정조 19년(1795)][※]

六九. 到配數滿十人[정조 21년(1797)][†]

七十. 到配罪人之逃躲[정조 23년(1799)][†]

七一. 加棘限 除非稟旨收議歸一前 無敢輕易成獄[정조 23년(1799)][※]

七二. 輕囚赦免卽放[정조 24년(1800)][†]

七三. 貶下守令反罵上營者 用投印律[정조 24년(1800)][※]

七四. 掘土暴骨 專由於無棺[순조 1년(1801)][†]

七五. 縛娶之類 施以治盜律[순조 5년(1805)][※]

七六. 重囚見失刑鎖 施以次律[순조 10년(1810)][※]

七七. 慶尙道漆谷府 勿定配所[순조 11년(1811)][†]

七八. 到配啓本中 發配日子 亦爲擧論[순조 11년(1811)][※]

七九. 定配罪人物故 首吏鄕刑吏及保授主人科治[순조 12년(1812)][†]

八十. 逋吏千石以上梟首[순조 13년(1813)][※]

八一. 勒埋 開檢[순조 15년(1815)][†]

八二. 私和掩埋 開檢[순조 16년(1816)][†]

八三. 私和掩埋 開檢[순조 16년(1816)][†]

八四. 私和掩埋 開檢[순조 16년(1816)][†]

※ 다른 수교자료에서 따온 제목, † : 필자가 내용을 참조하여 붙인 제목

이하 그림의 출처는 국립중앙박물관 소장 『受敎謄錄』(古6022-77).

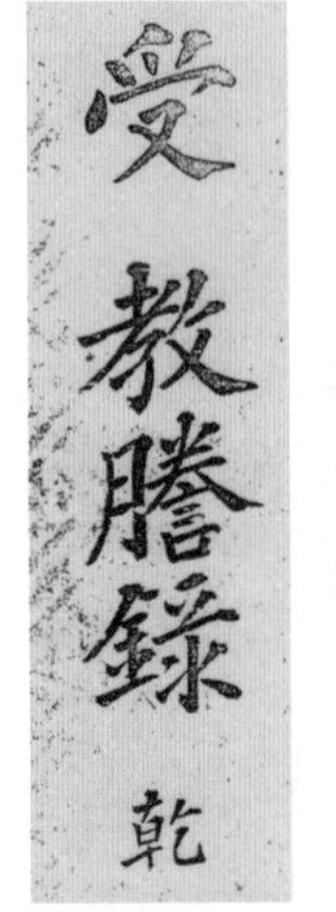

〈부록 2-1〉 표지

〈부록 2-2〉 첫 면

〈부록 2-3〉 연호 사용례(1)

〈부록 2-4〉 연호 사용례(2)

甲辰四月二十一日到到

刑曹爲相考諸道獄案規式一自己亥定式之後諸道皆
依此擧行而今番因平安道審理啓本此後各道錄
啓則仍前爲之至於審理禀處者則一從關西啓本
亥定式擧行而至於審理啓本則各項招辭及檢推官
法例施行事 遺敎、是如乎關西則錄啓、本依己
結辭與道臣題辭跋辭不爲一通連書逐段以別行列書
此擧行爲乎矣今番諸道中已封啓之道則從後施行
是遣未封啓之道依此修 啓宜當何事

後錄內

一某邑囚某歐打其或足踢或刀刺隨其所犯而碎義月
致死某年月日囚刑義次是白齊
一屍親告狀或面里任手本云、是白齊
一初檢傷處實因行檢日子詳書是白齊
一屍親招辭云、是白齊
十五他招辭云、是白齊
當輪犯招辭云、是白齊

〈부록 2-5〉 절목 추가

進賊親屬勿揀赦典事

辛丑六月初八日到付

刑曹關內節 啓下敎今閏五月二十九日大臣備局堂
上引見入 侍時行大司諫鄭昌順所懷臣於經年遜違
之餘復叨臺端方當諸 啓之姑傳雖係懲討之大義亦
不敢仰陳而竊有區、所懷敢此仰達矣今囚文女家舍
事得見該府文書則所謂文哥卽眼同之親叔而竟配家
宥云未知劇賊如聖國者尚未施追孥之律而果其親
叔則乃是應坐之類雖禁追施之逭律亦何可下配旋放
于文哥固當自該府據法發配而此輩之出沒京鄕恐慮

〈부록 2-6〉 난외 제목

壬申八月十八日封 啓

啓爲相考事節到付泗川縣監李儒謹牒呈內云、鈇色
渝黑實因服毒致死的實是齊推考次保授主人問目云
招辭云、各人招云、諫呈是白置有亦泗川縣定配罪
一李葉物故的實是白乎等以徒流業依例頃下是白在
果編配罪人之不謹防守潛自貿藥至於致死者捉捉跛
廬碎可歇勘乙仍于當該首吏鄕刑吏及保授主人等段
當懲從重科治爲白乎旀緣由幷以馳 啓

辛丑六月初八日到付

〈부록 2-7〉 봉계

1) 『수교등록』

乾隆丙午七月二十五日到付 / 刑曹爲相考事 節啓下敎 以忠淸監司狀啓 洪州牧囚推罪人海南縣船格孫福深 遭其父喪給由 過葬後使之還囚 令該曹稟處事 傳曰 依狀請施行事 回諭 此後 除非死囚及關係逆獄外 依法典 直爲給暇 以形止狀聞 以此定式施行事 令該曹分付諸道事 傳敎敎是置 敎旨內辭意 奉審施行向事

2) 『승정원일기』 정조 10년 7월 19일

○以忠淸監司狀啓 洪州牧囚推罪人海南縣船格孫福深 遭其父喪給由 過葬後 使之還囚 令該曹稟處事 傳于趙衍德曰 依狀請施行事 回諭 此後除非死囚及關係逆獄外 依法典 直爲給暇 以形止狀聞 以此定式施行事 令該曹分付諸道

3) 『일성록』 같은 날짜

綱 定囚推罪人給由之式

目 忠淸監司 金光默狀啓 洪州牧囚推罪人海南縣船格孫福深 遭其父喪請給由 過葬後 使之還囚 敎曰 依狀請施行事 回諭 此後 除非死囚及關係逆獄外 依法典 直爲給暇 以形止狀聞 以此定式事 令該曹分付諸道

4) 『정조실록』 같은 날짜

○忠淸道觀察使金光默啓 洪州囚推敗船罪人孫福深 遭其父喪請給由 使之過葬後還囚 回諭曰 依施 此後除非死囚及逆獄外 依法典直爲給暇

5) 『특교정식』[80] 1.76. 罪囚給由[정조 10년(1786)]

今上十年 忠淸監司狀啓 洪州牧囚推罪人海南縣船格孫福深 遭其父喪給由 過葬後使之還囚 令該曹稟處事 傳曰 依狀請施行 回諭 此後 除非死囚及關係逆獄外 依法典直爲給假 以形止狀聞 以此施行事 令該曹分付諸道

6) 『수교정례』(古5120-176) 44. 定配罪人遭親喪 關係逆獄外給由[정조 10년 (1786)][81]

正宗十年丙午 以忠淸監司狀啓 洪州牧囚推罪人海南縣船格孫福深 遭其父喪給由 過葬後 使之還囚 令該曹稟處 傳曰 依狀請施行事 回諭 此後 除非死罪及關係逆獄外 依法典 直爲給暇 以形止狀聞 以此定式施行事 令該曹 分付諸道

7) 『청송정례』82. 정조 10년(1786) 定配罪人遭親喪者係關逆獄外直爲給由[82]

正宗十年丙午 因海南縣船格孫福深 遭其父喪給由 過葬後 卽使之還囚 令該曹稟處事 傳曰 依狀請施行事 回諭 此後 除非死罪及關係逆獄外 依法典 直爲給暇 以形止以聞 以此定式施行事 令該曹分付諸道

8) 번역 : 부모상인 정배죄인에 대한 역옥 외의 말미

1786년(정조 10) 7월 25일에 도착·접수한 형조에서 처리한 수교이다.

형조의 보고 : 충청도 관찰사가 "홍주목에 갇혀서 조사받는 죄인인 해남현 뱃사공 손복심이 부친상을 당하여 말미를 주고 장례 후에 즉시 다시 가

---

80 서울대 규장각한국학연구원 소장(古951.009 T296).
81 서울대 규장각한국학연구원 소장(古5120-176).
82 한국학중앙연구원 장서각 소장(K2-3435).

두도록 할 것을 형조에서 처리하도록 할 것"이란 장계를 올렸습니다.

정조: 장계로 청한 것에 따라 시행하라. 이후로는 사형에 해당하는 죄수 및 역옥과 관계되는 죄수 외에는 법전에 따라 곧바로 휴가를 주고 그 상황을 장계로 보고하며, 이를 법식으로 정하여 시행할 것을 형조에서 여러 도에 분부하라.

위와 같이 전교(傳敎)하셨습니다. 교지의 뜻을 받들어 시행할 일이다.

*『승정원일기』를 기준으로 하면 거의 차이가 없고, 다만 『정조실록』은 나중에 편찬된 자료이기 때문에 분량이 적다. 『수교등록』은 문서의 수발과 관련된 문구(고딕체 부분)가 더 있다.

조선 후기 양안(量案)의 작성과 활용

박현순

머리말

양안(量案)은 양전(量田)에 의해 작성된 토지대장이다. 양안이라는 명칭 이외에 '전안(田案)', '도행장(導行帳)', '타량성책(打量成冊)' 등으로 불리기도 한다. 그런데 같은 이름이 붙여진 책에는 양전을 통해 작성된 군현양안과는 다른 범주의 자료들도 포함되어 있다. 궁방이나 아문, 개인, 서원, 향교, 문중 등에서 소유 토지의 필지별 정보를 기록한 책들이 그것이다. 이런 자료들은 양안에서 소유지나 수세지에 해당하는 필지를 뽑아 기록한 등출양안(謄出量案)으로, 양안에서 파생된 또 다른 형태의 양안이다.

등출 양안은 등출 주체나 목적, 작성 단위가 다양하며, 활용 목적에 따라 군현양안을 그대로 등서한 것도 있고, 일부 항목을 가감한 경우도 있다. 이처럼 다양하게 양안이 등출된 것은 곧 양안이 다양한 방식으로 활용되었다는 것을 의미하기도 한다. 본 연구에서는 이 점에 주목하여 조선 후기 양안의 작성과 등출 양상을 검토함으로써 양안이 어떻게 활용되었는지 살펴보고자 한다.

양안 자료는 그동안 조선 후기 사회 경제사 연구의 핵심적인 자료로 활용되어 왔다. 하지만 각 자료가 어떤 과정을 거쳐 작성되었는가 하는 문제에는 크게 주목하지 않았다. 그나마 경자양안의 작성 과정에 대해서는 연구가 진행된 바 있으나[1] 등출 양안들이 어떻게 만들어졌느냐 하는 문제는 전혀 관심을 끌지 못했다. 하지만 양안의 등출은 양안의 실제적인 활용을 목적으로 하는 행위로 양안의 활용이란 측면에서는 더 주목할 필요가 있다.

양안의 등출과 활용 문제와 관련해서는 부세 행정에 이용된 행심책에 대한 연구가 있다.[2] 그러나 아직은 한 두 종류의 자료를 활용하였을 뿐 많은 논의는 목민서에 의존하고 있다. 현전하는 행심책은 그 종류가 다양하며 그 가운데 자료의 성격이 다소 상이한 경우도 발견된다. 따라서 행심책의 성격을 명확히 하기 위해서는 현전하는 자료들을 보다 종합적으로 검토할 필요가 있다.

현전하는 양안 자료는 작성 주체나 수록 토지에 따라 작성 과정이나

1　宮嶋博史,『朝鮮土地調査事業史の硏究』, 東京大學東洋文化硏究所, 1991; 오인택,「경자양전의 시행조직과 양안의 기재형식」,『역사와 현실』38, 2000(한국역사연구회 토지대장연구반,『조선 후기 경자양전 연구』, 혜안, 2008 재수록).

2　이영훈,「16세기 말·17세기 초 경상도·평안도의 행심책 이례」,『고문서연구』7, 1995; 최윤오,「조선 후기의 양안과 행심책」,『역사와 현실』58, 2000(한국역사연구회 토지대장연구반, 위의 책 재수록).

그 성격이 상이하다. 따라서 양안 자료의 작성 과정을 검토하기 위해서는 먼저 자료를 분류할 필요가 있다. 아래에서는 양전을 통해 작성된 군현별 양안은 일반 양안, 부세 운영에 활용할 목적으로 특정 지역의 양안 전체를 등서한 양안은 행심책으로 분류하고, 궁방, 개인 등이 소유지에 해당하는 부분만 등서한 양안은 궁방양안, 개인양안으로 분류하였다.

본 연구에서는 이상과 같은 분류에 기초하여 현전하는 양안 자료를 중심으로 조선 후기 양안의 작성과 활용 양상에 대해 살펴보고자 한다.

1. 양안과 행심책(行審冊)

1) 양전과 양안 작성

조선은 개국 직후부터 양전을 시행하여 군현별 양안을 작성하였다. 이를 위해 도단위로 균전사(均田使)나 양전사(量田使)를 파견하였다. 그러나 경자양전 이후에는 영조대 전라도의 사진양전(查陳量田)을 필두로 도단위의 양전 대신 군현을 단위로 하는 읍양전(邑量田)을 주로 시행하여 읍양안을 작성하였다. 다만 현재 확인되는 읍양안의 숫자는 그리 많지 않다. 아래에서는 먼저 현전하는 경자양안과 읍양안을 통해 일반 양안의 특징에 대해 살펴보도록 하자.

경자양전은 각도를 좌우도로 나누어 균전사를 파견하였다. 균전사는 도내를 순행하며 순차적으로 군현별 양전을 시행하고 군현단위로 작성된 양안을 최종 검토하였다. 그 결과 경자양안은 균전사의 관할 구역별로 작성 방식이 통일되어 있으며, 명칭도 경상도는 '경자개량전안(庚子改量田案)', 전라도는 '기해양전도행장(己亥量田導行帳)'으로 통일되어 있다.[3]

군현단위에서의 양전은 면단위로 나누어 시행하였다. 지역이 넓은 경우 한 개의 면을 1도(道), 2도 또는 상도(上道), 하도(下道) 등으로 나누어 동시에 양전을 진행하였으며, 그 아래에 다시 1작(作), 2작 등 '작(作)'을 나누어 양전 단위를 세분화한 경우도 있다. 전주 남면의 경자양안을 보면 남1도 1작, 남1도 2작, 남2도 세부분으로 나뉘어져 있는데, 각각 도청산사(都廳算士)와 타량도감품관(打量都監品官)을 두어 한 개의 면을 세 지역으로 나누어 양전을 시행하였다는 것을 알 수 있다.[4]

양전의 결과로 작성된 양안도 면단위로 작성되었다. 양안은 야초(野草), 초안(草案), 정안(正案) 등 3단계의 초안을 거쳐 최종적으로 면양안으로 완성되었으며, 끝에는 면총(面摠)을 수록하였다. 즉, 경자양안은 군현단위로 작성하기는 하였지만 양전과 양안 작성의 기초 단위는 면(面)이었다. 각 양안에는 최종 책임자인 균전사의 수결이 실려 있으며, 면양안을 종합한 군현별 양안의 마지막 권에 읍총(邑總)이 실려 있다. 면단위의 양전과 양안 작성, 군현 단위의 종합 및 검토, 균전사의 결재로 이어지는 과정은 면-군현-도로 체계화된 행정단위와 일치하는 것이었다.

다만 천자문 순서의 자호를 붙이는 방법은 지역마다 차이가 있었다.

3　경자양전의 시행과 양안 작성 과정에 대해서는 宮嶋博史, 앞의 책; 오인택, 앞의 글 참조.

4　『全羅右道全州府己亥量案導行帳』(奎15035).

경상도 남해, 예천, 전라우도 고산 등은 군현단위로 일괄하여 자호를 매긴 반면 전라좌도의 화순, 능주 등은 면별로 따로 자호를 매겼다. 전주의 경우 면단위로 천자문을 붙인 경우와 몇 개 면을 통합하여 자호를 매긴 경우가 함께 나타난다.[5] 자호가 천자를 넘을 경우는 양천(兩天)과 같은 방식으로 기재하였다.

경자양안의 기재 양식은 자호(字號), 지번, 양전방향(犯向), 전품(田品), 전형(田形), 지목(地目), 장광척수(長廣尺數), 결부수, 사표(四標), 진기(陳起) 여부, 주명(主名)의 순으로 통일되어 있다. 다만 그 가운데 몇 가지 차이점들이 있는데, 가장 큰 차이는 주명의 기재 방식에서 나타난다. 경상도는 '주(主)'라는 명칭 아래에 구주(舊主)와 금주(今主)를 나누어 기재하고 금주의 경우 직역을 부기하였다. 반면 전라좌도는 '주(主)'라는 명칭 아래에 인명을 기재하였으며, 전라우도는 인명만을 기재하였다.[6] 그러나 이러한 차이에도 불구하고 파악 내용에는 차이가 없다. 즉, 경자양안은 기재 양식상 지역별로 몇 가지 차이는 있으나 파악 내용은 통일되어 있다.

경자양전 이후 읍양전의 결과로 작성된 양안은 필지별 정보의 기재 순서에서 간혹 경자양안과는 다른 모습이 보인다.[7] 고종 8년(1871) 언

5　전주부의 경자양안인 『全羅右道全州府己亥量案導行帳』(奎15035)을 보면 부동면, 부남면, 부서면, 부북면, 서면, 이동면, 동면, 한량소면, 이동면은 천자(天字)에서 시작하고 나머지 면은 앞의 자호에 연결되어 있다. 예를 들어 천자에서 시작된 이동면의 자호는 이남면, 이서면, 이북면으로 연결되어 있으며, 동면의 자호는 남면으로 연결되고 서면의 자호는 북면으로 연결된다.

6　자호의 경우 경상도와 전라우도는 '○字'로 통일되어 있으나 전라좌도는 '○字'로 된 지역도 있고, '○字丁'으로 기재된 지역도 있다. 또 경상도는 5결 1자의 원칙을 준수한 반면 전라도는 좌도와 우도 공히 5결 1자의 원칙을 준수하지 않았다는 차이가 있다. 이외에 경상도와 전라우도는 지번을 "第一, 第二"의 형식으로 붙인 반면 전라좌도는 첫 번째 필지는 "第一"로 기재하였으나 두 번째 필지부터는 숫자만을 기재하였다는 차이가 있다(오인택, 앞의 글).

양현 양안의 경우 경상도 경자양안과 비교해 보면 범향과 지번, 주인명과 진기여부의 순서가 바뀌어 있고, 주명 기재도 인명으로 간략화되었다. 하지만 이런 차이에도 불구하고 기본적으로 파악한 내용은 경자양안과 차이가 없다. 또 언양현 남상동 양안의 경우 마지막에 수령의 수결 외에 관찰사의 수결과 도사의 수결란이 있어서 읍양안의 경우도 최종적으로 관찰사의 확인을 거쳤다는 것을 알 수 있다.[8]

양전을 통해 작성된 일반 양안은 호조와 감영, 군현에 각기 한부씩 보관되었다. 언양현 남상동 양안의 경우에는 호조 보관용 양안도 현존하여 읍양안도 동일하게 세 곳에 보관되었다는 것을 알 수 있다.[9]

그런데, 고종 8년(1871) 언양현 양안에는 면양안 외에 동양안(洞量案)도 포함되어 있다는 점이 주목된다. 현재 규장각한국학연구원에는 언양현 양안 9종 10책이 소장되어 있는데, 남상동(南三同, 삼동면) 양안 1종 2책과 북삼동(北三同, 하북면) 양안 1책은 면양안인데 비해 중남면(中南面) 양안 7책은 동양안이다. 언양현 양안은 군현단위로 자호를 붙였는데, 이를 자호 순으로 정리하면 다음 〈표 1〉과 같다.

『여지도서』에 따르면 언양현은 상북(上北), 중북(中北), 하북(下北), 하남(上南), 중남(中南), 삼동(三同)의 6개면으로 구성되어 있다. 따라서 현

7　조선 후기 읍양전의 시행과 읍양안에 대한 연구로는 다음과 같은 글들이 있다. 정승진, 「『영광군서부면개량안』의 분석」, 『대동문화연구』 34, 1999; 왕현종, 「18세기 후반 양전의 변화와 시주의 성격 - 충청도 회인현 사례를 중심으로」, 『역사와 현실』 41, 2001.

8　『慶尙道彦陽縣南三同田畓量案』(奎15008).

9　『慶尙道彦陽縣南三同田畓結量案』(奎15013). 『경상도언양현남삼동전답결양안』은 현재 2책이 있는데, 수록된 자호와 필지별 정보가 동일하다. 이 중 (奎15013)은 표지에 '호조(戶曹)'로 기재되어 호조보관용이었음을 알 수 있는데, 책의 모서리에 '언양(彦陽)'이라고 기재되어 있다. 이에 비해 (奎15008)은 책모서리에 '남삼동(南三同)'이라고 기재되어 언양현 보관용이었다는 것을 알 수 있다.

<표 1> 고종 8년(1871) 언양현 읍양안의 구성

번호	서명	도서 번호	지역	자호	자수	책크기	행수	작성자
1	慶尙道彦陽縣北三同田畓結量案	奎 15016	下北面	羌-欲	71	48×57cm	21	결락
2	〈慶尙道彦陽縣田畓量案〉	奎 15014	中南面洞名미상	川-思	12	48.4×29cm	10	결락
3	慶尙道彦陽縣平里洞德員禮員田畓打量冊	奎 15017	〃平里洞	言-愼	9	46.6×30cm	8	官
4	慶尙道彦陽縣雙水亭洞田畓結大帳	奎 15010	〃雙水亭洞	愼-甚	10	47.2×28cm	10	官
5	慶尙道彦陽縣華山洞田畓結正案[표제 : 華山洞田畓結行審冊]	奎 15018	〃華山洞	無-政	10	48×27.4cm	10	官
6	〈慶尙道彦陽縣田畓量案〉	奎 15009	〃洞名미상	(政)-和	19	48.4×29cm	11	결락
7	慶尙道彦陽縣加川洞田畓改量野草[표제 : 象川洞田畓改量野草]	奎 15019	〃加川洞	(睦)-猶	20	50.4×31.6cm	11	官
8	慶尙道彦陽縣中南面方基洞田畓結打量正案[표제 : 彦陽中南芳基洞田畓結卜正案冊]	奎 15015	〃方基洞	猶-分	16	48×27.7cm	8	官
9	慶尙道彦陽縣南三同田畓量案[내제 : 慶尙道彦陽縣南三同田畓結量案]	奎 15013	三同面	切-靈	76	48.2×56cm	21	通訓大夫慶尙道行彦陽縣鑑兼慶州鎭管兵馬節制都尉李
10	〈慶尙道彦陽縣南三同田畓量案〉[표제 : 彦陽縣南三同田畓結量案]	奎 15008	〃	切-(靈)	76	48.2×56cm	21	(〃)

〈 〉는 소장기관에서 임의로 붙인 제목을 가리킨다.

전하는 언양현 양안은 그 중 3개 면에 해당한다는 것을 알 수 있다. 자호 순서를 따라가 보면 첫 부분에 해당하는 천(天)-융(戎) 119자(상북면, 중북면 추정)는 빠져 있고, 그 다음이 하북면 면양안(71자)이며, 그 뒤 다시 난(難)-성(盛)까지 82자(상남면 추정)가 빠지고 중남면 동양안 7책과 삼동면 면양안으로 이어진다. 삼동면 양안 끝에 읍총이 기재되어 있어서 이것이 마지막 책이라는 것을 알 수 있다.[10]

언양현 양안 10책은 기재 양식이 동일하며, 작성 시점도 대부분 신미년, 혹은 동치 10년으로 기록되어 있어서 고종 8년에 함께 작성되었다는 것을 알 수 있다. 하지만 하북면과 삼동면 양안은 면양안인데 비하여 중남면 양안 7책은 동양안이라는 차이가 있다.

언양현의 면양안과 동양안은 여러 가지 점에서 차이가 난다. 우선 책의 크기를 보면 면양안은 세로가 48cm, 가로가 56~57cm로 가로가 긴 형태다. 이에 비해 동양안은 세로가 46.6~50.4cm, 가로가 27.4~31.6cm로 세로가 긴 형태이며, 면양안과 세로 길이는 비슷하지만 가로 길이는 절반가량 밖에 되지 않을 뿐 아니라 양안마다 크기 차도 심하다.

일반 양안의 크기를 보면 경자양안의 경우 경상도는 대개 세로 63~67cm, 가로 64~70cm로 가로가 더 긴 형태이며, 전라도의 경우 세로 59~63cm, 가로 45~51cm로 세로가 더 긴 형태다. 읍양안의 경우도 울산 양안인『울산부부이동전결대장(蔚山府府二洞田結大帳)』은 68×70cm, 영광 양안인『전라도영광군서부면개량안(全羅道靈光郡西部面改量案)』은 61×46cm로 경자양안과 유사한 형태를 띠고 있다. 광무양안은 이에 비해 크기가 크게 줄어들기는 하였지만 역시 경상도는 가로가 더 길며, 전라도는 세로가 더 긴 형태다.[11] 즉, 지역별로 양안의 형태와 크기가 관행화되어 있었던 것이다.

이에 비추어 보면 언양현의 면양안은 크기나 가로 세로의 비율에서 모두 경상도 양안의 관행을 따랐다고 할 수 있다. 하지만 동양안은 가로의 길이가 그 절반 정도에 그쳐 관행에서 벗어나 있다.

---

10 언양현 양안의 구성에 대해서는 규장각 해제 및 宮嶋博史,「量案における主の性格」『論集朝鮮近現代史 : 姜在彦先生古稀記念論文集』東京 : 明石書店, 1996 참조.

11 광무양안은 경기도, 경상도, 충청도는 대개 가로가 길고, 강원도, 전라도는 세로가 더 길다.

또 면양안은 매 면에 21행을 수록하였지만 동양안은 책에 따라 8행, 10행, 11행으로 행수가 다르다. 따라서 면양안은 규격화되어 있지만 동양안은 통일성이 약하다는 것을 알 수 있다.

한편 서명의 경우에도 면양안은 '전답결양안(田畓結量案)'으로 명칭이 통일되어 있지만 동양안의 경우 '전답타량안(田畓打量冊)', '전답결대장(田畓結大帳)', '전답결정안(田畓結正案)', '전답개량정안(田畓改量正案)', '전답결타량정안(田畓結打量正案)' 등 책마다 서명이 다르다. 또 작성자를 보면 면양안은 '통훈대부경상도행언양현감겸경주진관병마절제도위 이(通訓大夫慶尙道行彦陽縣鑑兼慶州鎭管兵馬節制都尉李)'라고 하여 수령의 직함을 모두 썼지만 동양안의 경우 '관(官)'이라고만 기록하였다. 따라서 면양안은 군현단위로 통일성을 기한 양안이지만 동양안은 그렇지 못하다는 것을 알 수 있다.

그렇다면 동양안의 성격은 무엇이었을까? 동양안의 내제를 통해 확인되는 서명 중에는 야초(野草), 정안(正案) 등 양전의 과정과 관련된 서명이 있다. 그 중 야초로 기재된 가천동 양안의 경우 주인란에 빈틈없이 붉은 도장이 찍혀 있을 뿐 아니라 주인명도 실명을 기재한 삼동면 양안과 달리 노의 이름[奴名, 戶名]을 기재하여 초안인 것으로 파악된다. 반면 화산동과 방기동의 경우 내제가 정안으로 되어 있을 뿐 아니라 주인명도 실명을 기재한 정안일 가능성이 높은 것으로 평가된다.[12]

이처럼 동양안은 그 사이에서도 성격이 서로 다른 점이 발견되지만 그 사이에는 공통점도 있다. 즉 야초, 정안이라는 명칭에서 나타나듯 양안 작성의 중간 단계에서 작성된 양안이라는 점이다. 경자양안의 작성 과정에 비추어 보면 언양현에서는 동단위로 정안을 작성한 후 이를

---

[12] 宮嶋博史, 앞의 글, 1996.

종합하여 면양안을 작성하였던 것으로 보인다.

여기에서 주목하고자 하는 바는 양안이 당초에 동(洞)을 단위로 작성되었다는 것이다. 특히 방기동 양안에는 동이상(洞已上)도 기재되어 있어서 동이 파악의 단위가 되었음을 확인할 수 있다.[13]

전통적으로 양전은 면을 단위로 시행하고 양안도 면을 단위로 작성한 것으로 평가된다. 하지만 언양현에서는 양전의 단위가 동이었으며, 양안의 초안이나 정안도 동을 단위로 작성되었다. 이처럼 동을 단위로 양안을 작성한 것은 18세기 이후 면리제가 정착되고 동이 공동납의 단위로 기능한 것과 관련된 것으로 생각된다.

2) 행심책의 작성과 그 주체

현존하는 자료를 통해 확인되듯이 일반 양안은 일체의 첨삭 없이 원본을 그대로 보관하였다. 실제 양안을 활용할 때에는 양안에서 필요한 부분만을 등출(謄出)하여 사용하였다. 그중에는 행심책처럼 부세 운영을 위해 특정지역의 양안을 등출한 경우도 있고 궁방이나 군영·아문, 개인 등이 소유지나 수세지에 해당되는 필지만을 등출한 경우도 있다.

이 경우에도 '양안(量案)'이나 '타량성책(打量成冊)', '전안(田案)' 등의 명칭을 그대로 사용하고 있다. 하지만 양전을 시행하여 자호와 지번을 새로 부여한 것이 아니라 양안에서 일부 내용을 등출하였다는 점에서 양안과는 그 성격이 다르다. 이런 양안은 '등출양안'이라고 할 수 있을 것이다.

등출 형태의 양안 중에서도 지역 단위로 전 토지를 등출한 행심책과

---

13 『慶尙道彦陽縣中南面方基洞田畓結打量正案』(奎15015). 동단위의 동이상이 기재된 경우는 국사편찬위원회 소장 진주 『나동리대장』에서도 보인다.

소유주 위주로 등출한 궁방양안, 아문양안, 개인양안 등은 그 성격이 다르다. 행심책은 부세 운영에 직접 활용할 목적으로 양안을 그대로 등서하여 기재 사항이 군현단위의 일반 양안과 동일하지만 궁방양안 등은 필요에 따라 기재 양식이나 내용을 가감한 경우도 있다. 여기에 서는 행심책의 작성에 대해 살펴보도록 하자.

양안은 과세를 목적으로 작성된 장부지만 실제의 부세행정은 이를 등서한 행심책을 통해 이루어졌다. '행심(行審)'이란 토지의 작황을 파 악하는 과정인데, 이를 위해 양안을 등서한 것이 행심책이다. 행심책 은 '마상초(馬上草)', '마상기(馬上記)', '도행장부(導行帳付)', '답부(踏簿)', '재탈급신기성책(災頉及新起成冊)' 등으로도 일컬어졌다.[14]

행심책에 대해서는 실록이나 목민서에도 언급되고 있는데, 양안을 등서하여 이용하거나 양안의 초안을 그대로 활용하였기 때문에 기재 내용은 원래의 양안과 동일하며[15] 작황을 기재한 상지(裳紙)나 행심대 지(行審帶紙)가 붙어 있다는 것이 그 특징이다. 본 연구에서는 이상과 같은 특징을 보이는 양안 자료를 행심책으로 분류하였다.[16] 현재까지 행심책으로 파악된 자료는 다음의 〈표 2〉와 같다.

---

14 이영훈, 앞의 글; 최윤오, 앞의 글.

15 『성종실록』권8, 성종 1년 11월 2일 병자. "所謂行審冊 乃謄寫導行帳者也 故與導行 帳不差一字 其災傷與等第 書諸別標 貼於導行帳各字名下 封藏都會, 待收稅旣迄, 還 之, 弊可除, 而姦可防, 庶得兩全矣";『量田謄錄』경자 4월 21일. "題辭內 所謂草案 各 其官留上 每年行審時 輒改其裳紙者 乃通行之規是去乙."

16 행심책 중에는 일반 양안과 형식이 다른 경우가 있다. 헌종 13년(1847)『永興府憶岐 社打量大帳謄書』(내제 : 憶岐社二道粟山里所付正續及加續幷丙申蓋打量行審冊謄 書)』가 그것으로 지번(추기), 주인명, 양전 방향(범향), 전형, 지목, 결부수 순으로 기 재하였으며, 지번이 없고 인명이 처음에 나온다는 것이 특징이다. 지번을 생략한 경 우는 평안도 궁방양안에서도 다수 확인되는데, 인명의 경우 결부수와 사표 사이와 같이 중간에 기재한 경우도 있다. 이처럼 지번을 생략한 것은 고려시대 양안의 유제 (遺制)로 평가된다(이영훈, 앞의 글).

<표 2> 조선 후기의 행심책(行審冊)

번호	원서명	작성연도	단위	자호수	裳紙	지역	소장처
1	永興府憶岐社打量大帳謄書[내제 : 憶岐社二道粟山里所付正續及加續幷丙申蓋打量行審冊謄書, 표제 : 憶岐社二道粟山里所付正續行審冊]	헌종 13(1847)	里	87자	추기	영흥	서울대 규장각
2	慶尙北道慶州郡量案[표제 : 西面]	19세기	面	17자	0	경주	서울대 규장각
3	慶尙北道慶州郡量案[내제 : 見谷同二小冊]	고종 8(1871)	面	24자	0	경주	서울대 규장각
4	慶尙北道慶州郡量案[내제 : 東海面中道洞臺本里一小冊]	고종 20(1883)	里	9자	0	경주	서울대 규장각
5	公洞面中里量案冊	고종 6(1869)	里	7자	0	부여	扶餘·恩山 咸陽朴氏
6	水只谷九政小冊[표제 : 慶州東二同水只谷九政里員小冊]	戊子	里	11자	0	경주	慶州 蘇亭 慶州李氏
7	沃野面東山洞田畓大帳	미상	洞	3자	0	창녕	부산대학교
8	鳳溪量案	癸卯	洞	6자	0	합천	토지박물관
9	洞中行審[내제 : 地內面初作行審]	18세기 중엽	洞	11자	0	원주	국사편찬위원회
10	釜山面佐自川員田畓行審[표제 : 東平面田畓行審第三卷]	고종 7(1870)	員	5자	0	동래	서울대 규장각
11	沙川面新草梁員田畓行審	고종 8(1871)	員	12자	0	동래	서울대 규장각
12	石川員田結元帳付	미상	員	5자	0	미상	조세박물관
13	諸島面加土島行審	고종 8(1871)	島	2자	0	진도	서울대 규장각
14	田畓案	미상	미상	미상	0	경주	경주 獨樂堂
15	田畓錄	미상	미상	미상	0	미상	영남대학교
16	量案	미상	미상	17자	0	(밀양)	국편수집자료
17	田畓等別記[17]	미상	미상	28자	제거	懷仁	고려대학교
18	修正所也村波浪洞田畓案	영조 52(1776)	洞	1자	제거	단양	조세박물관
19	慶尙道彦陽縣華山洞田畓結正案[표제 : 華山洞田畓結行審冊]	고종 8(1871)	洞	11자	×	언양	서울대 규장각
20	古晋達里量案[내제 : 古晋達里洞中量案]	고종 5(1868)	里	22자	×	미상	국사편찬위원회
21	金冬於里大張衿軸	甲辰	里	35자	×	晋州	晋州 雲文 晋陽河氏
22	奈洞里大帳	丙午	里	30자	×	晋州	국사편찬위원회
23	鳳山左曲量案	미상	里	2	×	鳳山	서울대 규장각
24	〈行審冊〉	미상	미상	미상	별지	미상	서울대 규장각
25	〈平安道行審冊〉	16세기 말	미상	미상	별지	상주	이영훈 논문 소개
26	〈尙州行審冊〉	17세기 초	미상	미상	별지	평안도	이영훈 논문 소개

〈 〉는 소장 기관에서 붙인 서명을 가리킨다.

앞의 자료들을 보면 서명은 '행심(行審)'인 경우도 있으나 그 외에 '양안', '대장등서(大帳謄書)', '소책(小冊)', '대장(大帳)' 등으로 다양하다. 따라서 서명만으로는 양안과 혼동되거나 그 성격이 파악되지 않는 경우가 많다.

행심책을 양안과 구분하는 가장 중요한 특징은 상지나 행심대지가 붙어 있다는 것이다. 위의 경우에도 일부를 제외한 대부분은 상지가 붙어있거나 제거한 흔적이 남아 있다.

행심은 과세를 위한 첫 번째 과정으로 작황이나 진기 현황, 담세자를 파악하는 것을 목적으로 시행되었다. 따라서 행심책에 첨부된 상지의 내용도 위의 내용이 주를 이룬다. 다만 조선전기 연분 9등제를 시행하던 시기와 연분(年分)이 점차 고정되고 비총제(比摠制)가 시행된 조선후기의 기재 내용은 차이가 있다. 아직 연분에 비중을 두고 있던 16세기 말 17세기 초의 행심책에는 연분을 파악하고 있으며,[18] 조선 후기의 행심책에는 대부분 진전(陳田)과 경작자의 변동 사항만을 파악하였다. 간혹 파종한 곡물 등과 같이 보다 다양한 내용을 추기한 경우도 있으나[19] 거의 대부분은 경작자를 파악하는데 그쳤다. 소유자 혹은 경작자는 대개 성을 생략한 명자(名字)의 형식으로 된 호명(戶名)으로 대록(代錄)되어 있다.[20]

그런데, 위의 표에서 행심책이 작성된 지역 단위를 보면 한 가지 특

---

17 『전답등별기』(국사편찬위원회 소장)는 회인현 양안으로 널리 알려져 있지만 양안 원본이 아니라 양안을 등서한 행심책으로 후대에 '상지(裳紙)'를 제거한 것이다. 『전답등별기』에 대한 자세한 분석으로는 왕현종의 앞의 글이 있다.

18 이영훈, 앞의 글.

19 『동중행심』(국사편찬위원회 소장)에는 파종곡물 등을 기재한 경우도 있다(최윤오, 앞의 글).

20 최윤오, 위의 글.

징이 더 발견된다. 일부를 제외하면 모두 동·리 단위로 작성되었다는 것이다. 면단위로 작성된 경우는 『경상북도경주군양안』의 서면(西面)과 견곡동(見谷同)[21] 두 경우뿐이며, 나머지는 모두 동(洞)·리(里)·원(圓)이 작성 단위였다. 이중 원을 단위로 한 동래의 행심책도 지역명인 좌자천원(佐自川員)과 신초량원(新草梁員)이 『호구총수』에는 리명(里名)으로 실려 있다. 따라서 동·리를 단위로 행심책을 작성하는 것이 보다 일반적이었다는 것을 알 수 있다.

개중에는 동래의 『부산면좌자천원전답행심』과 『사천면신초량원전답행심』, 경주의 『경상북도경주군양안(동해면중도동대본리일소책)』처럼 내제나 표제에 권수(卷數)가 붙어 있어서 실제로는 면단위로 작성된 행심책의 일부로 추정되는 경우도 있다.[22] 그러나 많은 경우는 동·리 단위에서 각기 독립적으로 양안을 등출한 것으로 보인다.

그렇다면 행심책은 누가 작성하고 사용한 것일까?

행심책은 군현단위에서 부세를 부과할 때 서원(書員)이나 면임(面任)이 담당하여 작성하는 것으로 파악되어 왔다. 앞서 본 것처럼 경주나 동래의 경우 표지나 내제에 책수나 권수를 기록한 경우는 면단위 행심책의 일부로 실제 관(官)에서 작성하여 사용한 것으로 보인다. 또 『경상도언양현화산동전답결정안』의 경우 언양현 중남면 양안의 일부로 포함되어 있을 뿐 아니라 내제는 '정안', 표제는 '행심책'으로 되어 있어서 관에서 양안 초안을 행심책으로 활용하였다는 것을 알 수 있다.

---

21 견곡동(見谷同)은 경주읍지에는 견곡면(見谷面)으로 되어 있다. 언양현 양안에 하북면이 '북삼동(北三同)', 삼동면이 '남삼동(南三同)'으로 기재된 것을 보면 "同"은 이들 지역에서는 "面"과 동일한 단위로 사용되었던 것으로 보인다.

22 『慶尙北道慶州郡量案』(규장각 소장), '古大 4258.5-17a'의 표제는 「見谷同二小冊」이며, '古大 4258.5-17c'는 서면(西面) 5책(冊)으로 되어 있어서 면단위 행심책의 일부로 추정된다.

하지만 많은 경우는 실제의 작성자가 확인되지는 않으나 양반가의
고문서 가운데 포함되어 있어서 관에서 작성하여 활용한 자료로 보기
어려운 면이 있다. 그 가운데『고음달리양안(古音達里量案)』의 경우 동
중(洞中)에서 양안을 등서하였다고 밝힌 서문이 있어서 주목된다. 그
내용은 아래와 같다.

> 본 동은 해구(海口)의 요충 관(管)□한 곳에 치우쳐 있다. 풍속이 질박함
> 과 검소함을 숭상하고 경직(耕織)을 업으로 삼아 힘쓴다. 전제(田制)에 어
> 두워 매번 재해를 만나 세금을 낼 때는 관에서 온 문부(文簿)를 되풀이 하
> 여 보아도 매도한다는 탄식을 면치 못하였다. 특별히 깨우칠 방법을 도모
> 하여 부중(府中)의 오사(吳使)와 깊이 공의(公議)를 헤아려 원장(原帳) 중
> 에서 1책을 성출(成出)하고, 이름하여 '동유(洞遺)'라고 하였다. 이후로 (부
> 세를) 회피하려고 말을 꾸미는 폐단을 면하기를 바란다.[23]

『고음달리양안』을 등출한 이유는 전세를 부과하고 수납할 때 민이
거납하는 것을 막기 위한 것이었다. 동중에서 관의 문부를 신뢰하지
않고 회피하는 경우가 많았기 때문에 아예 양안을 등출하여 비치하고
동중 수세의 근거 자료로 활용하도록 한 것이다. 이 책을 등서한 인물
은 밝혀져 있지는 않으나 동중 수세에 관여한 인물이었을 것이다.

동중 양안의 구체적인 등서자가 확인되는 경우도 있다. 합천『봉계
양안』의 경우가 그 예인데, 작성자는 존위(尊位), 두민(頭民) 3인, 서사

---

23 『古音達里量案』(1868, 국사편찬위원회 소장). "蓋本洞僻在海口要衝管□之處 俗尙
　　質儉 業務耕織 茫昧於田制 朦朧於稅政 每値災眚租稅之時則反閱官來簿書 未免罵詈
　　之歎矣 特營其覺寤之方 與府中吳使爛商公議而攷謄於原帳中成出一冊 名曰洞遺 幸
　　免自後遁辭之弊矣 / 同治柒年戊辰十二月十二日謄書 蔡 / 崔"

(書寫)로 되어 있다.

조선 후기 존위는 동중에서 선임된 인물로 동임(洞任)과 함께 동중의 부세 업무를 수행하였다. 18세기 말 영월의 사례를 보면 존위가 급재(給災)의 분배를 위한 원전(元田)의 집복(執卜) 등에 참여하였으며, 전세 수납과 관련된 이정절목(釐正節目)도 각동의 상존위가 보관하도록 하여 전세 부과와 수납 전 과정에서 존위가 중심적인 역할을 담당하였음을 알 수 있다.[24]

이런 사례에 비추어 보면 합천『봉계양안』은 동중의 대표인 존위 등이 부세 운영에 활용하기 위하여 양안을 등서하였다는 해석이 가능하다. 아울러 급재의 분배에도 존위와 동임이 참여하였던 사실은 이들이 급재와 부세 부과의 근거자료로 동중의 행심책을 작성하고 보관하였을 가능성을 시사한다.

『봉계양안』은 경자양안을 등서한 것으로 매면 2~3장의 상지가 붙어 있다. 상지의 내용은 지번, 호명을 기본으로 하며 간혹 결부수를 기록한 정도로 매우 간단하다. 다른 행심책의 대부분도 상지에는 호명, 결부수, 진전 상황만을 간단히 기재하였을 뿐이다.

이에 비해 원주의『동중행심』은 기재 내용이 상당히 자세하다.[25] 이 책은 원본이 아니라 조선사편수회에서 등서한 것이지만 상지도 그대로 재현되어 있다. 이 책의 원 양안은 양전 후에 다시 진기(陳起) 변동을 조사한 내용을 기재한 양안으로 결부수 아래에 포락(浦落), 성천(成川) 등의 진전화 양상이 파악되어 있으며, 논의 경우 배미수도 기재되어

---

24 오영교, 「조선 후기 동계의 구조와 운영－영월 요선계를 중심으로」, 『조선시대사학보』 24, 2003.
25 『동중행심』은 최윤오, 앞의 글에 자세히 분석되어 있다.

있다. 그리고 일반 양안과 달리 자호별로 지심(指審)의 이름을, 원(圓)을 단위로 이상(已上)을 기재하였다.

이에 더하여 상지에는 호명 외에 방천(防川), 잉천(仍川), 금진(今陳) 등 추가적인 진전화 상황과 '재(災)', '초불(初不)', '행(行)' 등 당해년의 작황이 있다. 이외에 밭의 경우 파종 작물이 있고, 논의 경우 '초불'과 '행'으로 경작 여부를 기재하였는데, 초불(初不)은 '초불부종(初不付種)'을 의미하며 '행(行)'의 경우 이에 대비되어 파종이나 이앙을 시행하였다는 의미로 보인다. 전의 경우 '반행(反行)'으로 기재된 곳이 있는데 다른 밭과 달리 작물을 기재하지 않아 번답(反畓)이었던 것으로 추정된다.

『동중행심』에서 보이는 것처럼 지심을 앞세워 파종 여부와 같은 당해년의 작황을 파악하는 것은 조선 후기 행심의 전형으로 파악된다.[26] 나아가 이 책의 내제는 '지내면초작행심(地內面初作行審)'으로 지내면의 첫 번째 지역의 행심책이라는 의미로 풀이된다. 따라서 이 행심책은 실제 동중에서 사용하였다고 하더라도 애초의 작성자는 관이었을 가능성이 크다.

이에 비해 대부분의 행심책은 『봉계양안』과 마찬가지로 기재 사항이 호명 외에 간혹 결부수나 진전 여부를 확인하는 것에 그치며 당해년의 작황을 파악한 경우는 거의 보이지 않는다. 따라서 동단위로 등서하여 상지를 붙인 양안은 당해년의 작황을 파악한 공식적인 행심책이라기보다는 동 내에서 부세 문제를 조절하고 통제하기 위하여 호명을 통해 납세자를 파악한 형태의 행심책이었던 것으로 판단된다. 이런

26 　조선 후기 행심(行審)과 표재(俵災) 시행에 대해서는 이영훈의 「조선 후기 팔결작부제에 대한 연구」, 『한국사연구』 29, 1980; 정선남의 「18, 19세기 전결세의 수취제도와 그 운영」, 『한국사론』 22, 1990 참조.

책자들이 반가(班家)에 소장되어 있었던 것은 양반들이 상존위(上尊位)로서 부세 운영에 관여하였기 때문으로 생각된다.

그런데, 현재 '행심책'으로 언급되는 자료 중에는 위의 자료들과 전혀 다른 성격의 자료들도 있다. 16세기 말과 17세기 초에 작성된 「평안도행심책(平安道行審冊)」, 「상주행심책(尙州行審冊)」, 규장각한국학연구원 소장의 『행심책』이 그것이다.

이 중 「평안도행심책」은 필지별로 주인명, 지목, 결부수를 기록한 뒤에 5결을 단위로 연분을 통계하여 기록한 형태다. 「상주행심책」은 이와 달리 필지별로 양전방향, 전품, 지목, 결부속, 주인명을 기재하고 그 아래에 연분을 기재하였다. 두 자료 모두 연분을 기재하였다는 점에서 연분9등제가 시행된 조선전기적인 특징을 보여주는데, 필지별 정보를 축약하여 기록하였다는 점에서 앞서 본 행심책들과는 다르다.[27]

한편 규장각한국학연구원 소장의 『행심책』은 '70전 7속 조7속 서용기(七十二田 七束 租七束 徐龍己)'와 같이 지번, 지목, 결부수, 세액을 부담할 토지의 결부수, 담세자 등을 간단히 기재하였는데, 책자라기보다는 서류철과 같은 형태로 한 면에 수십 장의 상지가 붙어 있다.[28]

그렇다면 위에서 본 양안을 등서한 행심책과 필지 정보를 축약하여 기재한 행심책은 성격이 동일한 자료일까? 현재 규장각에는 민전 외에 궁방전의 행심책도 소장되어 있는데, 대빈방(大嬪房)의 『영암군노아도행심(靈巖郡露兒島行審)』(奎19000, 奎25040), 용동궁(龍洞宮)의 『전라도장흥부소재병오육답행심등서(全羅道長興府所在丙午陸畓行審謄書)』(奎18917), 『음죽군소재용동궁둔전답타량행심책(陰竹郡所在龍洞宮屯田畓打量行審

---

27 이영훈, 앞의 글, 1995.
28 『행심책』(奎26605).

冊)』(奎18296)이 그것이다. 이 자료들은 모두 양안을 등서한 형태인데, 상지는 대빈방의 『영암군노아도행심』 1종(奎25040)과 용동궁의 『전라도장흥부소재병오육답행심등서』에만 붙어 있다. 상지가 없는 경우는 행심으로 활용하기 위해 양안을 등서하였으나 실제 활용에는 이르지 못한 경우로 보인다. 하지만 이 사례들을 통해 행심책이 양안을 등서한 형태로 작성되었다는 점은 재차 확인할 수 있다.

이에 비추어 볼 때 필지 정보를 축약하여 기재한 자료가 본래 행심책으로 작성된 자료인지는 재고할 필요가 있다. 세 자료는 모두 서명이 없는 자료로 행심책이라는 서명은 수집자나 소장자가 임의로 붙인 것이며, 행심책과 유사한 정보를 담고 있기는 하지만 그 성격은 불분명하다. 하지만 행심책이 양안을 등서한 것이라는 점에 비추어 볼 때 세 자료는 행심책과는 구분되어야 한다.

양안의 작성에서부터 부세의 부과에 이르는 과정에는 다양한 문서가 작성되었는데, 자료마다 그 성격이 다르고 지역별로도 사례가 다양하여 현재로서는 이를 일별하기 어렵다. 아마도 앞의 세 자료 역시 그 과정의 어느 단계에서 작성된 자료로 보인다. 이 자료의 의미는 부세 부과와 납세의 과정 속에서 규명되어야 할 것이다.

2. 토지 소유주의 양안 활용

1) 궁방의 양안 등출

　궁방양안은 각 궁방이 양안에서 자신의 소유지나 수세지 부분을 초록하여 작성한 양안이다. 기본 내용은 군현에 보관된 일반 양안에 기초하고 있으며, 양안의 기재 내용을 전재하기도 하고 일부만을 선별하여 초록하기도 하였다. 또 경영 상황을 기록한 경우도 있다.

　궁방양안은 현존하는 양안 중에 종수가 가장 많을 뿐 아니라 시기적으로도 광범위하게 분포하고 있다. 현재 확인된 궁방양안은 약 800종이며, 시기적으로는 17세기 전반부터 20세기 초까지 퍼져 있다. 이 중 내수사 양안이 200여 건으로 가장 많고 명례궁이 110여 건, 용동궁이 80여 건, 수진궁이 70여 건, 육상궁이 50여 건, 어의궁이 30여 건을 차지한다.

　현전하는 궁방양안의 대다수는 1907년 황실재산정리와 함께 내장원으로 이관되었다가 조선총독부, 경성제국대학 등을 거쳐 서울대학교로 이관된 것으로 원래의 소장처는 다기하였다.

　표지에 기재된 내용으로 미루어 보면 당초 각 궁방에 소장되었던 것(표지에 '궁상(宮上)', '궁존치건(宮存實件)', '명례궁상(明禮宮上)', '명혜공주방상(明惠公主房上)' 등으로 기재) 외에 내수사 소장본('내수사존류건(內需司存留件)', '이송내수사(移送內需司)', '어람건(御覽件)' 등), 호조 소장본('호조상(戶曹上)', [29]

29　『安岳郡伏在龍洞宮堰畓改打量後五分之三仍屬同宮五分之二分給民人區別成冊』(奎 20436).

'호상(戶上)'),[30] 토지가 소재한 군현 소장본(『관건(官件)』)[31] 등이 있었던 것으로 추론된다. 내수사 보관용은 대개 표지에 '어람(御覽)'이라고 기재하고 '계(啓)'자 인(印)을 찍었으며 비단으로 장정하고 내지에는 붉은 선으로 관곽을 만들어 어람용 의궤와 같은 형식으로 제작되었다. 어람용 양안은 전체 궁방양안 800여 건 중 300건 가량인데, 이 중 내수사 양안이 110건 정도며 나머지는 모든 다른 궁방의 양안이다. 따라서 각 궁방의 토지 보유 현황이 국왕에게 보고되고 그 양안이 내수사에 보관되었다는 것을 알 수 있다. 호조보관용과 군현보관용은 그 사례가 많지 않아 상시적으로 보관하였는지는 명확하지 않다.

궁방양안의 작성 과정은 철종 12년(1861) 육상궁(毓祥宮)에서 충청감사에게 보낸 다음의 관문을 통해 그 대개를 추론할 수 있다. 그 내용은 아래와 같다.

> 타량(打量)을 위하여 영문(營門)에서 이(吏) 한명을 정해 보내고 또 본래의 각 읍별로 일에 밝은 색리(色吏)를 별도로 정하여 궁감(宮監)을 안동(眼同)하고 사패(賜牌)의 경계에 의거하여 상세히 답험한 후 이른바 니생(泥生)으로 진폐된 곳과 양전 후에 작답(作畓)한 곳 등 모든 곳을 하나도 남김없이 일일이 측량하고 장광척수(長廣尺數), 범표(犯標)를 소상하게 현록하여 양안을 성출하고 출급하여 궁감이 어람건을 수정하는 근거로 삼게 할 것[32]

---

30 『黃海道載寧郡伏在金貴人房堰畓打量成冊』(奎18835).

31 『黃海道庄土文績』(奎19303) 제32책 문서번호 1「咸豊七年丁巳八月日黃海道長淵海安坊三里及大箒村量案冊」.

32 『忠淸南道林川郡韓山郡所在毓祥宮田畓量案』(奎20355). "忠淸監司關文 (…중략…) 打量次自營門定送一吏 亦自本各邑別定解事色吏眼同宮監 依賜牌境界詳細踏驗後 所謂泥生陳弊量後□□作畓處等諸處 無一遺漏逐庫尺量 長廣犯標消詳懸錄成出量案出給宮監以爲御覽件修正之地."

위의 관문은 육상궁에서 충청도 임천과 한산 소재 전답을 타량하기 위하여 보낸 관문이다. 여기서 영리(營吏)와 색리(邑吏), 궁감(宮監)이 함께 답험(踏驗)을 시행하고 장광척수, 사표 등을 현록하여 양안을 성출(成出)하여 궁감에게 출급하도록 한 것을 볼 수 있다. 이에 따라 기존의 양안에 근거하여 변동사항을 현록한 형태의 양안이 등출되었다. 즉, 궁방의 요청과 각읍의 타량을 통해 궁방양안이 작성되었던 것이다.

이 책의 말미에는 궁감이 어람용 양안을 등서하여 답인한 후 감관(監官)에게 유치하였다는 기록이 있다.[33] 따라서 타량을 시행한 후 육상궁의 감독하에 어람용 양안을 작성하였고, 이것이 내수사로 이송되었다는 것을 알 수 있다.

이러한 과정을 거쳐 만들어지는 궁방양안의 작성자(발급자)는 수령이었다. 수령은 답험과 양안 작성을 마친 후 본문의 내용을 확인하는 관인을 찍고 마지막에 작성 책임자로 수결을 하였다. 때로는 내수사에서 타량관(打量官)을 파견하기도 하였으나 이 경우에도 수령이 작성 담당자로서 수결을 하고 있다.

궁방양안의 명칭은 '양안'으로 된 경우도 있으나 많은 경우 '타량성책'으로 되어 있다. 이때의 '타량'은 양전처럼 자호나 지번을 새로 부여하는 것이 아니라 기존의 토지를 재조사하여 경계를 바로 잡는다는 것을 의미하였다. 일부 축동(築垌) 등으로 새로 개간을 하는 경우에는 새로 자호나 지번을 부여하기도 하지만 이 경우에도 지방관의 확인을 거쳐 양안이 발급되었다. 따라서 궁방양안은 궁방에서 독자적으로 양전을 시행하여 작성한 양안이 아니라 지방관이 기존의 양안에 의거하여

33　『忠淸南道林川郡韓山郡所在毓祥宮田畓量案』(奎20355). "辛酉十月日 宮監金昌寬 奉宮令 御覽量案謄書踏印 監官金碩圭處留置."

조사를 시행한 후 사실을 확인해 준 증서에 해당된다.

궁방에서 양안을 등출하는 것은 관을 통해 궁방의 소유지나 수세지를 확인받고 관리하기 위한 것으로 궁극적으로는 토지에 대한 권리를 행사하기 위한 것이다. 따라서 필요에 따라 여러 차례에 걸쳐 반복적으로 양안의 등출이 이루어졌다.

궁방에서 양안을 등출하는 경우는 우선 토지를 새로 획득한 경우를 들 수 있다. 사여(賜與)·사패(賜牌), 절수(折受)를 받거나 매득(買得)한 경우, 다른 궁방이나 아문에서 이속(移屬)받은 경우, 무후노비(無後奴婢)의 기상(記上)을 파악하거나 축통(築筒)·축언(築堰) 등으로 토지를 개간한 경우 등이 그 계기가 되었다. 이와 관련하여 주목되는 것이 궁방양안은 대개의 경우 서명에서 매득, 이속, 사패, 절수, 축동, 무후노비기상 등 토지를 획득하게 된 경위를 밝히고 있다는 것이다. 이처럼 획득 경위를 밝히는 것은 권리의 근거를 제시함으로써 권리를 보호받고자 하는 장치였다.

다음으로는 새로 양전을 시행한 경우다. 양전의 시행으로 자호, 지번, 사표 등 토지를 파악하는 정보가 달라지면 이에 맞추어 소유지나 수세지를 초출한 양안을 작성하였다. 이에 따라 경자양전 이후에 양안을 새로 등출한 경우들이 상당수 보인다. 전라도 지역의 경우 영조대에 사진양전(査陳量田)을 시행하자 이에 짝하여 각기 새로운 양안을 작성한 것도 볼 수 있다.[34]

한편 국가에서 정책적으로 조사를 시행하여 양안을 작성한 경우도

---

34 한 예로 보성의 경우 동일 토지에 대해 『全羅左道寶城郡己亥量田內需司位田畓御覽成冊』(1720, 奎18479), 『全羅道寶城郡所在內需司田畓庫員改打量成冊』(1740, 奎18481), 『全羅道寶城郡內需司田畓打量成冊』(1757, 奎18480)이 연이어 작성되었다.

있다. 대표적인 예는 정조 7년(1783) 궁방전의 진기 여부를 조사하여 양안을 작성한 경우다. 현전하는 정조대 궁방양안 88건 중 51건이 이 해에 작성되었다.

이렇게 만들어진 양안은 이후 분쟁이 발생하거나 변동 사항을 확인할 필요가 있을 때마다 재차 작성되었다. 따라서 궁방양안 가운데에는 동일한 토지에 대한 양안이 여러 건 존재하는 경우도 있다. 이처럼 필요에 따라 작성되었기 때문에 궁방양안은 작성 간격이 일정하지 않다.

궁방양안의 기재 양식은 기본적으로는 일반 양안의 기재 양식에서 크게 벗어나지 않는다. 그러나 토지를 사정(査正)하여 궁방양안을 등출하던 시점을 기준으로 소유주나 작인명을 파악하여 기재한 경우가 많기 때문에 주기재란의 기재 형식은 매우 다양하게 나타난다.

궁방의 소유지인 영작궁둔(永作宮屯)의 경우 주명 대신에 '작인(作人)', '작자(作者)', '시(時)' 등으로 작인명(作人名)을 기재하였으며, 궁방에서 수세하는 민결면세지(民結免稅地)에서는 양안 상의 주명을 그대로 기재하더라도 '주(主)' 대신에 '시(時)'나 '양(量)'으로 기재한 경우도 있다. 즉, 궁방양안의 기재 내용은 대개 일반 양안에서 등서하거나 변동 사항을 현록한 형태지만 주명 기재는 변형된 경우가 많다.

궁방양안에는 일찍부터 민간에서 활용된 두락수와 배미수를 추가로 기재한 경우도 많다. 현종 9년(1668) 명례궁 양안인 『원양도원주목명례궁둔전답타량성책(原襄道原州牧明禮宮屯田畓打量成冊)』에서 이미 두락수가 나타나며, 배미수도 현종 11년(1670) 『경상도고성현명례궁속포도도전답개타량성책(慶尙道固城縣明禮宮屬葡萄島田畓改打量成冊)』, 현종 12년(1671) 『창원부용동궁둔전답재진물고작자석수현록성책(昌原府龍洞宮屯田畓災陳物故作者石數縣錄成冊)』에서 이미 등장한다.

궁방양안에서 일찍부터 작인이나 두락, 배미수가 등장하는 것은 양안의 등출이 단순한 등서가 아니라 등출 당시의 농지 경영 양상까지도 포괄한 등서였다는 것을 보여준다. 따라서 양안의 등출은 경영 상태의 확인이라는 기능도 지니고 있었다는 것을 알 수 있다.

2) 개인의 양안 등출

개인의 소유지만을 초록한 문서는 관에서 공증을 받아 양안을 그대로 등서한 경우에서부터 사적으로 작성한 전답안에 이르기까지 그 종류가 다양하다. 기재 양식도 일반 양안과 동일한 경우에서부터 '가전답(家前畓)', '돌쇠답(乭金畓)'과 같이 소유주가 통상적으로 부르던 토지의 명칭을 기준으로 정리한 경우까지 천차만별이다. 이처럼 광범위한 개인 전답안을 모두 양안의 범주로 파악하기는 어렵다. 여기에서는 관(官)에서 공식적으로 발급한 사례들로 개인양안의 범주를 제한하고 개인이 양안을 등출하는 양상을 살펴보고자 한다.

우선 몇 가지 사례를 통해 개인이 양안을 등출하는 사유들을 보다 구체적으로 살펴보도록 하자. 먼저 순조 33년(1833) 장석원(張錫源)이 서판서댁(徐判書宅)에 노전(蘆田)을 방매한 매매문기에는 다음과 같은 내용이 보인다.

도광 13년 계사년 정월 15일 (…중략…) (蘆田을) 위의 댁에 영영방매하는데 본문기는 전답문서가 함께 붙어 있어서 허급(許給)할 수 없으므로 위 노전의 자호복수성책(字號卜數成冊)을 아울러 영원히 허상(許上)하니 후일에 잡담하는 폐단이 있거든 이 문기로 변정할 일[35]

이 문서는 노전의 본문기를 양도할 수 없기 때문에 노전의 자호복수성책을 양도한다는 내용을 담고 있다. 이 문서와 함께 방매자인 장석원이 같은 해 정월에 작성하여 관의 공증을 받은『계사정월일김해부가락장남벌원노전자호복수성책(癸巳正月日金海府駕洛帳南伐員蘆田字號卜數成冊)』이 남아 있다. 즉 장석원은 관의 공증을 받아 노전이 자신의 소유지임을 증빙하는 자호복수성책을 작성하여 매득자에게 인도한 것이다.[36] 따라서 자신의 소유지임을 증명하기 위하여 양안을 등출하였음을 알 수 있다.

그런데, 두 달여 후인 3월에도 동일한 노전의 자호복수성책을 관에서 발급받은 책자가 전한다. 이 책자는 양안을 그대로 등서한 형태이며 주명(主名)만이 공란으로 남아 있다.[37] 정황으로 본다면 노전을 매입한 서판서가에서 양안에서 매입한 토지에 해당하는 부분을 등출한 것으로 판단된다. 이 사례는 토지를 매입한 자가 자신의 소유지를 확인하는 절차로서 양안을 등출하고 있었음을 보여준다. 이와 유사한 사례로는 1829년 이진사댁 노 복삼(福三)이 상전이 매득한 토지를 척량하여 경계를 바로 잡아 주기를 청한 소지가 있다.

고읍면 옥천리에 사는 이진사 댁 노 복삼(福三) 발괄

위 사람이 삼가 소지를 아뢰는 이유는 아래와 같습니다. 저희 댁에서 새

---

35 『慶尙道庄土文績』(奎19302) 제11책 문서번호 18「道光十三年癸巳正月十五日前明文」. "道光十三年癸巳正月十五日 (…중략…) 右宅永永放賣爲去乎 本文記段 田畓文書幷付 故不得許給 右蘆田字號卜數成冊 竝永爲許上 日後有雜談之弊 狀此(文記)卞正事."

36 『慶尙道庄土文績』(奎19302) 제11책 문서번호 191「癸巳正月日金海府駕洛帳南伐員蘆田字號卜數成冊」.

37 『金海府駕洛帳南伐員蘆田字號卜數成冊』(奎18569)

로 매득한 땅이 동종면, 남면, 서시면 등에 있습니다만 문권이 오래되고 시작(時作)이 현란하며 혹 복수(卜數)가 혼잡한 것도 있고 혹 경계가 혼잡한 곳도 있습니다. 그리하여 일전에 정소(呈訴)하여 특별히 척량(尺量)하라는 제음을 받았습니다. 곳곳을 바로 잡은 후에 전안(田案)을 등출해 주실 것을 감히 앙소(仰訴)하오니 상량하신 후 특별히 성첩(成貼)하여 빙고(憑考)하는 자료로 삼게 해 주시기를 바랍니다.[38]

복삼의 청원 이유는 토지를 새로 매득하였으나 문권이 오래되어 시작(時作)과 복수(卜數), 경계가 혼란된 곳이 많아 양안과 일치하지 않으므로 다시 측량하여 바로 잡은 후에 양안을 등출해 달라는 것이다. 그 결과로 등출받은 『양근군전안』 역시 양안을 그대로 등서한 형태이며 주명까지 기재된 곳도 있다. 이 경우는 소유권의 확인보다는 토지의 경계를 명확히 하기 위하여 양안을 등출한 것이다.

반드시 새로 매득한 전답이 아니더라도 양전한 지 오랜 시간이 지난 후 경계를 바로 잡고자 하는 목적으로 타량을 시행하고 양안을 등출한 경우도 있다. 무안박씨가(務安朴氏)에서 등출한 「희암전안(喜庵田案)」과 「남초호석봉전안(南初戶石奉田案)」에 다음과 같은 완문(完文)이 수록되어 있다.

도호부가 상고하는 일. 이번에 희암재(喜庵齋)의 결부를 모으니 해가 오

---

38 『楊根郡田案』(고려대 소장, 내제 : 道光久年己丑三月日楊根郡田案). "古邑玉泉里居 李進士宅奴福三白活 / 右謹陳所志段 矣宅新買得土在於東終·南面·西始等面 而文 券年久時作眩亂 或有卜數之相雜 或有界境之相混 故日前呈訴 特蒙尺量之題敎 逐庫 釐正後 謄出田案玆仰敢訴爲白去乎 參商敎是後特爲成帖 俾成憑考之資爲白只爲 / 行 下敎是事 / 官司主 處分 / 己丑三月日所志 / 〈제음〉 官 / 成給向事 / 四月三日"

래되어 착란되었기 때문에 곳곳을 타량하여 사실대로 바로 잡고 한결같이 양안(量案)을 따라 성첩(成帖)하여 주어 후일 빙고하는 신표로 삼을 일[39]

도호부가 상고하는 일

남초호(南初戶) 석봉(石奉)의 전결은 연대가 오래되어 착란되었기 때문에 앙소한 대로 곳곳을 타량하였으나 복자(覆字)·기자(器字)는 더욱 산란되고 계통이 없어 경계가 분명하지 않다. 민원에 따라 개량한다는 법의(法意)로 시경(時耕)에 준하여 개량하여 바로 잡은 후 등수(等數)와 자호(字號)는 대장(大帳)에 의거하여 시행하오나 년(年, 尺의 오기?)과 복수는 다른 곳이 없지 않으므로 이제 전안(田案)을 수정하여 완문(完文)을 성급하니 후일에 빙고하는 신표로 삼을 일[40]

첫 번째 「희암전안」에 수록된 완문은 청원에 따라 타량을 시행하여 경계를 바로 잡고 양안을 등서하여 주었다는 내용이다. 이에 비해 두 번째 「남초호석봉전안」의 경우는 타량을 시행하여 경계를 바로 잡았으나 경계가 분명치 않은 경우 당시의 경작 상태[時耕]에 의거하여 결부수를 조정하고 전안을 수정하였다는 것이다.

위의 사례로 미루어 보면 토지를 사정(査正)할 때에는 우선 양안에 기초하여 경계를 바로 잡고 경계가 분명치 않은 경우 당시의 상황에

---

39 「喜庵田案」, 1873. "都護府爲相考事 今次集喜庵結卜 年久錯亂 故逐庫打量 從實歸正 一遵量案成帖以給 以爲日後憑信事 / 癸酉三月十四日 / 行使."(한중연, 『고문서집성』 90, 2008 수록)

40 「南初戶石奉田案」, 1782. "都護府爲相考事 南初戶石奉田結 代久錯亂故 依所訴逐庫 打量 而至於覆字器字 尤爲散亂無統 境界不明是如 以從民願改量法意 準時耕改量厘 正而 其等與字號則依大帳施行是乎乃 年與卜數則不無異同 故玆修田案完文成給 以 爲後日憑信事 / 壬寅 十一月 日 / 行使(수결)"(한중연, 앞의 책 수록)

기초하여 전안을 수정하였음을 알 수 있다. 그리고 그 결과를 등출하여 청원인에게 증빙자료로서 발급해 주었다. 이를 통해 양안이 토지의 경계를 공증함으로써 소유권을 보호하는 기능을 담당하고 있었다는 것을 알 수 있다.

전답의 사정을 위해 타량을 한 사례는 『양주백석면고령리전답개량총안(楊州白石面古靈里田畓改量摠案)』(1800)을 통해서도 확인할 수 있다. 여기에는 개량 전후의 상황을 함께 기재하고 있는데, 자호, 지번, 전품, 주명(主名) 등은 변동이 없고 토지의 경계를 반영하는 척수(尺數), 결부수(結負數), 사표의 경우만 양(量)과 시(時)로 나누어 그 변동 내역을 기재하였다. 이때의 '개량(改量)'은 전면적인 양전을 의미하는 것이 아니라 '사정(査正)'을 의미하는 것이었다. 그리고 사정의 결과를 증빙하는 자료로 양안을 등서하여 소유주에게 발급해 주었다.

이상과 같은 몇몇 사례를 제외한 대부분의 경우 양안을 등출한 동기는 파악되지 않는다. 하지만 그 가운데 서명이 '사정책(査正冊)', '타량성책(打量成冊)', '답험양안(踏驗量案)' 등처럼 조사 과정을 전제하고 있거나 척량색리(尺量色吏)나 수정색리(修正色吏)의 명단이 기재된 경우는 대개 위와 같은 사정을 거친 후 양안을 등출한 경우로 보인다.

보다 많은 경우는 「양주상하도전답양안(楊州上下道田畓量案)」과 같이 서명에 토지의 소재지만 표기하거나 『노봉길전안등서책(奴吉奉田案謄書冊)』이나 『지평읍안창김교리댁전안(砥平邑安昌金校理宅田案)』처럼 호명(戶名)이나 택호(宅號)만을 기재한 것이다. 이러한 경우 양안을 등출한 목적을 파악하기는 어렵지만 관에서 소유 토지의 양안을 등출하였다는 것은 그 자체로 소유권을 보호하기 위한 절차였다고 보아도 무방할 것이다.

일반적으로 개인의 소유권은 양안보다는 분재기, 매매문기, 입안, 입지 등 문서에 기초하는 것으로 파악된다.[41] 그런데 역으로 분재를 받은 후에 관의 공증을 받은 사례도 보인다. 『장련오이선방이리성현평이진사댁전안(長連朽夷船坊二里城峴坪李進士宅田案)』이 이런 경우다. 이 전안은 경중에 거주하는 홍이천댁(洪利川宅)과 서생원댁(徐生員宅), 이진사댁(李進士宅)이 황해도 장연에 소재한 전답을 평균 분집한 이후 이진사댁에서 소지(所志)를 올려 관의 공증을 받아 등출한 양안이다.[42] 이진사댁에서는 분재 문서를 작성하였을 것이 분명하지만 직접 전답안을 작성하여 다시 공증을 받았다. 이 사례는 사문서 외에 관의 공증도 소유권을 보호하는 데 중요한 기능을 담당하였음을 보여준다.

그런데, 관에서 발급한 개인양안 중에는 소유주가 재지지주인 경우보다는 부재지주, 특히 경중 관료층인 경우가 상당수를 차지한다. 이러한 정황에 비추어 볼 때 재지지주보다는 여러 지역에 토지가 산재한 부재지주들이 토지의 소유권을 보호받고 관리하는 방법으로 양안을 등출하여 활용하였던 것으로 보인다.

그런데, 양안 상의 소유주명은 호명으로 대록된 경우가 많을 뿐 아니라 양안의 등출도 많은 경우 호명으로 이루어졌다. 따라서 소유지를

---

41   오인택, 「조선 후기의 양안과 토지문서」, 『부대사학』 20, 1996(한국역사연구회 토지대장연구반, 앞의 책 재수록); 염정섭, 「고문서를 통해본 조선시대의 토지 소유 관계」, 『동아시아근세사회의 비교』, 혜안, 2006. 오인택은 『경북지방고문서집성』의 입안, 염정섭은 서울대 규장각 간행 『고문서』의 소지(所志)와 입지를 분석하여 고문서를 통해 토지소유권이 증빙되는 양상을 해명하였다.

42   『黃海道庄土文績』(奎19303) 제46책 문서번호 19 「長連朽夷船坊二里城峴坪李進士宅田案」. "京居李進士宅奴仁得 右謹陳所志段 治內朽夷船坊二里城峴坪伏在田七朔耕畓肆拾石落庫乙 矣宅與京中洪利川宅及徐生員宅平均宰割 分爲三衿 各執一分是遣 所分庫員後錄 仰訴爲去乎 □□敎是後 踏印以給 以爲日後憑考之地爲白只爲 / 行下向敎是事 / 長連官主 處分 / 〈제음〉長連官(수결) / 甲辰十一月日 後考次依□施行事 初九日."

관리하기 위해서는 호명도 관리해야 했다. 호명의 유래와 관련해서는 경자양안을 등서한 영해 무안박씨가의 『남이도호산립전안(南二度戸山立田案)』이 참조가 된다.

『남이도호산립전안』은 무안박씨가의 소유지를 등서한 등출 양안에 상지(裳紙)를 붙여 산립(山立)이라는 호명을 기재하였다. 산립이 호명으로 기재된 필지는 양안의 주명(主名)이 '박정걸노산립(朴廷杰奴山立)'이나 '산립(山立)'으로 되어 있다. 즉 호명인 '산립'은 경자양안 상의 주명에서 비롯되었던 것이다.

한편 여주이씨 가의 『전답도록』은 경자양안을 그대로 등서한 것이다. 이 중 금주(今主)는 모두 '세운(世云)'으로 되어 있어서 경자양전 당시에 이미 단일한 호명을 사용한 것을 알 수 있다. 이와 유사하게 단일한 호명을 사용한 사례는 고창·고부의 함양박씨가에서 전불동 소재 묘위전 양안의 주명을 모두 '전불(殿佛)'로 등재한 사례가 있다.[43]

경상도 용궁현 경자양안의 주명을 분석한 결과에 따르면 호명을 기재한 전주(田主) 927명 중 한 종류의 호명을 사용한 경우가 722명(77.9%), 두 종류 이상의 호명을 사용한 경우가 205명(22.1%)으로 경자양전 당시에도 단일한 호명을 사용하여 토지를 관리하는 관행이 있었다는 것을 알 수 있다.[44]

한편 『양주백석면고령리전답개량총안』(1800)은 양전 후에 다시 개량하여 양안 상의 사표와 개량 당시의 사표를 함께 기재한 양안이다. 주명은 원 양안의 주명으로 양안 상의 사표에도 동일한 인명이 등장한

---

43 『典佛洞量案』(한중연, 『고문서집성』 95, 2009 수록)
44 김건태, 「호명을 통해 본 19세기 직역과 솔하노비」, 『한국사연구』 144, 2009, 219~227쪽.

다. 그런데, 개량 후의 사표인 시(時)에도 양안 상의 주명이 그대로 등장하는 경우가 있다. 예를 들어 승자(承字) 28번 전(田)의 시사표(時四標)에 등장하는 '수정(守丁)'은 양안 상 29번 답의 주명이다. 즉, 양안 상의 주명이 개량 후에도 그대로 호명으로 사용된 것이다. 이 양안에는 '흔남호(欣男戶)', '억산호(億山戶)'라고 기재한 첨지가 붙어 있는데, 흔남과 억산은 양안상의 주명이다. 이를 통해 양안상의 주명이 장기간에 걸쳐 호명으로 사용되었다는 것을 알 수 있다.

이처럼 양안 상의 호명을 장기간에 걸쳐 그대로 사용한 것은 오랜 기간 동안 양전이 시행되지 않았던 데서 비롯된 것으로 생각된다. 양전이 자주 시행되면 그때마다 새로운 호명을 등록할 수 있지만 그렇지 못한 현실에서는 오랜 시간이 지나더라도 양안 상의 호명을 그대로 활용하는 것이 훨씬 안정적이기 때문이다. 이 때문에 호명은 재산과 더불어 대대로 상속되었던 것이다.

그러나 매매나 상속 등을 통해 소유권의 변동이 발생할 경우는 문제가 다르다. 이런 경우 토지의 관리를 위해 새로운 호명을 설정할 필요가 있다. 이런 사례는 『예산현우가산면양안(禮山縣于可山面量案)』(1840)에서 보인다.[45] 이 양안은 기존의 양안을 등서한 형태인데, 주명은 구(舊)와 금(今)을 구분하여 기재하였다. 이 중 구주(舊主)는 이웃한 토지의 사표에 등장하는 인명으로 양안 상의 주명이라는 것을 알 수 있으며, 금주(今主)는 모두 '복득(卜得)'으로 되어 있다. 이처럼 주명이 다양한 필지들을 단일한 호명 아래에 등출한 사례들도 다수 확인된다. 이런 경우 다양한 주명을 새로운 호명으로 단일화한 후 이를 반영한 양안을 관의 공증과 함께 등출받았던 것으로 추정된다.

---

45 『禮山縣于可山面量案』, 1840(한림대학교 소장).

한편 개인이 등출한 양안 중에는 양안상에 기재되지 않는 야미수나 두락수는 물론 작인까지 기재한 경우도 흔히 보인다. 그렇다면 이것은 어디에 근거한 것일까? 이와 관련하여 순조 20년 개량사목별단(改量事目別單)에 "본주가 먼 곳에 있고 현재 경작하는 자가 그 노복이 아니면 따로 주가 누구이고 시작(時作)이 누구라고 현록(懸錄)하라"고 한 조문이 주목된다.[46] 본 연구를 통해 검토한 양안 중 작인이 기재된 경우는 대개 부재지주인 관료층의 소유지가 많다. 이에 비추어 볼 때 순조 20년 사목 상의 규정은 이전부터 각 군현에서 토지를 파악하는 데 활용되던 관행을 반영하였을 가능성이 있다. 두락이나 야미수 역시 관에서 부세 관리를 위해 관행적으로 파악하고 있었을 가능성을 생각해 볼 수 있겠다. 하지만 역으로 양안을 등출하고자 하는 소유주들이 이를 신고하여 삽입하였을 가능성도 있다. 이 문제는 앞으로 더 검토할 필요가 있다.

맺음말

이상 조선 후기 양안의 작성 양상에 대해 살펴보았다. 조선 후기 양안의 범주에는 국가에서 양전을 통해 작성한 군현별 양안과 이를 등출한 파생형태의 양안이 포괄된다. 본 글에서는 양안의 등출이 양안의 활용 양상을 반영한다는 인식하에 양안의 작성 및 등출에 대해 살펴보았다.

---

46 『순조실록』 권23, 순조 20년 3월 27일 계미. "本主在於遠地 時作者非其奴僕 則別以 主某時作某懸錄."

군현별로 작성된 일반 양안은 면을 기초단위로 양전을 시행하고 양안을 작성하였다. 기재 양식에서 몇 가지 차이는 있으나 전체적으로는 대동소이하다. 다만 19세기 언양현의 읍양안에서는 동양안(洞量案)이 등장하는데, 이는 동이 공동납의 단위로 기능함에 따라 양안도 동을 단위로 작성되었을 가능성을 시사한다.

군현별로 작성된 양안은 장기간의 사용을 위해 보존되었으며, 실제 활용을 위해서는 필요한 부분만을 등출하여 사용하였다. 부세 행정을 목적으로 하는 행심책은 양안을 그대로 등서한 데 비하여 궁방 등 토지 소유자가 등출한 양안은 기재 양식이 훨씬 다양한 경향을 보인다.

양안은 과세를 목적으로 작성된 장부지만 실제의 부세행정은 이를 등서한 행심책을 통해 이루어졌다. 양안이 면단위로 작성되는 데 비하여 행심책은 대개 동·리를 단위로 작성되었다. 행심책은 군현에서 면단위로 부세행정을 수행하는 과정에서 작성하는 경우도 있으나 동중(洞中)에서 부세 운영에 활용하기 위하여 작성하는 경우도 있었다. 양쪽의 행심책에는 모두 상지(裳紙)가 붙어 있으나 작성자나 그 기능은 서로 달랐다. 면 단위의 행심책은 관(官)에서 급재(給災)와 과세에 직접 활용하기 위하여 작성한 것인 반면 동단위의 행심책은 동중의 부세를 조절하고 통제하는 데 더 큰 목적이 있었던 것으로 생각된다.

궁방양안은 궁방의 요청에 따라 토지 소재 군현에서 답험을 시행한 후 양안을 등출하여 발급한 증서에 해당된다. 소유주인 궁방 보관용 외에 내수사, 호조, 군현 보관용도 작성되었다. 궁방에서는 토지의 획득이나 양전, 토지의 변동, 수세나 수조를 둘러싼 분쟁 등 사안이 발생할 때마다 양안을 등출하였으며, 이를 통해 토지에 대한 권리를 확인받았다.

궁방양안에는 군현별 양안에 등장하지 않는 작인이나 두락수, 배미

수 등이 등장한다. 이것은 양안의 등출이 단순한 등서가 아니라 등출 당시의 농지 경영 양상까지도 포괄한 등서였다는 것을 보여준다. 따라서 양안의 등출은 경영 상태의 확인이라는 기능도 지닌다.

궁방과 마찬가지로 개인도 관에서 양안을 등출하여 활용하였다. 토지를 매입한 자는 자신의 소유지를 확인하는 절차로서 양안을 등출하였으며, 양전한 지 오랜 시간이 지나면 경계를 바로 잡을 목적으로 타량을 시행하고 양안을 등출하였다. 이처럼 관의 인증을 받아 양안을 등출하는 것은 소유권을 보호받기 위한 것으로 재지지주보다는 여러 곳에 토지가 산재한 부재지주들이 더 적극적이었던 것으로 보인다.

양안이나 행심책의 주명은 호명(戶名)으로 대록된 경우가 많았기 때문에 소유권의 관리를 위해서는 호명도 관리해야 했다. 많은 지주들은 경자양안의 주명에서 비롯된 단일한 호명을 사용하였으며 주명이 다기한 경우 호명을 단일화하고 이를 증명받는 양안을 등출하였다.

지금까지 양안의 문제는 주로 군현별로 작성된 일반 양안을 중심으로 논의되어 왔으며, 양안이 어떻게 활용되었는가 하는 문제는 그다지 활발하게 논의되지 못했다. 본 연구에서는 양안의 활용 문제를 살펴보기 위하여 행심책, 궁방양안, 개인양안 등이 등출되는 양상과 그 특징을 살펴보았다.

본 연구를 통하여 과세자인 국가나 군현에서뿐 아니라 담세자인 토지 소유자 측에서도 적극적으로 양안을 등출하여 활용하였다는 것을 확인할 수 있었다. 동중에서 부세를 조정하고 소유권을 보호받고자 하는 것이 그 목적이었다.

점책[易書]으로 상통하는 동아시아

『당사주』라는 키워드

김시덕

머리말

『당사주』는 조선시대에서 현대에 이르기까지 『토정비결(土亭秘訣)』과 함께 서민들에게 가장 친숙한 역서(易書)이다. 현존하는 사본이 적지 않은 것은 물론이려니와, 옛 형태를 유지하면서 현대적으로 출판된 『당사주』를 오늘날에도 대형서점에서 쉽게 발견할 수 있으며, 점집에서 『당사주』를 실전 점술서로서 활용하는 사례도 종종 발견된다. 그러나, 이러한 친숙함과 높은 실용도에 비하여, 『당사주』의 성립연대 · 전래 · 유형 등의 문헌학적 사항에 대한 연구는 활발하지 않다. 현존하는 『당사주』 사본들에 필사기(筆寫記)가 남아있는 경우가 거의 없다는 사실이 특히 『당사주』의 문헌학적 접근을 가로막고 있다. 이로 인하여,『당사주』의 성립 사정을 추정하기 위해서는 문장·도상(圖像)의 내용과 배치를 세심하게 검토할 필요가 생겨난다.

필자는 중국과 일본의 고문헌을 연구하는 과정에서,『당사주』의 성립사정을 추정하는데 도움이 된다고 생각되는 중국과 일본의 문헌을 확인하였다. 중국 송-명대에 성립된 것으로 생각되는『연금두수삼세상(演禽斗數三世相)』과, 중국 중세에 성립하여 일본에서 16세기 말~17세기 초에 필사된『대역단례복서원귀(大易斷例卜筮元龜)』의 두 문헌이 그것이다. 본 글에서는 이들 두 문헌과『당사주』에 실려 있는 도상을 비교함으로써『당사주』의 성립연대를 추정하는 한편,『당사주』의 유형 분류를 시도한다.

1. 선행연구

『당사주』에 대한 기존의 여러 언급은 실용 사주명리학(四柱命理學)의 차원에서 이루어졌다. 예컨대,

　　많은 역학자들은 당사주를 지금의 명리학이나 주역, 육효, 성명학, 관상학처럼 현시대에 맞게 개발하여 사용하려고 전혀 생각지 않고 있으면서 '적중률이 낮다'라고 무관심속에 방치되어 왔다. (…중략…) 당사주는 지금까지는 많은 다른 역학의 틈새에서 잠들어 있었고 또, 역학자들은 이 당

사주를 외면함은 물론, 옳게 풀어보고 개량하여 참된 학문으로 만들려고 생각지도 않고, 그저 쓸모없는 학문이라고 버렸던 것이다. 그러나, 당사주에다 명리학이나 기타 다른 역학을 접목시키면 오늘날에도 효용성 있고 재미있는 학문영역이 될 수 있다고 판단하였다.[1]

라는 식으로, 현대의 역학적 관점에서『당사주』가 이용가능한가라는 차원에서 접근하는 경우가 대부분이다. 이는『당사주』가 오늘날에도 일부 역학자들에 의해 실제로 이용되고 있다는 사실에서 비롯된 것으로 보인다. 이러한 현상으로 인하여『당사주』는 학술적 연구대상으로 거론되지 않은 것으로 보인다. 기존의 학술서에서는『당사주』의 문헌적 성격에 대해,

사람의 운명을 개인의 생년월일시로 판단하는 점술서이다. 중국에서 전래한 사주점이라 하여 당화적(唐畵籍)이라고도 한다. 그림으로 점괘를 보게 되어 위쪽에는 치졸하나 색도가 있고, 그 밑에 설명이 붙어있어 사주에 맞추어 점을 친다. 조선 후기에 전래된 것으로 추정된다.[2]

는 예문과 같이 극히 간략히 서술할 뿐이다.『당사주』의 문헌적 성격에 대한 기존의 언급을 대표할만한 것으로 네이버 백과사전의「당사주」항목을 인용한다.

---

1   임재식,「당사주의 이론적 고찰과 적용 및 사회사적 의의」, 공주대 석사논문, 2005.2, 2~3쪽.
2   국립민속박물관,『민속박물관 학술총서 10 생활문화와 옛 문서』, 국립민속박물관, 1991, 117쪽.

『당사주』중국 당나라 이허중(李虛中)의 점서(占書)에 그림을 넣어 도해하고 한글로 알기 쉽게 풀이한 책. 수백 년 동안 한국의 항간에 널리 퍼진 사주책이다. 이 당사주라는 이름은 한국에서 붙인 이름이다. 송나라의 점술인 서자평(徐子平)이 이허중의 설에는 없는 12지와 오행의 상생(相生)·상극(相剋)이론을 덧붙여서 개편하여 『연해자평(淵海子平)』이란 이름을 붙였으며 이 책은 후세에 다시 사주와 당사주로 분리되어 사용되었다. 당초 이허중의 설은 간지와 오행이 배재된 채 인간의 화복이 매어 있는 12개의 별, 천귀(天貴)·천액(天厄)·천권(天權)·천파(天破)·천관(天官)·천문(天文)·천복(天福)·천역(天驛)·천고(天孤)·천인(天刃)·천예(天藝)·천수(天壽)를 사람의 사주(四柱, 생년월일)와 연관하여 만든 설인데, 서자평이 오행의 상생상극설을 가미 증보한 것이며, 한국에서는 여기에 색깔을 넣은 그림으로 도해하고 한글로 풀어 책을 만들어 『당사주』라고 불렀다. 이 당사주가 서민생활에 널리 애용된 것은, 그 내용이 일생을 초년·중년·말년으로 구분하고 인명(人命)·골격(骨格)·유년행운(流年行運)·심성(心性)·12살(十二煞)·부모·형제·부부·자녀·직업·길흉·가택 등 일상생활과 직결된 궁금증을 해소해 주었기 때문이다. 특히 빨간·파란·노란색으로 채색된 그림만 보아도 자기의 길흉화복을 한눈으로 식별하는 편리성이 있어 서민들의 당사주 선호도는 매우 높다.[3]

위의 인용문 가운데 『당사주』에 대한 문헌학적 설명은 "수백 년 동안 한국의 항간에 널리 퍼"졌다는 것과 "빨간·파란·노란색으로 채색된 그림"이 있다는 부분뿐이다. 또한 『당사주』의 연원으로 이허중·서자평을 거론하는 것은 사주명리학의 일반론으로서는 타당하지만, 이

---

3 「당사주」, 네이버지식백과(http://terms.naver.com/ 최종 검색일 : 2014.5.8).

두 사람이 현존『당사주』의 성립에 직접 관련되어 있다는 주장에 대한 논증은 과문하여 확인하지 못하였다.

『당사주』에 대한 기존의 연구 가운데 학술적으로 참고가 되는 거의 유일한 선행 연구는 김두규에 의해 이루어졌다.

> 중국의 당나라 때 유행하였다하여『당사주』로 붙여진 것으로 그 보는 법이 간단하여 지금까지도 민간에 널리 유포된 사주학의 아류이나, 중국의 정사(正史)나『고금도서집성』, 그리고 고려와 조선의 정사나 문헌에 전혀 언급이 없다.『토정비결』과 마찬가지로 조선 후기에 민간에 유포된 것으로 본다. 사주명리학이 음양, 오행, 십간, 십이지라는 네 개의 범주를 고루 사용함에 반해『당사주』는 십이지만 활용하여 인간운명을 추리하는 방법이다. 사주전문가들은 거의 무시하지만 일반인들에게 심심풀이로 자주 애용되는 방법이다.『토정비결』과『당사주』에 대해서는 또 다른 별도의 연구가 필요하다.[4]

> 즉『당사주』는 비록 당나라 때 유행된 사주라고 해서『당사주』란 이름을 붙여졌지만 그 근원은 인도에서 유래한 불교의 전생설(前生說)과 인연설(因緣說)이 중국의 십이지지, 그리고 당시에 유행한 별점 등 3가지가 결합하여 한반도에서 생겨난 것으로 보여진다. 왜냐하면 당사주의 첫 부분이 전생에 관한 부분부터 시작하기 때문이다. 이것은 일반 사주학에 없는 부분이다. 또한 십이지지를 하늘의 열두 개 별과 결부시켜 해석하면서, 인간은 하늘의 열두 개 별의 정기 가운데 하나를 받아 각자의 운명이 결정된다고 하기 때문이다. 즉 인간의 태어날 때 좋은 별[吉星]의 기를 받으면 부귀공명하며 나쁜 별[凶星]의 기를 받으면 가난과 질병 그리고 고통 속에서 한

4　김두규,「한국의 사주명리학」,『월간 이머지』44, 2003. 4, 216~217쪽.

평생을 보내게 된다는 논리이다.[5]

첫 번째 인용문에서 김두규는 『당사주』가 "조선 후기에 민간에 유포된 것으로 본다"고 하여 그 확산 시기를 지적하고 있으나, 성립 시기는 언급하고 있지 않다. 첫 번째 인용문이 수록된 논문은 『당사주』를 주요한 연구대상으로 하고 있지 않으며, "『당사주』에 대해서는 또 다른 별도의 연구가 필요하다"고 하여 결론을 유보하고 있다. 두 번째 인용문에도 성립 시기에 대한 언급은 없지만 여기서는 주목할만한 서술이 확인된다. "그 근원은 인도에서 유래한 불교의 전생설(前生說)과 인연설(因緣說)이 중국의 십이지지, 그리고 당시에 유행한 별점 등 3가지가 결합하여 한반도에서 생겨난 것으로 보여진다"라는 대목이 그것이다. 위에서 『당사주』의 사상적 배경으로 언급된 불교의 전생설·인연설과 중국의 십이지지는, 뒤에서 살펴볼 『연금두수삼세상(演禽斗數三世相)』의 그것과 상통한다.

2. 한국의 『당사주』

『당사주』와 『연금두수삼세상』의 관계를 검토하기에 앞서, 현존하는 『당사주』의 유형 분류를 시도한다. 필자가 현재까지 확인한 『당사주』의 유형은 크게 세 가지로 나뉜다.

---

5 김두규의 미발표 원고.

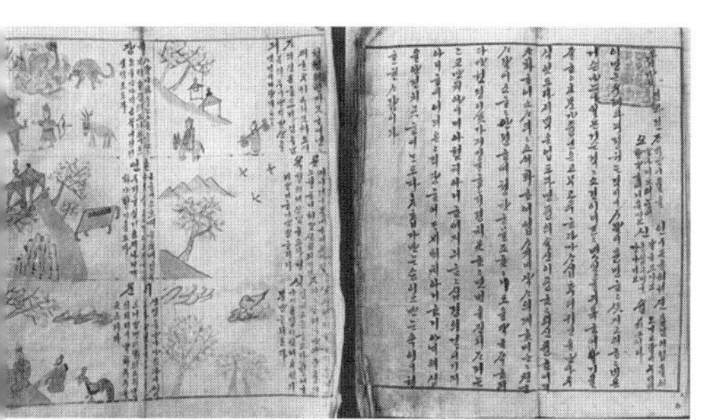

〈그림 1〉【당사주 A형】글과 그림의 병행〔文圖幷列型〕.
국립중앙도서관 및 화봉문고(華峯文庫) 소장본을 확인하
였다. 사진은 국립중앙도서관 소장『당사주』(한고조19-58).

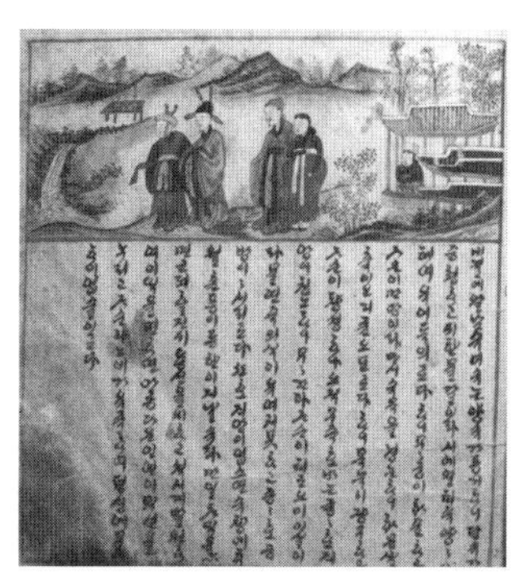

〈그림 2〉【B-1】위에 그림 하나, 아래에 글 하나 〔一圖一文型〕.
국립민속박물관 소장『당결』(민속15673).

후술하듯이 【당사주 A형】과
【당사주 B형】은 『연금두수삼세
상』의 흐름을 잇고 있는 것으로
보이지만, 두 유형이 단일한 조
본(祖本)에서 순차적으로 발생
한 것인지, 또는 『연금두수삼세
상』에서 서로 독립적으로 갈라

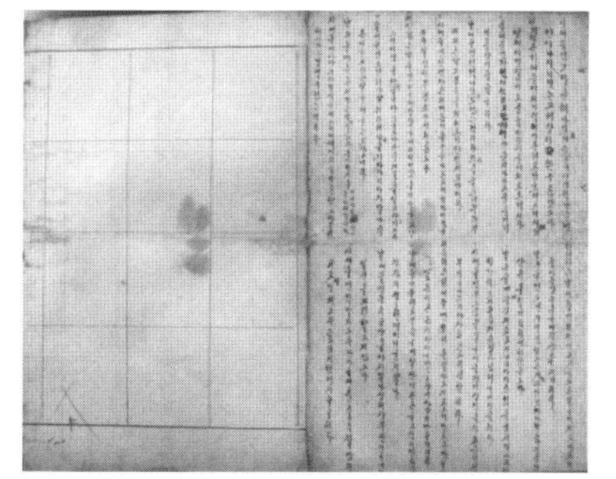

〈그림 3〉【기타】국립중앙도서관 소장『당사주법』(한고조19-87)

져 나온 것인지는 불확실하다. 그러나【당사주 A형】에 속하는 국립중
앙도서관 및 화봉문고 소장본은 도상(圖像), 채색, 책의 크기 등에서 유
포본인【당사주 B형】보다 전체적으로 옛 형태를 유지하고 있는 것으로
보인다. 국립중앙도서관 소장본의 서지를 소개한다.

【국립중앙도서관 소장본『당사주(언문)』의 서지】

・청구번호 : 한고조 19-58

· 외제 : 「唐四柱(諺文)」

· 2책 : 「甲乙丙丁戊」1책 (甲甲~戊癸), 「己庚申壬癸」1책 (己甲~癸癸)

· 표지 : 35.6×33.4cm (세로×가로, 이하 동일), 사주단변 30.8×29.4cm,
　　　　1면 6칸의 삽화 한 칸은 10.5×14.5cm

· 삽화 채색은 청(靑)·적(赤)·녹(綠)·황(黃)을 주로 한 다색(多色)

· 삽화 채색 및 도상은 유포본 계통보다 고졸하다

· 순한글

3. 중국의 『연금두수삼세상』과 『당사주』

한편, 【당사주 A형】과 【당사주 B형】은 전근대 중국에서 간행된 『연
금두수삼세상』의 글 / 그림 배치 및 도상 일부를 계승하고 있는 것으로
생각된다. 일본의 서지학자 나가사와 기쿠야[長澤規矩也] 선생은 2차대
전 이전에 「송판본」[6] 『연금두수삼세상』의 영인본을 간행하고 해설을
실었는데, 영인본의 저본은 현재 소재가 불확실하다. 나가사와 선생은
이 책의 성립사정에 대해 해제에서 다음과 같이 적고 있다.

『삼세상』은 불가(仏家)의 인연을 복서(卜筮)의 방법을 빌어 설한 책으

6　2011년 4월 8일에 열린 한국서지학회 춘계학술대회에서 본고를 발표했을 당시, 나
가사와 선생이 영인한 『연금두수삼세상』은 송판본이 아닌 원·명대 판본이거나 일
본판[和刻本]일 수 있다는 지적이 있었다. 원본의 소재가 불확실한 지금으로서는 판
단을 유보할 수밖에 없다.

로, 오행·간지·인상(人相)·생년월일 등을 섞어서 과거·현재·미래 3세의 길흉화복과 인과응보를 설하고 있다. 일본 에도시대(江戸時代)에는 이 책이 통속화되어 민간에서 크게 유행하였다. 이들에 앞서 명 가정판(嘉靖板) 3권본을 번각한 것이 두 종류 있다. 하나는 무간기(無刊記)로서 겐나(元和: 1615~1624) 연간의 간행으로 생각되며, 또 하나는 「간에이 을해(寛永乙亥: 1635) 음력 4월 길일 나카노 이치에몬[中野市右衛門] 간행」이라는 간기가 있다. 두 종류 모두 권수(卷首)에 가정 19년(1540) 석봉산인(碩峯散人)의 서문이 있다. (…중략…) 이 책은 원래 속서(俗書)이기 때문에 중국에서는 여러 사람들의 저술에서 가정 간본에 대한 언급을 찾을 수 없다. 저자로서 전해지는 원천강(袁天綱)의 전기는 『당서(唐書)』 권204의 「방기열전(方技列伝)」에 보이지만 당연히 『삼세상』을 저술했다는 언급은 없다. (…중략…) 『삼세상』의 송판본에 대하여도 언급을 찾을 수 없다. 이 책의 원본은 우치노 고로산[內野五郎三] 씨의 소장본으로, 원래 다나카 미쓰아키[田中光顯] 백작의 구장본이다. 결필(欠筆)된 부분은 없지만 약자가 많이 사용된 속서인 것이나 판식(板式) 등을 보건대 송대 말의 방각본으로 단정할 수 있다. (…중략…) (송판본과 명판본의 서문 비교) 『삼세상』의 간행본이 이미 송대에 존재하였으며, 이것이 종래 알려져 있던 가정본의 원본임을 알 수 있다.[7]

인용문에 따르면, 『연금두수삼세상』이라는 제목은 이 책이 불교의 세계관에 기초하여 과거·현재·미래의 3세를 설하기 때문에 붙은 것이며, 그 사상적 배경은 불교의 인연설과 중국의 오행·간지설의 결합이라는 것이다. 나가사와 선생이 설명하는 『연금두수삼세상』의 이러

---

7 長澤規矩也, 『日本書誌學會印行 宋本三世相』 해설, 日本書誌, 1933.

한 특성은 김두규 선생이 추정하는 『당사주』의 사상적 배경과 일치한다. 한편, 『연금두수삼세상』은 송대에 방각본으로 간행되어 명대에 중간되었다고 하며, 나가사와 선생의 지적대로 이는 일본으로 유입되어 아류가 나오는 등 크게 유행하였다고 하나, 한국에서는 『연금두수삼세상』의 유행 및 현존본이 거의 확인되지 않는다. 필자는 이 부분에 주목하였다. 즉, 중국과 일본에서 『연금두수삼세상』이라는 이름으로 유통된 문헌이 한국에서는 「당나라의 사주」라는 뜻의 『당사주』라는 이름으로 유통되었으리라는 것이다.

『당사주』와의 비교를 위하여 『연금두수삼세상』의 문장·도상 배치를 유형별로 분류하면 다음과 같다(지면관계상 일부 도상만을 제시한다).

【삼세상 A형】 그림만 있고 글은 없음[有圖無文型] : 한 단에 그림 하나[一段一圖型], 한 단에 그림 다수[一段多圖型]

【삼세상 B형】 위에 그림, 아래 글[上圖下文型]

【B-2】 3단 : 그림 2개 글 하나[圖二文一型], 그림 하나 글 2개[圖一文二型]

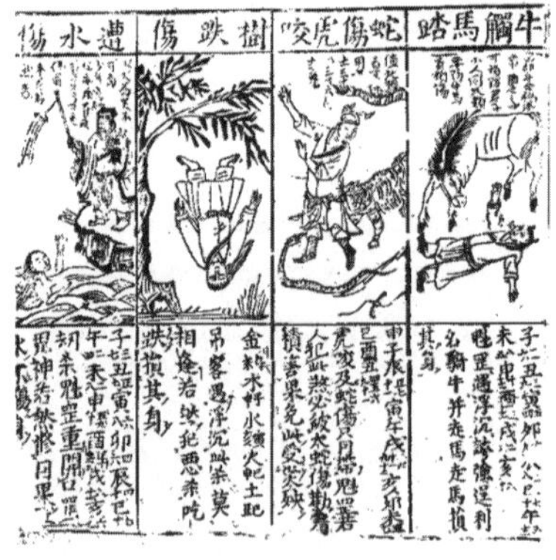

〈그림 4〉 【B-1】 2단. 나가사와, 139

【B-3】4단

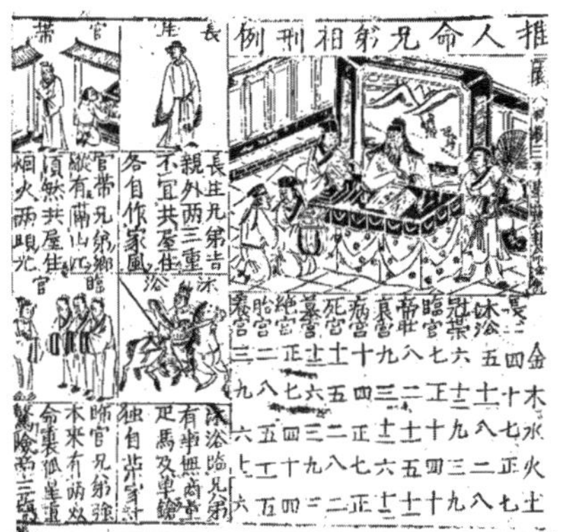

〈그림 5〉【B-4】복합형(複合型). 나가사와, 109

2011년 4월 8일에 열린 한국서지학회 춘계학술대회에서 본고를 발표했을 당시, 이 삽화와 돈황 사본 소재 삽화와의 유사성이 다수 지적되었다. 이러한 지적은『연금두수삼세상』을 비롯한 전근대 중국의 사주명리학 서적의 연원을 추적하는데 중요한 단서가 된다. 본 글에서는 이 문제를 검토하지 않았으나, 향후 연구과제로 삼고자 한다.

〈그림 6〉【삼세상 C형】만다라형(曼茶羅型) 나가사와, 7

이상과 같은『연금두수삼세상』의 문장·도상 배치 유형 가운데, 특히【삼세상 B-1형】및【삼세상 C형】이【당사주 A형】및【당사주 B형】과 직접적으로 관련된 것으로 생각된다.

4. 일본의『대역단례복서원귀』

한편, 당사주 가운데【당사주 B형】보다 고졸한 것으로 보이는【당사주 A형】의 삽화와 유사하면서 성립하한선이 확인되는『대역단례복서원귀(大易斷例卜筮元龜)』라는 문헌이 일본에 현존한다. 중국에서 성립한 이 문헌은 중세에 일본으로 건너왔으며, 필사본이 일본에 현존하고 있다.[8] 필자는 현재까지 게이오대학 사도문고(斯道文庫) 소장본(1책)과 개인 소장본(1630년 필사, 1책) 2점의 실물을 검토하였다. 나고야 호사문고(蓬左文庫 : 1578년 필사, 2책. 중·하권 현존)와 교토대학(중국웹 검색) 소장본은 목록상으로 확인하였으며, 「중국고적선본목록도항계통(中國古籍善本目錄導航系統)」등에서는 이 문헌이 검색되지 않았다.

이 문헌은 일본 중세에 필사되는 과정에서 삽화가 빠지는 경향이 보인다고 하며, 필자가 확인한 사도문고 소장본과 개인 소장본의 2점은 모두 삽화를 보존하고 있는 점에서 귀중하다.[9] 특히 개인 소장본의 삽화는 국립중앙도서관 소장본『당사주』(【당사주 A형】)의 도상과 특히 유사한 것으로 판단된다. 사사키 소장본『대역단례복서원귀』의 서지사항은 다음과 같다.

【개인 소장본『대역단례복서원귀』의 서지】

· 외제(外題) :「大易斷例卜筮元龜」

· 1책

---

8 게이오대학 사도문고 사사키 다카히로 선생의 교시(教示).
9 나고야 호사문고 소장본에도 삽화가 있다고 하나 실견하지 못했다.

・필사기 : 1630년(寬永7) 오카모토 노부아키(岡本宣明) 필사

・표지 : 율피(栗皮), 27.4×20.5cm, 사주단변 24.1×17.8cm, 도상 크기
　　10.0×14.2cm

・문장・삽화 배치 : 팔괘(八卦)를 이용한 점의 결과를 해설하는 삽화와
　　한문이 위 / 아래에 배치되어 있다.

・삽화 채색은 청(靑), 적(赤), 녹황(綠黃)의 3색

　개인 소장본 및 호사문고 소장본의 필사기를 통하여, 일본에 전래되는『대역단례복서원귀』는 늦어도 16세기 말～17세기 초 이전에 성립하였음이 확인된다. 따라서 만약『대역단례복서원귀』의 도상과 국립중앙도서관 소장본『당사주』의 도상과의 유사성이 인정된다면,【당사주 A형】의 조본(祖本)의 성립 시기는 기존에『당사주』의 성립 또는 유포시점으로 지적되어 온 조선시대 후기보다 앞당겨질 가능성이 있다. 물론 이것은 현존【당사주 A형】2점의 성립연대를 가리키는 것이 아니며,[10]【당사주 A형】의 조본(祖本)과『대역단례복서원귀』와의 사이에 공통 조본(祖本)이 존재하였는지의 여부에 대하여도 더욱 조사할 필요가 있다.

---

[10] 2011년 4월 8일에 열린 한국서지학회 춘계학술대회에서 이 글을 발표했을 당시, 국립중앙도서관 소장『당사주』의 성립연대는 18세기 이후로 추정된다는 지적이 있었다.

5. 『당사주』와 『대역단례복서원귀』의 도상 비교

여기서는 【당사주 A형】에 속하는 국립중앙도서관 소장 『당사주』와 사사키 소장본 『대역단례복서원귀』의 몇몇 삽화를 제시하고 그 유사성을 지적한다. 표의 상단은 『당사주』, 하단은 『대역단례복서원귀』의 삽화이다. 두 문헌의 삽화가 도상학적으로 유사성을 보인다는 것이 인정된다면, 두 문헌은 상호 영향을 주고받았거나 두 문헌의 공통 조본(祖本)이 존재하였음을 상정할 수 있다. 그리고 두 문헌 간에 교류가 발생했거나 공통 조본이 성립된 시기는 16세기 말~17세기 초 이전이다.

한편, 【당사주 B형】과 『대역단례복서원귀』 사이에는 큰 관련성이 발견되지 않지만, 【당사주 A형】과 【당사주 B형】은 모두 중국 송-명대에 성립한 『연금두수삼세상』과의 관련성이 상정된다. 현재까지 【당사주 B형】의 성립연대를 추정할 만한 단서를 확인하지 못했으나, 그 조본이 성립된 시기는 조선시대 후기보다 이전이라고 할 수 있다.

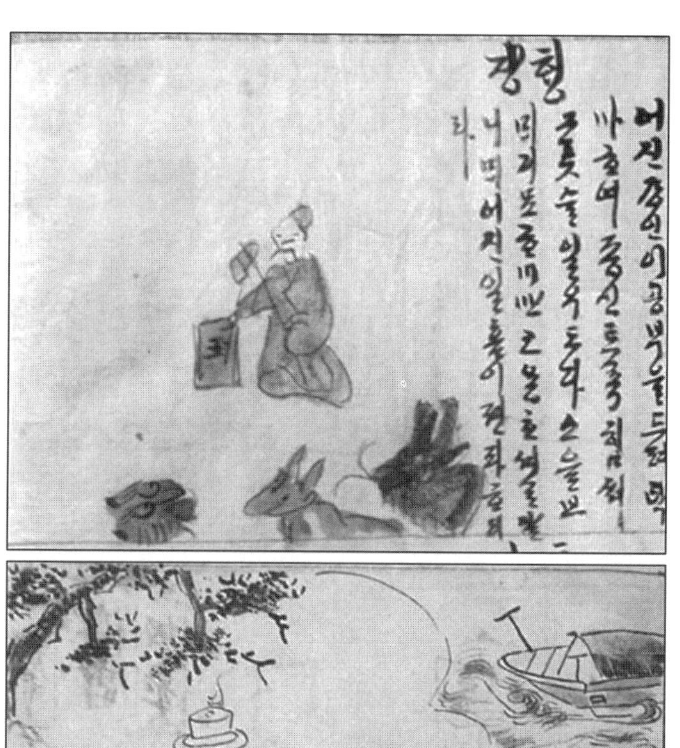

① 사람이 도끼를 들고 옥(玉)을 깨려 하고 있다.

② 구름을 탄 사슴 아래에서 두 사람이 이야기하고 있다.

③ 건물의 계단을 올라가려는 사람을 뿔 달린 동물(사슴?)이 뒤에서 지켜보고 있다.

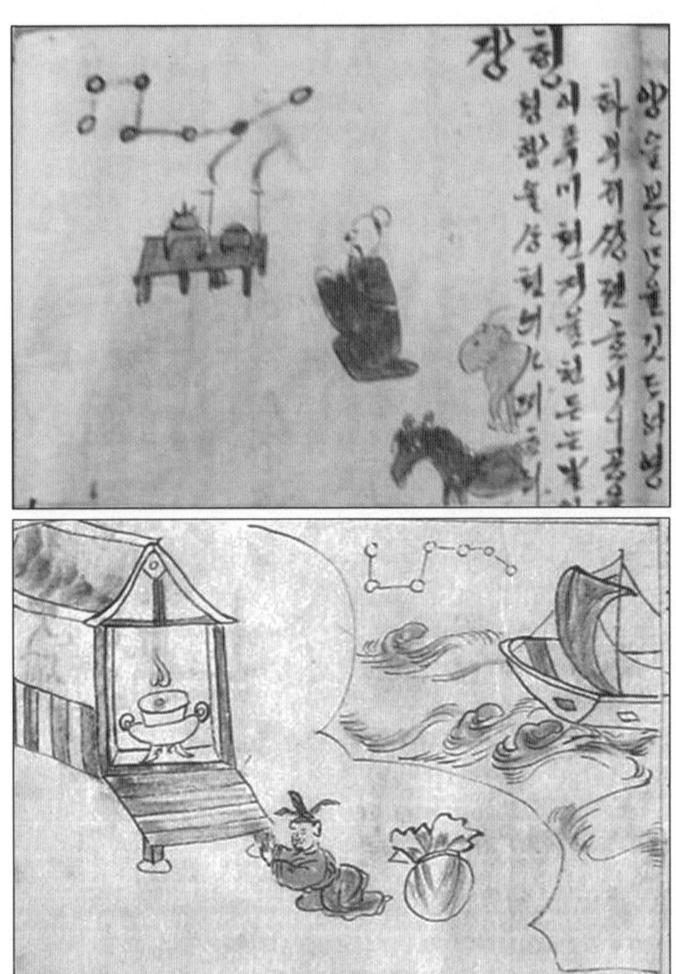

④ 사람이 북두칠성을 제사지내고 있다.

⑤ 사람이 북두칠성을 제사지내는 모습을 다른 사람이 지켜보고 있다.

⑥ 이물(異物)이 탄 구름 아래에 두 사람과 동물이 있다.

⑦노를 들고 배에 탄 사람 위에 구름, 구름 위에 해가 떠 있다. 육지에는 두 사람 또는
한 사람과 동물, 그리고 건물이 있다.

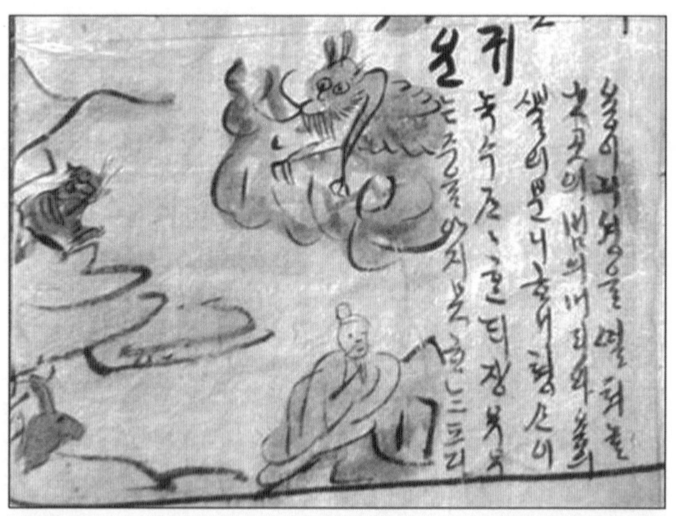

⑧ 구름을 탄 이물 또는 해와 호랑이가 대립하고 있고, 그 아래서는 바위에 앉은 사람과 토끼 또는 용이 이 모습을 방관하고 있다.

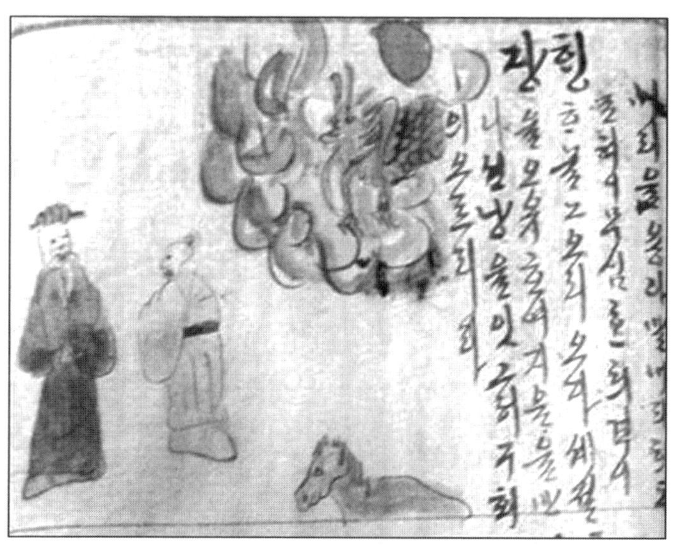

⑨ 이야기하는 사람들을 구름 위의 이물(용?)이 오른쪽 위에서 내려보고 있고, 구름
아래에는 동물이 있다.

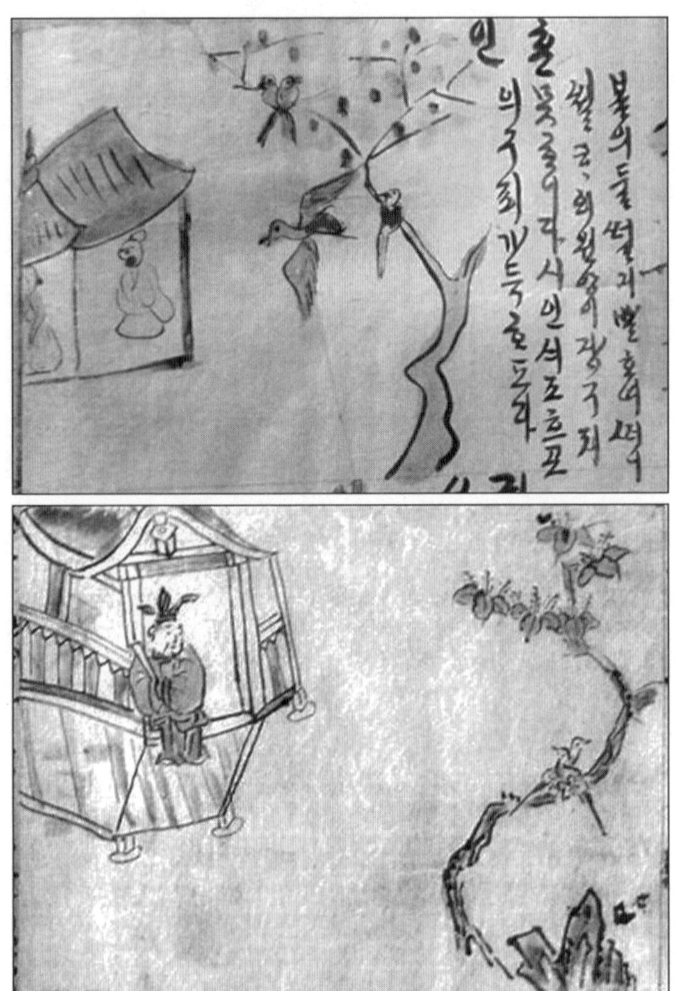

⑩ 오른쪽의 꽃핀 나무의 줄기 중간에 새 두 마리가 있고, 왼쪽의 건물에는 사람이 있다.

⑪ 하늘에는 두 마리의 새가 날고 있고, 지상 또는 해상에는 두 마리의 새 또는 사람과 동물이 있다. 건물 앞에 선 사람이 이 모습을 지켜보고 있다.

⑫ 의자에 앉은 사람과 앉지 않은 사람이 있는 옆의 산에서 동물이 의자를 향한다.
한 사람은 이물 또는 해가 탄 구름을 바라보고 있다.

⑬ 누군가가 다른 사람에게 문서를 보여주는 모습을, 오른쪽에서 사람 또는
동물들이 지켜보고 있다.

맺음말

이 글에서는 중국의『연금두수삼세상』및『대역단례복서원귀』와의
문장·삽화 배치 및 삽화의 도상학적 특성을 비교함으로써『당사
주』의 성립 시기를 추정하고 그 유형 분류를 시도하였다. 그 결과, 다
음과 같은 추정이 가능하다.

① 국립중앙도서관과 화봉문고에 소장된【당사주 A형】계통에 실
려 있는 삽화의 구도 및 채색의 고졸함으로 미루어 보아,【당사주 A형】
계통은【당사주 B형】즉 유포본보다 이른 시기에 성립되었을 것으로
생각된다. 그러나,【당사주 A형】과【당사주 B형】은 모두, 송-명대에
성립되어 중국과 일본에서 유행한『연금두수삼세상』에서 기원하는
것으로 보인다.【당사주 A형】과【당사주 B형】이 단일한 계통의 선후
관계에 놓여있는지 아니면 독립적으로『연금두수삼세상』의 흐름에서
갈라져 나왔는지에 대해서는 향후 고찰이 필요하다.

② 국립중앙도서관 소장본『당사주』(【당사주 A형】)의 삽화에서 16세
기 말~17세기 초에 일본에서 필사된 중국본『대역단례복서원귀』의
삽화와 공통되는 특성이 발견되는 것으로 보아, 16세기 말~17세기 초
이전에 두 문헌의 공통 조본(祖本)이 존재하였음이 추정된다.

마지막으로 이 글의 한계를 지적하고자 한다. 이 글은 삽화의 비교
를 주로 하여『당사주』의 유형을 분류하고 그 성립연대를 추정하였다.
그러나 역서(易書)에 수록된 삽화는 점괘의 설명 부분과 밀접한 관계를
맺고 있는데, 이 부분에 대하여는 향후 연구가 필요하다. 또한, 중세 중
국에서 사주명리학 서적이 어떻게 전개되었는지의 문제와, 이들 문헌

의 일본으로의 전래 및 일본내 유통 양상에 대하여도 더욱 정밀한 연
구가 필요하다. 추후에는 이들 문제점에 천착하고자 한다.

『만국사물기원역사』의 성립 과정과
지식 체계의 특성

황재문

머리말

장지연(1864~1921)의 『만국사물기원역사(萬國事物紀原歷史)』는 1909
년 황성신문사에서 간행되었다. 이 책은 동아시아와 서양 각국에서의
사물의 기원에 대한 지식을 28장 498항목으로 나누어 국한문으로 서
술하고 있는데, 인용된 지식의 규모나 서술의 범위 및 형식에 있어서
당시의 문헌 가운데 특이한 것이라고 할 만하다.

『만국사물기원역사』의 특이성, 특히 어휘 및 서술된 내용에 관심을
보인 연구의 사례는 적지 않았다. 한자로 표기된 인명 및 지명 등을 수
집하여 당시의 한자표기 외래어 어휘 자료로 집성한 연구는 이 책을

가장 적극적으로 활용한 성과라고 할 수 있다.[1] 또 문학 갈래의 삼분법을 가장 이른 시기에 거론한 점에 주목하여 한국에서의 "문학"이라는 개념어의 성립과 관련하여 연구한 사례도 있다.[2] 한편 이 책에서 기술한 서양 과학기술에 대한 지식이나 전통적인 음식 문화 등에 대한 내용은 백과사전 서술에 반영되기도 하였다.[3]

이처럼 상당한 관심을 받았음에도 불구하고, 책의 성립 과정이나 배경, 특성 등에 대한 점검은 아직 이루어지지 않았던 듯하다. "독자적인 세계사서 저술의 등장"이라는 관점에서 책의 성격을 거론한 연구가 있지만,[4] 장지연의 이력 및 전기적 사실로부터의 추정을 제외하면 성립 과정에 대한 구체적인 검토는 하지 않은 듯하다. 저술 배경 또는 성립 과정에 대해 해명하지 못한다면 성격 파악 또한 완전할 수 없으므로, 성립 과정에 대한 구체적인 해명은 필요한 것으로 보인다.

그렇지만 책의 성립 과정을 해명하는 일이 간단한 문제는 아니다. 이는 우선 책 자체에 서문이 없을 뿐 아니라, 책에 대한 당시의 서평과 같은 자료도 보이지 않기 때문이다.[5] 그렇다고 장지연의 저술 가운데 이와 유사한 성격을 갖고 있거나 비슷한 정도의 지식의 폭을 보인 사례도 찾기 어렵다. 또한 저자인 장지연은 외국 유학의 경험이 없는 인물이다.[6] 비록 장지연이 "박학풍(博學風)"의 학풍을 계승하였다고 하더

---

1 박영섭, 『개화기 국어 어휘자료집』 5, 박이정, 1997.
2 김동식, 「한국의 근대적 문학 개념 형성과정 연구」, 서울대 박사논문, 1999, 87쪽.
3 대표적인 사례로 제19장에 포함된 "전골"의 경우를 들 수 있다.
4 백옥경, 「한말 세계사 저·역술서에 나타난 세계 인식」, 『한국사상사』 35, 2010.
5 『황성신문』에 146회의 광고가 실린 바 있다. 2012년도에 논문을 발표할 때에는 광고의 존재를 확인하지 못하였지만, 이후 이를 확인하여 별도의 논문에서 분석하였다. 다만 그 결과가 원래의 논의에 영향을 주는 것은 아니어서, 광고의 존재 사실만을 밝혀 둔다.
6 장지연은 1908년에 『해조신문』의 주필로 초빙되어 블라디보스토크로 건너갔다가

라도,[7] 그것만으로는 장지연이 『만국사물기원역사』를 기획하고 완성한 과정과 이유를 설명하기는 어렵다.

그렇다면 성립 과정에 대한 논의를 위해서는 우선 『만국사물기원역사』 자체에 주목할 수밖에 없을 것이다. 즉 지식의 연원이나 유래는 어디서 찾을 수 있는지, 어떤 과정을 거쳐 출판되었는지, 그리고 어떤 지식을 어느 정도의 수준으로 다루었는지를 점검해볼 필요가 있을 것이다. 또 장지연은 어떤 체제를 마련하여 지식들을 포괄하고 있는지 살펴보아야 할 것이다. 이런 과정을 거친다면, 저술의 동기를 직접 서술한 자료를 찾지 못한다 하더라도 책의 성립 과정에 대해 어느 정도 접근할 수 있을 것으로 기대한다.

이 글에서는 성립 과정에 대한 논의의 일환으로 『만국사물기원역사』가 가진 문화적 맥락과 특성에 대해서도 검토하고자 한다. 장지연의 『만국사물기원역사』가 전대의 전통이나 당시의 지적 상황에서 고립된 것일 수 없다면, 어떤 맥락하에서 형성된 것인지를 살피는 일은 성립 과정에 대한 해명에서 중요한 부분일 수 있다고 판단하기 때문이다.

중국을 거쳐 귀국한 일이 있다. 또 이보다 앞서 1905년에 잠시 일본을 방문한 일이 있었다. 그렇지만 두 가지 모두 유학은 아니었다.

7　노관범, 「청년기 장지연의 학문배경과 박학풍(博學風)」, 『조선시대사학보』 47, 2008.

1. 지식의 유래에서 본 성립 과정

1)『만국사물기원역사』와 독자성의 문제

『만국사물기원역사』는 과연 장지연의 저술이라고 할 수 있는가. 책의 내용을 살펴보면, 때로는 이와 같은 의문을 가질 수 있다. 서구 문물의 유입이 상당한 정도로 진전되었던 1909년의 문헌임을 고려한다 하더라도, 유학 경험이 없는 장지연의 상황과는 어울리지 않을 만큼 전문적으로 보이는 서술의 사례가 있기 때문이다. 교과서, 학술지, 신문 등을 통해 다양한 서구 지식이 소개되는 한편으로 다수의 번역서들이 출판되던 상황을 고려해 보면, 이러한 의문은 보다 깊어질 수 있다. 경우에 따라서는 장지연의 저술이라기보다는 "역술(譯述)"일 가능성도 제기해 볼 수 있을 것이다.

그렇지만『만국사물기원역사』 전체가 "역술"일 가능성은 생각하기 어렵다. 한국의 사물 기원을 다룬 부분이 차지하는 분량이 상당할 뿐 아니라, 한 항목 내에서 한국, 일본, 중국과 서양 여러 나라의 사례를 함께 언급하고 있기 때문이다. 특히 한국의 사물기원에 대해서는 중국이나 일본과의 전래 관계까지도 서술하고 있기 때문에, 적어도 세 나라 사물기원 간의 관계에 대해서는 장지연 스스로 판단하였을 것으로 추정할 수 있다. 요컨대 책의 성립 과정에서 장지연이 한 역할을 완전히 부정하고 책 전체 "역술"로 볼 수는 없을 것이다.

반면에 책의 특정한 항목에서 "원본"이 존재할 가능성은 부정하기 어려운 듯하다. 한 가지 예를 살펴보자.

①十三世紀에 英國 碩學 羅査倍根이 輕氣球의 類를 始發明ㅎ야 曰以薄銅으로 兩個 中虛호 球를 造ㅎ야 一機械에 附ㅎ고 球中의 空氣를 除去ㅎ야 眞空을 成ㅎ면 此를 空中에 飛揚홈이 鳥類와 如ㅎ다 ㅎ나, 人皆不信홈으로 遂 淪沒ㅎ고, 一六三十年에 英國 僧正 威耳虔斯가 亦 此理를 說明ㅎ야 車를 作ㅎ면 空中에 可行이라 ㅎ고,

②一六七十年에 僧 刺拿가 以爲金屬으로 中虛호 球를 作ㅎ던지 或 極薄且堅호 材料로 造ㅎ야 船에 附着ㅎ면 其船이 能航空이라 ㅎ나 畢竟 空想에 止ㅎ고,

③一六〇六年[一七〇九年]에 葡國 僧 古斯曼이 鳥形機械를 造ㅎ야 管으로써 其羽에 空氣를 貫케 ㅎ고 空中에 飛揚ㅎ랴 ㅎ나 但 座中空談뿐이러니, 古斯曼이 三十年 星霜을 費ㅎ고 專力 研究ㅎ야 更히 新機械를 想出ㅎ니 直徑이 七英寸 되는 小製의 籃이라. 其外에 紙로 貼ㅎ고 其內部의 空氣는 抽出ㅎ야 眞空을 合고 實驗호즉 高 二百英尺을 可昇ㅎ니, 是卽空氣球의 昇空호 始初나 尙未完全ㅎ더니,

④一七七六年에 法國 化學者 加溫底斯가 水素를 發見ㅎ고 同國人 可亞兒가 水素로써 囊中에 充ㅎ야 空中에 昇케 ㅎ얏고,

⑤一七八三年에 法人 門哥耳非의 兄弟가 熱空氣로써 直徑 四十英尺 되는 絹製球中에 灌ㅎ고 安那尼洲 塞勒斯天에 試驗ㅎ더니, 後에 更以二三動物로써 籠中에 入ㅎ고 輕氣球에 附ㅎ야 試放홈이 動物이 別로 苦痛ㅎ는 狀을 不覺홈으로, 翌年에 直徑 一百英尺 以上의 大輕氣球를 造ㅎ고 兄 約瑟門哥耳非가 自乘ㅎ야 空中에 遊行ㅎ고, 其後에 又以水素로 球中에 灌ㅎ며 且輕氣球 製ㅎ는 絹을 他扁泰因 液中에 浸ㅎ고 膠로 塗ㅎ야 水素의 漏를 防홈이 四十五英里의 道를 可行ㅎ니라.[8]

8　「경기구(輕氣球)」, 『만국사물기원역사』(영인본), 아세아문화사, 1978, 194쪽. 이하

인용된 부분은 제22장 "기계"의 "경기구(輕氣球)" 항목이다. 다른 항목에 비해 상당히 상세한 편인데, 대개의 경우와는 달리 최초의 경기구를 언제 누가 발명했다는 데 그치지 않았다. 경기구 발명 이전에 있었던 유사한 기계의 사례들을 하나씩 언급하면서, 원리에 대한 연구나 원시적인 형태, 또는 상상에 그쳤던 사례에 이르기까지 장기간의 역사를 서술해 놓았다.

①에서는 로저 베이컨(Roger Bacon, 1214?~1294, 羅査倍根)이 만들었다는 구리공 내부를 진공 상태로 만들어 날 수 있게 한 기구의 사례를 소개했다. 실제로 이 기구가 남아 있는 것은 아니며, 그가 상상한 바에 대한 일화만 전할 뿐이다. ②에서는 라나(Francesco Lana, 1631~1687, 刺拿)가 공중에 다닐 수 있는 배에 대해 상상했던 바를 서술했다. ③에서는 "1606년에"[9] 포르투갈의 구스망(Bartolomeu de Gusmao, 1685~1724, 古斯曼)이 공중을 나는 기계를 개발하기까지의 과정을 서술했는데, 이 실험이 실제로 진행되었는지에 대해서는 오늘날에도 이견이 있다. ④에서는 경기구 발명을 위한 선결과제인 수소의 발견에 대해 서술했는데, 프랑스(실제로는 영국)의 화학자 캐번디시(Henry Cavendish, 1731~1810, 加溫底斯)와 샤를(Jacques Alexandre César Charles, 1746~1823, 可亞兒)의 공헌을 구체적으로 제시했다. ⑤에서는 실제로 사람이 탑승할 수 있는 최초의 경기구를 개발한 몽골피에 형제(Joseph-Michel Montgolfier, 1740~1810(형), Jacques-Étienne Montgolfier, 1745~1799(동생))의 실험과 이후의 경기구 개선

에서 『만국사물기원역사』 본문의 인용은 아세아문화사의 1978년 영인본 쪽수를 병기한다. 원문에 오기(誤記)가 있는 경우에는 [ ]안에 바로잡은 내용을 표시한다. 이하 각주에서는 『만국사물기원역사』를 책명과 쪽수로 표기.

9　내용상으로는 1709년에 포르투갈의 인도대사관에서 이뤄진 구스망의 열기구 실험을 서술한 것으로 보인다. 구스망은 사람이 탈 수 없는 소형모델을 제작하여 실험을 진행하였다고 한다.

과정에 대해 다루었다. 경기구를 타고 비행한 사람을 잘못 제시한 점을 제외하면, 이 부분의 서술은 오늘날 알려진 사실과 거의 일치한다.

장지연이 경기구에 대한 지식들을 모은 뒤에 그 선후 관계를 판단해서 일관되게 서술했다고 상상해볼 수도 있겠으나, 장지연이 남긴 저술에서 경기구 또는 그와 유사한 기구에 대해 연구한 흔적을 발견할 수 없다는 점에서 보면 이런 추론은 무리한 것으로 생각된다. 따라서 이 경우에는 항목 전체의 서술을 '다른 책'에서 옮겨왔을 가능성이 높아 보인다.

이 경우 문헌의 독자성 또는 저자 장지연의 역할과 관련하여서는 '다른 책'이 얼마나 존재하는가는 중요한 문제가 될 수 있다. 만약 장지연이 단지 한두 종의 '다른 책'만을 활용했다고 한다면,『만국사물기원역사』는 한국 또는 동아시아에 대한 서술을 보충하면서 '다른 책'의 내용을 역술한 것이라고 평가할 수도 있기 때문이다. 이와 반대로 많은 수의 '다른 책'을 활용했다고 한다면, 498항목에 이르는 사물의 기원을 서술하기 위해 많은 문헌을 참고했다고 평가할 수 있을 것이다.

『만국사물기원역사』의 내용과 거의 완전히 일치하는 선행 문헌을 찾아내지 못하는 이상, 이에 대해 명확히 답하기는 어렵다. 그렇지만 이 문제에 대해 짐작할 수 있는 단서는 문헌 내부로부터 찾아볼 수 있다. 그것은 고유명사 즉 인명 및 지명 표기에 있어서의 일관성에 대한 검토로부터 확보할 수 있다. 당시 서양의 인명 및 지명에 대한 한자 표기가 여러 형태로 존재했다는 것은 널리 알려진 사실인데, 선행 문헌이 소수일 경우에는 표기가 일관되게 나타날 가능성이 높다고 판단할 수 있을 것이다.

실제로『만국사물기원역사』의 서양 인명 및 지명의 한자 표기를 살펴보면, 일관된 것이 있는 반면 그렇지 않은 예도 적지 않음을 확인할 수 있다. 즉 서양 인명 가운데 가장 자주 등장하는 "地利斯[탈레스]" 같은 경우에는 총 9개 항목에 동일한 표기로 나타나지만, 동일한 인물이나 지역이 복수의 표기로 나타난 사례 또한 적지 않다. 명백한 오기로 판단되는 예를 제외하더라도, 후자에 대해서 다음과 같은 사례를 찾을 수 있다.

① 마젤란 : 馬斯蘭, 馬謝蘭

갈릴레이 : 家利勒阿, 家利勒斯, 家利勒柯

헤로도토스 : 希臘多他斯, 希羅都他斯[10]

아브라함 : 亞布拉罕, 亞布剌罕

야곱 : 也及, 也及布

아시리아 : 亞西里亞, 亞西尼亞

아라비아 : 亞剌伯, 亞剌比亞, 亞拉比亞

프랭클린 : 夫蘭克連, 芙蘭其連

② 구텐베르크 : 古典伯, 古天堡

윌리엄 캑스턴(William Caxton) : 偉良考克斯登, 加古斯頓

아르키메데스 : 亞其美底斯, 亞米克米底[11]

에디슨 : 艾迭生, 衣底順

피타고라스 : 皮斯哥剌斯, 披沙哥剌斯, 披阿哥剌斯,

10　"希都羅他斯"(「紙」, 『만국사물기원역사』, 59쪽)로 표기된 예도 있으나, 이는 '希羅都 他斯'의 오자로 보인다.

11　"亞氏"나 "亞其美"와 같이 표기된 예도 있지만, 이는 약칭을 한 것으로 판단된다.

아리스토텔레스 : 亞里斯多, 亞里斯德

①은 서술된 내용이 유사하거나 자주 인용되는 등으로 상호 비교를 한다면 동일 인물이나 지역임을 충분히 알 수 있을 만한 상황에서 나온 복수의 표기이다. 반면에 ②는 서술된 내용 사이의 연관성을 찾기가 쉽지 않아서 동일 인물임을 몰랐을 가능성도 있는 대목에서 나온 복수의 표기이다. 만약 장지연이 하나의 선행 문헌으로부터 서양에 대한 지식을 취해서 자신의 책에 옮겼다고 한다면, 이와 같은 현상은 나타나기 어려울 것이다. 즉 장지연은 서양 사물의 기원에 대해서 복수의 문헌을 참고했으리라고 추정해볼 수 있는 것이다.

이상의 논의를 통해 볼 때, 장지연은 복수의 문헌을 다양한 정도나 수준으로 참고하면서 그 내용을 선택적으로 정리하였으리라고 추정할 수 있다. 따라서 한국의 사물기원에 대한 서술 부분을 제외한다 하더라도,『만국사물기원역사』자체의 독자성이나 저자 장지연의 역할에 대해 완전히 부정하는 데 이르기는 어려울 것이다. 그렇다면 문제는 그 독자성을 어느 정도까지 인정할 수 있는가 하는 것으로 고쳐서 제기할 수 있을 것이다. 이 문제에 대해서는 이하에서 더 살펴보기로 한다.

2) 지식의 유래와 활용

『만국사물기원역사』의 항목별 서술에는 많은 문헌의 인용이 포함되어 있다. 특히 "○○에 曰"이나 "○○에 云호딕"와 같이 구체적인 인용서목을 문면에 드러내면서 서술을 시작한 항목이 많이 보인다. 『주

례(周禮)』가 40회로 가장 많이 인용되었으며,[12] 『구약전서』(17회), 『예
기』(15회), 『세본(世本)』(11회), 『주역』(9회)이 그 다음의 인용 빈도를 보
인다. 이 문헌들은 공통적으로 먼 과거의 제도나 문물에 대해 다룬 것
이므로, "기원"과 관련하여 적절한 인용이라고 할 수 있을 것이다.

그런데 이러한 인용서목 및 인용의 빈도가 장지연이 서술을 위해 참
고한 실제 문헌의 목록 및 빈도라고 말할 수 있을지에 대해서는 단정
하기 어렵다. 우선 장지연 자신이 해당 문헌을 직접 확인하면서 서술
하였다고 확신하기는 어렵기 때문이다.[13] 또 『구약전서』를 제외하면
인용 빈도가 높은 문헌이 모두 중국의 것인데, 장지연이 다른 문헌을
참고하지 않고서 일본이나 서양 여러 나라의 사물 기원을 서술할 만한
지식을 갖추었을지 의문스럽기 때문이다. 따라서 장지연이 『만국사물
기원역사』의 서술을 위해 활용한 문헌에 대해서는 문면에 드러난 인
용서목을 넘어서서 별도의 확인이 필요하다고 할 수 있을 것이다.

문면에 드러나지 않는 인용 문헌을 제대로 확인하는 것은 어려운 일
이지만,[14] 장지연이 실제로 참고했을 것으로 추정되는 문헌의 사례는
몇 가지 찾아볼 수 있다.

우선 한국의 사물 기원과 관련해서는 장지연이 편찬에 참여했던

---

12 장지연은 '육경(六經)' 항목에서 『주례』를 육경에 포함시키고 있다. 이는 현전하지
    않는 『악경』을 육경에 포함시키거나, 아예 현전하는 문헌만으로 "오경"을 지칭하는
    일반적인 사례와는 차이가 있다. 다만 이처럼 『주례』를 중시한 이유가 무엇인지는
    분명하지 않다.

13 인용서를 밝힌 경우에도 간접 인용인 경우가 존재한다. 예컨대 '필(筆)' 항목에서는
    『물원(物原)』과 『박물지(博物志)』를 각각 인용하였지만, 이는 다른 문헌을 재인용
    한 것일 가능성이 높다. 몽염이 붓을 만들었다는 기록은 『박물지』에는 없으며, 『박
    물지』를 근거로 제시하면서 몽염의 붓 제작설을 전한 후대 문헌들이 있기 때문이다.

14 서술된 내용을 살펴보면, 『삼국사기』와 『일본서기』의 활용이 상대적으로 많았을
    것임은 추정할 수 있다. 이는 '기원'의 문제를 다루었기 때문일 것이다. 그렇지만 장
    지연은 이들 문헌을 특정하지는 않았다.

『증보문헌비고』를 들 수 있다. 장지연은 이미 『대한예전(大韓禮典)』의 편찬에 참여하면서 황제국으로서의 국가전례에 대하여 살펴본 바 있었으며, 이후 『증보문헌비고』의 편찬에도 참여하게 된다.[15] 고종의 명에 따라 편찬된 『증보문헌비고』는 1908년에 간행에 이르게 되는데, 장지연은 찬집 낭청으로 이름을 올렸다.[16]

『증보문헌비고』는 『만국사물기원역사』와 비교해 볼 때 상대적으로 분량이 방대하고 개별 항목에 대한 서술이 상세하다. 따라서 『만국사물기원역사』에서 이를 활용하기 위해서는 요약 또는 선택이 필요할 것이다. 장지연이 『증보문헌비고』를 활용했을 것임은 『증보문헌비고』에서만 확인되는 다음의 서술에서 확인할 수 있는데, 여기서 장지연은 실제로 요약 또는 선택의 방식을 사용했음을 볼 수 있다.

新羅 惠恭王 時에 大鍾을 始鑄ᄒ니, 銅重이 十二萬斤이오 聲聞百餘里ᄒ니(在今慶州府)(距今 一千一百四十年), 高麗 忠穆王 時에 鐘을 鑄ᄒ니(在開城府)(距今 六百年), 我 太祖 三年에 鐘閣을 始建ᄒ고 晨昏에 撞鐘케 ᄒ시고,

太宗 十二年에 又鑄ᄒ샤 宮門에 懸ᄒ시고, 世宗 二年에 又鑄大鐘ᄒ샤 思政殿 前에 置ᄒ시며, 八年 及 十四年에 又鑄大鐘ᄒ셧더니,

中宗朝에 金安老가 都城內 西部 興天寺와 中部 圓覺寺에 所在 大鍾으로 東南 兩大門에 欲置ᄒ다가 未果러니, 壬辰 兵燹에 光化門鍾과 及鍾樓之鐘이 皆被融鑠 故로 甲午 秋에 命懸南大門鐘ᄒ야 以鳴晨昏ᄒ더니, 丁酉 冬에

---

15 김문식, 「장지연이 편찬한 『대한예전』」, 『문헌과해석』 35, 2006.
16 『증보문헌비고』(영인본), 국학자료원, 1908, 6쪽. 장지연이 편찬에서 어떤 주제 또는 역할을 맡았는지는 분명하지 않다. 이하 각주에서 『증보문헌비고』는 책명과 쪽수로 표기.

明將 楊鎬가 移鐘于明禮洞 峴上ᄒᆞ니라(太皇帝 二年 以世祖所鑄鐘 懸于光
化門樓上).

日本은 孝德天皇 時에 鑄鐘ᄒᆞ야 闕에 設ᄒᆞ고 冤枉者로 撞케 ᄒᆞ니라.[17]
(강조는 인용자)

말미의 일본 관련 기사만 제외하면, 이 항목의 서술은『증보문헌비
고』권3에 실린 '신혼대종(晨昏大鍾)'의 서술 범위를 벗어나지 않는다.[18]
다만 고종 때에 금천교(禁川橋)에서 포를 쏘게 했다는 기사를 제외하는
등 일부 기사를 추려내었고, 주석을 중심으로 내용을 추려서 정리하였
을 뿐이다. 즉 장지연은『증보문헌비고』에서 선택적으로 내용을 추려
내고 정리한 것이다.

그런데 이 과정에서 원문을 잘못 옮기는 오류도 일부 발생한 것으로
보인다. 강조한 부분의 "세종 2년"은『증보문헌비고』에는 "세조 3년"으
로 기록되어 있는데,『조선왕조실록』등을 참고하면 "세조 3년"이 옳
은 것으로 판단할 수 있다. 또 바로 뒤의 "8년"과 "14년" 또한 모두 세조
대의 일임도 확인된다.

이와 유사한 사례를 '천문'에서도 찾아볼 수 있다.

① 中宗 二十年에 司成 李純이 觀天器를 刱製ᄒᆞ니 名曰日輪純이오.[19]

② 중종 12년에 사성 이순이 중국에서『혁상신서』를 구해 왔는데, 그 가운
　　데 '목륜'이라는 천문관측기구가 있었다. 이순이 책을 참고하여 만들어

17　「晨昏大鍾」,『만국사물기원역사』, 32쪽.
18　『증보문헌비고』, 54~55쪽.
19　「觀天器」,『만국사물기원역사』, 31쪽.

올렸는데 제도가 매우 정교하였다. 관상감에 두도록 명하였대中宗十二年, 司成李純, 得革象新書於中國, 有觀天之器, 名曰目輪. 純按書製進, 制極精巧. 命置觀象監]. [20]

①은『만국사물기원역사』의 한 부분이며, ②는 ①의 서술을 위해 참고하였을 것으로 추정되는『증보문헌비고』의 해당 부분이다. ①에서 이순이 만들었다는 "일륜순"은 다른 문헌에서는 나타나지 않는 기구인데, ②와 비교해보면 장지연이 원문을 잘못 이해하여 "일륜순"이라는 기구를 언급했던 것임을 짐작할 수 있다. 즉 장지연은 "일(日)"과 "목(目)"을 착각했을 뿐 아니라, 원문의 "순(純)"을 위로 붙여서 읽어버리는 잘못을 범한 것이다.

이러한 오류는 문헌의 완성도에 있어서는 흠이 될 수 있지만, 역설적으로 장지연이『증보문헌비고』를 참고했다는 추정에 있어서는 중요한 근거가 될 수 있다. 물론『만국사물기원역사』에서 이와 같은 오류가 그리 많이 나타나는 것은 아니다. 그렇지만 이 소수의 오류들은,『만국사물기원역사』를 편찬하는 과정에서 장지연이 가졌던 적극성을 오히려 입증해준다고 할 것이다.

한편 유학생들이 일본에서 간행했던 잡지『대한학회월보』에서는 보다 직접적인 관련성을 갖는 사례가 보인다. 「태서문자의 기원 및 총수」(6호, 1908.7)와 「태서사물기원의 적요」(7호, 1908.9)가 그것이다.

「태서문자의 기원 및 총수」는 '문자(文字)'와 '실용수자(實用數字)'로 이루어져 있는데, 이는 각기『만국사물기원역사』의 '서계문자(書契文字)'(5장 문사)와 '수학(數學)'(6장 과학)에 거의 그대로 활용되고 있다. 흥미

---

20 『증보문헌비고』, 46쪽.

로운 것은 『대한학회월보』의 오자를 장지연이 수정하였다는 점이다. 장지연은 "西當"을 "亞當[아담]"으로, "西刺伯"을 "亞刺比[아라비애]"로 수정하였는데, 이는 장지연이 해당 정보에 대해 어느 정도의 사전 지식을 갖고 있었다는 의미로 해석할 수 있을 것이다.

「태서사물기원의 적요」는 총 5면에 걸쳐 18항목(日月, 日月蝕, 地球, 地球의 圓體, 地動說, 天氣豫報, 山, 地球에 周航, 人類의 祖先, 人類의 初生, 言語, 姓名, 頭髮, 鬚, 速記法, 新聞紙, 印刷術：木版, 印刷術：活版)을 서술하였다. 18항목 모두 『만국사물기원역사』의 서술에 반영되었는데, 이 경우에는 정보가 완전히 동일하지는 않다. 장지연이 더 많은 정보를 포함시킨 예도 있고, 함께 서술된 동양 쪽에 대한 내용에 따라 문장을 수정한 예도 보인다.

「태서문자의 기원 및 총수」와 「태서사물기원의 적요」의 수용 방식에 차이가 나타나는 이유는 무엇일까. 『만국사물기원역사』에서 더 많은 정보를 담을 수 있었다는 점을 고려하면, 적어도 부분적으로는 보다 자세한 내용을 실은 자료를 장지연이 구할 수 있었다는 것으로 풀이해야 할 것이다. 「태서사물기원의 적요」를 쓴 일본 유학생 역시도 자신이 구한 자료에 의지하여 글을 썼을 것이기 때문에, 장지연이 어떤 경로를 통해서 동일하거나 더 자세한 자료를 구할 수 있었다면 이를 설명할 수 있게 된다. 아직 구체적으로 확인할 수는 없지만, 만약 있었다면 그 '자료'는 일본이나 중국에서 작성된 문헌이었을 것이다.

이런 관점에서 본다면, 니시무라 시게키(西村茂樹, 1828~1902)가 쓴 『서국사물기원(西國萬物紀原)』(1879)은 특별히 주목할 만한 문헌이다. 니시무라 시게키는 난학(蘭學)을 익히고 메이로쿠사[明六社]의 활동에도 참여한 바 있는데, 전통사상을 근대적으로 재편하고자 시도했던 인물로 알려져 있다.[21] 『서국만물기원』은 서양 문물의 기원, 그리고 때로는 전파 경로를 서술하고 있는데, 그 가운데 일부 항목의 서양사물의 기원에 대한 내용은 『만국사물기원역사』의 서술과 거의 일치한다. 한 가지 예를 살펴보자.

西 一五三八年에 德帝 鬱理斯 五世時에 希臘 航海者 二人이 泳氣鐘에 入ㅎ야 海底에 沈ㅎ얏다 ㅎ니, 此가 最古ㅎ 者라. 一六八二年에 美人 維廉非立이 改良ㅎ고 英人 哈利가 改良ㅎ야 新空氣를 鐘中 機關에 送케 ㅎ니라.[22]

인용문은 『만국사물기원역사』에서 잠수종(diving bell)이라는 잠수 기구를 다룬 부분이다. 신성로마제국의 황제 카를 5세(Karl V, 鬱理斯 五世) 때에 그리스 뱃사람 2명이 잠수종을 이용하여 잠수했다는 기록을 앞에 제시했다.[23] 이어서 윌리엄 핍스(William Phips, 1650~1694, 維廉非立)와 핼리(Edmond Halley, 1656~1742, 哈利)가 이를 개량했다는 설명을 덧붙였다. 카를 5세의 일화는 그리 널리 알려진 사건이 아니며, 사실성 여부에 대해 오늘날 의심받기도 한다. 또 핍스가 기구를 개량한 연대로 제시된 1682년은 오늘날 알려진 것과는 다르다.

『서국만물기원』 권4에 있는 "영기종(泳氣鐘)"이라는 항목에는 이와 거의 동일한 내용이 서술되어 있다. 잘 알려지지 않은 사실인 그리스 뱃사람들의 잠수종을 이용한 잠수 일화를 기록하였고 핍스의 기구 개

---

21 니시무라 시게키의 활동에 대해서는 미야카와 토루·이라카와 이쿠오, 이수정 역, 『일본근대철학사』, 생각의나무, 2001, 94~97·120~121쪽 참조.

22 「泳氣鐘」, 『만국사물기원역사』, 203쪽.

23 카를 5세를 비롯한 수천 명의 사람들이 지켜보는 가운데 잠수가 이루어졌다고 전한다. 잠수를 한 장소는 스페인의 톨레도였다. 신성로마제국 황제인 카를 5세는 스페인 왕위도 갖고 있었는데, 스페인에서는 카를로스 1세로 지칭되었다.

량 연대 또한 1682년으로 제시하고 있다. 이는 두 문헌 사이에 상당한 관련성이 있음을 의미한다.

그런데 두 문헌 사이에 직접적인 연관 관계가 존재한다는 가정, 즉 장지연이 『서국사물기원』을 번역하거나 직접 참고함으로써 『만국사물기원역사』를 편찬했으리라는 추정을 하기는 어렵다. 이는 둘 사이에 중요한 차이점이 있기 때문인데, 그것은 서양 인명의 한자표기법이다. 즉 『서국사물기원』에는 "鬱理斯"가 "甲列"로, "維廉非立"이 "維廉腓立"으로, "哈利"가 "哈爾"로 각각 표기되어 있다.

그러므로 두 문헌 사이의 관계를 추정하고자 한다면, 그 사이에 제삼의 문헌이 존재하였을 것이라고 판단하는 것이 자연스러울 것이다. 이러한 판단이 가능한 것은, 『서국만물기원』이 비교적 이른 시기에 서양 사물의 기원을 종합적으로 다룬 저술이어서 이를 바탕으로 한 일본인의 저술이나 중국인의 번역서가 존재할 가능성이 있기 때문이다. 사실 니시무라는 10여 종의 서양 서적을 활용해서 이 책을 완성했다고 하는데,[24] 이는 서양 사물의 기원과 관련하여 일본에서 접할 수 있었던 문헌들을 최대한 참고한 결과였다는 의미로 받아들일 수 있을 것이다.

장지연이 『만국사물기원역사』의 편찬에서 『서국사물기원』을 참고했으리라고 짐작되는 항목은 95개 항목 정도로 파악되는데,[25] 이는 전

---

24 "인용한 西書는 무려 10여 부이지만, 번거롭게 하나하나 그 이름을 거론하지는 않는다. 그 가운데 많이 인용한 것은 네덜란드 사람 오스테루제(阿斯的邪)가 쓴 『百物原始』이다"(西村茂樹, 「例言」, 『西國萬物紀原』(국립중앙도서관 소장본)).

25 『만국사물기원역사』를 기준으로 하여 『서국사물기원』 또는 그 후속 문헌을 참고했으리라고 추정되는 항목을 제시하면 다음과 같다. 두 문헌이 같은 항목명 아래에 완전히 다른 내용을 서술한 사례도 있는데, 이는 목록에서 제외하였다. 괄호 안에는 해당 항목이 속한 장을 제시하며, 참고 또는 동일성의 정도는 항목마다 다소 차이가 있다. 日月蝕, 歲首, 紀元, 晝夜(1장), 新世界亞美利加及墺斯亞, 周航地球(2장), 保元死體(波斯에 呼曰蒙美), 頭髮, 鬚(3장), 書契文字, 新聞紙, 速記法, 紙, 墨·墨汁, 筆, 鉛

체 항목의 20%에 이르는 비중이다. 물론 해당 항목 내에서도 동아시아의 사물 기원에 대한 서술은 『서국사물기원』을 참고할 수 없는 일이며, 내용을 참고한 정도에 있어서도 항목마다 차이는 보인다. 그렇지만 이것만으로도 장지연의 『만국사물기원역사』의 성립에 있어서 일본 또는 중국에서 집성한 지식이 상당한 영향을 주었을 것임은 충분히 확인할 수 있을 것이다.

3) 검열과 수정 및 보완의 과정

『만국사물기원역사』는 1909년 8월 황성신문사에서 간행하였다.[26] 1978년에 아세아문화사에서 영인한 것이 바로 이 간행본이다. 그런데 원고 상태의 이본도 1종 존재하는데, 이는 단국대학교 동양학연구소에서 펴낸 『장지연전서』 제2권에 실려 있다. 이 원고본에 대해 『장지연전서』에서는 "선생의 증손인 장재수 씨 소장의 미간행 유고(先生의 曾孫 張載洙氏 所藏의 未刊遺稿)"[27]라고 설명하고 있지만, 실상은 당시에 검열을 위해 제출했던 원고본이었을 가능성이 높다. 표지에 "검열제(檢閱

筆, 書籍舘, 藏書樓(4장), 火氣, 火, 電氣, 數學, 地圖, 地球儀, 測地術(5장), 私立學校, 盲人學校, 聾啞學校, 博覽會(6장), 基督敎(附 希臘敎, 新舊敎), 回回敎(7장), 租稅, 賞準, 國債(10장), 兵, 代戰士, 弓矢, 劍刀(附 匕首), 鞍, 彈丸(附 震天雷, 爆裂彈), 銃槍, 短銃, 風銃, 紋章(11장), 溫水浴(附 蒸氣浴), 種痘(牛痘)(12장), 雕象術, 寫眞術(又曰映相術), 腐雕術, 鑄像術, 石板術, 玻瓈製造術, 陶器製造術, 磁器製造術, 畫學(13장), 互市(附 通商), 銀行, 保險會社, 典當鋪, 貨幣(附 鑄錢, 銅錢, 銀貨, 紙幣), 商業會議所(15장), 襪, 耳環(18장), 常食, 葡萄酒, 麵包, 砂糖(19장), 風琴(21장), 蒸氣機, 鐵道(附 木道), 電信機(附 受信機), 輕氣球, 煤氣燈, 燈臺, 幻燈, 寒暖表, 避雷柱, 刻漏, 時表(自鳴鐘), 驗濕機, 天秤, 唧筒, 防火用龍吐水, 泳氣鐘, 顯微鏡(22장), 度量衡, 鋸(23장), 拍手(24장), 醫藥(25장), 瀝靑(26장), 黃金, 銀(附 白金), 銅(附 靑銅, 白銅), 亞鉛, 金剛石(27장).

26 간행본의 판권장에 의하면 1909년 5월 20일에 인쇄하여 8월 15일에 발행하였으며, 정가는 60전이었음을 알 수 있다. 표지에는 "內部認可"라는 표시가 보인다.
27 「범례」, 단국대 동양학연구소 편, 『장지연전서』 2, 단국대 출판부, 1979.

濟)", "출판허가(出版許可)" 등의 주인(朱印)이 찍혀 있기 때문이다. 『만국사물기원역사』의 간행 시점에 출판물에 대한 검열이 이루어지고 있었고 검열이 문화의 발전에 부정적인 기능을 한다는 점은 널리 알려진 사실이지만, 출판을 통해 문헌이 최종적으로 성립된다고 한다면 검열이 『만국사물기원역사』라는 문헌의 성립에 어떤 역할을 했는지는 구체적으로 살펴볼 필요가 있다.

아마도 '검열'이라는 제도의 존재 자체는 원고 작성 단계에서부터 일종의 제한 요인이 되었을 것이다. 그렇지만 이를 입증할 수 있는 근거는 찾기 어렵다. 다만 "중국"이 아닌 "지나(支那)"라는 용어가 지속적으로 사용된다는 점을 보면, 일종의 자기 검열이 있었으리라는 점은 짐작할 수 있다. 또 한편으로는 일본에 대한 서술이 자세한 점도 이와 연관된 것으로 이해할 수 있는데, 다만 이 경우에 검열이 오히려 문헌의 완성도에 긍정적인 영향을 주었다고도 할 수 있을 듯하다. "만국"이라는 표제하에서 동아시아 삼국과 유럽, 미국의 경우를 주로 거론하고 이집트와 아랍을 부가적으로 언급한 것이 이 문헌에서 거론한 지식의 범위라고 한다면, 일본의 사물기원에 대한 연구나 상세한 서술은 문헌의 완성도에 도움이 될 가능성이 더 높기 때문이다.

검열의 흔적을 직접적으로 보여주는 예는 제23장의 "鏡[거울]" 항목에서 찾을 수 있다. 원고본에는 오다 쇼고(小田省吾, 1871~1953)의 의견이 별지로 첨부되어 있는데, 이는 "삼종신기(三種神器)"에 대한 내용 수정을 요청한 것이다.[28] "八尺神鏡과 草薙劍을"로 되어 있던 것을 "八尺鏡과 天叢雲劍과 八尺瓊曲玉을"로 수정해 달라는 것인데, 장지연은 그 의견대로 수정한 것으로 보인다.

---

28 위의 책, 308쪽.

사실 "鏡" 항목은 중국, 한국, 일본, 서양의 순서로 거울에 대한 최초의 기록들을 나열하고 있으므로 삼종신기 가운데 "八尺(神)鏡"만 언급하면 충분하며, 다른 두 가지는 부가적인 서술이라고 할 수 있다. 그럼에도 오다 쇼고는 삼종신기가 "일본국 주권의 구체적 표징"이므로 제대로 서술하여야 한다고 권고했으며, 장지연은 일종의 오류로 이해했기 때문인지 이를 그대로 받아들이고 있다. 정치적인 목적을 생각해볼 수도 있겠으나, 이 경우의 검열은 일종의 교열의 기능을 한 것으로 이해해도 좋을 듯하다.

수정을 요청하는 별지가 남아있지 않더라도 원고본과 간행본 사이에 차이가 존재한다면, 이 또한 검열의 흔적일 수 있다. 그런데 대부분의 차이는 출판하는 과정에서 간행본에 오탈자가 나타난 정도여서,[29] 검열과는 무관한 것으로 볼 수 있다. 다만 원고본에는 없다가 간행본에 추가된 부분이 보이는데, 그 이유를 검열과 관련지을 수 있을지는 단정하기 어렵다. 검열이 진행되는 동안 찾아낸 자료에 의해 보완한 것일 수도 있기 때문이다.[30] 비교적 많은 정보를 담은 사례를 하나 살피기로 한다.

壬辰戰役에 加藤淸正이가 我國活字를 取去ᄒ야 軍[群]書治要, 大將一覺

29　『만국사물기원역사』 간행본에는 적지 않은 오자가 보인다. "의"와 "에"를 뒤바꾼 사례가 가장 많지만, 고유명사에 오탈자가 발생한 사례도 적지 않다. 주석과 본문을 착각해서 오자가 나타난 사례도 있는데, '葬棺槨(제8장 예절) 항목에서 원고본의 "藁(音유)梩(音리, 卽물거)"가 간행본에서 "藁(音里音리卽유木얼거)"로 바뀐 것이 그 예이다.

30　이후의 일이지만 『대동시선』(1918)의 간행에서도 검열 기간 동안 찾아낸 자료가 추가로 수록된 예를 확인할 수 있다. 이때는 별도로 '補遺' 항목을 두어서 새로 수합한 자료를 실었다(황재문, 「대동시선의 편찬경위와 문학사적 위상」, 『진단학보』 103, 2007, 231~232쪽 참조).

[大藏一覽集], 소위순 家訓 等의 諸書를 印刷ㅎ얏는디, 家康 沒後에 楠隆氏에게 傳ㅎ야 書籍을 多數 印刷ㅎ얏다 ㅎ고, 其活字의 摠數가 九萬餘字인디, 現今 德川氏家 南奎[葵]文庫에 藏置ㅎ 活字는 大字가 千餘字오 小字가 三萬一千五百六十四字니, 凡 二十三櫃에 積置ㅎ얏다더라.[31]

임진란을 거치면서 조선의 활자가 일본으로 반출되었으며 일본에서는 그 활자를 활용하고 보관하였다는 것이 주된 내용이다. 이른바 스루가반 활자[駿河版活字]의 활용과 보존에 대해 설명한 것인데, 고유명사에 유난히 많은 오자가 나타나고 있음을 확인할 수 있다. 책이름과 같은 고유명사가 세 곳 잘못 표기되었고, "加藤淸正이가"와 같은 다소 어색한 표현이 사용되었다. 또 "소위순 家訓" 또한 책이름인 듯한데, 이런 제목의 책이 현전하는지는 확인하지 못하였다. 이 또한 오자의 가능성이 있다고 판단된다. 이처럼 오자가 많은 부분을 다른 항목에서는 찾아보기 어려운데, 아마도 이는 장지연이 관련 사항을 정확히 알지 못한 상황에서 보완해야 했기 때문에 나타난 현상이었을 것이다.

요컨대 출판 과정에서의 검열은 책의 전체적인 구도나 내용에 큰 영향을 미쳤다고는 할 수 없을 것이다. 오히려 어떤 면에서는 일본에 관련된 서술을 확장하거나 정밀하게 할 수 있는 계기가 될 수 있었다고도 할 수 있을 것이다. 비록 자기검열의 요소가 있었고 그것이 바람직하지 못함은 분명한 일이지만, 이 책의 경우에는 검열이 예외적으로 책의 내용을 보완하는 효과도 가졌다고 말할 수 있을 듯하다.

---

31 「印刷術 其二活板」, 『만국사물기원역사』, 57쪽.

2. 서술 체제의 특성과 의미

1) 항목 서술의 성격과 의미

앞서 살핀 바와 같이 장지연이 다양한 문헌으로부터 지식을 선택적으로 또는 비판적으로 취하였다고 한다면, 취득한 지식을 배열하거나 서술하는 구조의 선택은 장지연 스스로 한 일이라고 말할 수 있다. 따라서 이에 대한 검토가 우선 필요할 것이다. 그런데『만국사물기원역사』는 부분에 따라 서술의 형식이나 상세도가 일정하지는 않기 때문에, 이에 대해 분명하게 답하기는 어렵다. 또 범례나 서문이 없기 때문에, 장지연의 편찬에 앞서 생각한 전체의 구조가 어떤 것인지를 확인하기도 어렵다. 따라서 여기서는 먼저 항목 내에서의 서술 방식의 특징을 살펴서 그 성격과 의미에 대해 검토해보고, 전체 구조의 문제에 접근하는 단서로 삼기로 한다.

다음은 제11장 군사에서 뽑은 두 가지 항목이다.

① 銃創[槍]

西 十七世紀 中葉에 法人 巴約尼가 始造ᄒ니라.[32]

② 短銃

短銃은 一五四[一五四五]年에 義大利人 皮斯士[土]也의 所造홈이오.

日本은 後奈良皇 時에 葡國人이 鳥銃의 制를 始傳ᄒ니(距今 三百七十年),

---

32 「銃槍」, 『만국사물기원역사』, 118쪽.

我國은 宣祖 癸巳에 日本 歸化人 金忠善이 始造 힉시 名曰鳥銃이라(距今 三百十五年).[33]

①은 총 끝에 다는 칼, 즉 대검에 대한 서술이다. 17세기 중엽에 프랑스의 바욘(Bayonne, 巴約尼)이 처음 만들었다는 사실만 간략하게 서술하였다.[34] ②는 단총에 대한 서술이다. '서양(이탈리아)-일본-한국'의 순서로 서술하고 있는데,[35] 이 경우는 시간적인 순서에 따른 것이라고 할 수 있다. 또 한편으로는 "사물"의 전래 순서에 따른 것이라고 해도 무방할 것이다. 물론 한 지역의 사물기원만을 다룰 수밖에 없거나 지역 간의 전래 관계가 뚜렷한 사례이기 때문에, 이 둘은 예외적인 항목이라고 할 수도 있다. 그렇지만 이 또한 항목 내 서술의 순서를 보여주는 사례임은 분명하며, 적어도 장지연이 지역에 따라 선후 관계를 고정해 둔 것은 아니라는 점을 지적하는 단서는 될 수 있을 것이다.

사실 『만국사물기원역사』의 항목별 서술에서는 "동양(중국-한국-일본)-서양"의 순서를 취한 예가 가장 많다.[36] 그렇지만 앞의 두 항목에서 보았듯이 서양이나 일본을 한국의 사례보다 앞세운 예 또한 보인다. 어떤 의미에서는 기원의 시점에 대한 선후 관계가 유일한 서술 순

---

33 「短銃」, 위의 책, 118쪽.

34 '바욘(Bayonne)'은 프랑스 남부의 도시 이름이다. 장지연이 인명으로 서술한 것은 오류이다.

35 '단총(短銃)'은 1515년 이탈리아의 피스톨라(Pistoia, Pistoria, 皮斯土也)에서 만들었다고 알려져 있다. 시기가 잘못 되었을 뿐 아니라 지명을 인명으로 착각하였으니, 이 또한 오류이다.

36 백옥경, 앞의 글, 2010, 203쪽에서는 "중국·한국·일본의 순서로 기술한 뒤 서양에 관한 내용설명을 이어나가고 있다. 이는 책 전체에서 동일하게 관철되는 서술방식"이라고 지적하고 있다. 그러한 경향성이 있는 것은 사실이지만, 이를 일관된 체제로 보기는 어렵다.

서의 기준이 된다고도 할 만하다.[37]

　조금 복잡한 예를 한번 살펴보자. 다음은 "車[수레]"의 항목인데, 여기서는 가마, 마차, 자전거, 인력거 등이 같은 항목 내에서 서술되고 있다.

①古史考에 云黃帝가 見轉蓬ㅎ고 始作車輪ㅎ야 引重致遠ㅎ얏고, 少昊時에 駕牛홈을 始ㅎ고, 夏禹時에 奚仲이 爲車正ㅎ야 駕馬홈을 始ㅎ고, 又漢·魏 以來로 鹿車, 羊車, 象車 等이 有ㅎ니라.

②人車는 夏桀이 人으로써 始駕ㅎ니, 此ㅣ 後代 興輦의 始라(距今 三千六百九十年頃). 藍輿는 亦曰筍輿니 以竹木으로 編成 故로 名이니, 史記 張耳傳에 云篠輿가 是라.

③大輅는 殷湯이 始造ㅎ니라.

④四輪車는 漢書에 王莽이 始造ㅎ야 六馬를 駕ㅎ니, 此ㅣ 四輪의 始라(距今 一千八百九十餘年).

⑤脚踏車는 一名은 自轉車니, 西紀 一千八百十八年에 德國人 安多禮斯가 始造ㅎ니라.

⑥人力車는 卽東洋車니, 明治 三年에 日本人 高山幸助가 創造ㅎ니라.

⑦日本은 應神天皇이 始用興ㅎ고, 後에 崇神天皇의 九世孫 射狹이 車上에 帷蓋를 刱造홈이 雄略天皇은 靑蓋車를 乘ㅎ니라(距今 一千四百五十年).

⑧新羅時에 車制를 刱造ㅎ야 眞骨 以下는 沈香, 紫檀, 玳瑁, 金, 玉 等을 不敢粧飾케 ㅎ고 幰은 錦을 禁ㅎ니라.

⑨西洋은 六七世紀時에 英國이 馬車를 始發明ㅎ야 爾來로 漸次 改良ㅎ고,

37　황재문, 「장지연, 신채호, 이광수 문학사상의 비교 연구」, 서울대 박사논문, 2004, 9
　9~100쪽.

一八二五年에 蘇格蘭의 道路 改良호 者 馬加担이 完全호 馬車롤 改良ㅎ
니라.[38]

이 항목이 다소 복잡하게 서술된 것은 서술의 수준이 특별히 상세하기 때문은 아니다. 수레(수레바퀴)라는 공통점하에서 다양한 '사물'을 포착하여 기원을 서술하고 있기 때문이다.

①에서는 바퀴와 수레의 기원을 전설 속에서 찾았고, ②~④에서는 중국의 사서에 언급된 수레의 종류를 거론하였다. ⑤에서는 자전거를 언급하였는데, 서양의 수레에 대한 첫 번째 언급인 셈이다. 사실 독일인 카를 폰 드라이스(Karl von Drais, 1785~1851, 安多禮斯)는 과거의 발명품을 개량함으로써 자전거의 발명자로 인정받고 있는데, 드라이스의 자전거보다 앞서 만들어졌을 서양의 수레나 자전거에 대한 서술은 하지 않았다. ⑥에서는 상당히 가까운 시기의 일인 인력거의 시초를 다루었다. 여기까지는 불완전하나마 기원의 시간 순서를 취하고 있다고 해도 좋을 것이다.

그런데 ⑦ 이하에는 ⑥보다 훨씬 앞선 시기의 일을 다루고 있다. ⑦에서는 일본에서의 수레의 휘장 및 덮개 사용의 내력을 거론했고, ⑧에서는 신라에서의 계층에 따른 수레 장식의 제한 문제를 서술했다. ⑨에서는 스코틀랜드의 머캐덤(Macadam, 馬加担)이 도로 및 마차의 개량을 이룬 일을 다루었다. 기원이 되는 사건의 시간적 순서를 지키지 않은 이유는 분명하지 않지만, ⑦~⑨가 "車[수레]" 자체가 아니라 그와 연관된 주변적인 사실들을 언급하고 있기 때문일 것으로 해석해볼 수 있을 듯하다. 만약 이러한 해석이 성립한다면, 이 항목의 경우에도 여

---

38 「車」,『만국사물기원역사』, 189~190쪽.

전히 시간적 순서를 중심으로 서술하였다고 할 수 있을 것이다.

물론 이 항목을 포함하여 많은 항목에서 제시한 기원의 정확성이나 공정성에 대해 의문을 제기할 수는 있다. 특히 중국의 경우에는 신화적인 내용까지 시간으로 환산하여 포함시킨 문제가 있으므로, 이러한 지적은 일면 타당하다고 할 것이다. 그렇지만 그것이 의도적인 것인가, 즉 중국 또는 동양의 사물 기원의 시기를 앞당기고자 한 의도가 있었던 것인가에 대해서는 쉽게 답할 수는 없을 듯하다. 유럽의 경우에도 『구약전서』 또는 그리스 신화의 내용이 기원의 근거로 제시되는 예가 적지 않기 때문에, 그 원인이 정보의 한계에 있다고 해석하는 것이 자연스러울 듯하다.[39] 만약 이러한 해석이 가능하다면, 장지연이 사물의 기원 시점을 제시하거나 사물 기원의 사건을 지역별로 서술하는 방식에서 "동양" 또는 "한국"을 높이거나 결속시키고자 하는 "강한 의도성"을 발견하기는 어려울 것이다.

2) 장 구성의 성격과 의미

장의 구성을 살피기 위해서는 『만국사물기원역사』 전체의 구성을 먼저 확인해둘 필요가 있다. 여기서는 장별로 내용을 정리하되, 항목의 명칭에 대한 보충설명이 필요한 경우에는 [ ]에 간단한 풀이를 붙인다.

---

[39] 한국, 중국, 일본, 유럽, 미국의 경우를 제외한 다른 지역의 사례를 제대로 다루지 않은 것 또한, 같은 맥락에서 의도적이라기보다는 편찬 당시의 한계로 파악할 수 있을 것이다.

<표 1> 『만국사물기원역사』의 장별 내용

장		항목
1	天文	太極, 天神, 天儀, 日月, 日月蝕, 日晷測法, 星辰, 天氣豫報, 曆法, 歲首, 紀元, 年月, 晝夜, 時間, 七曜日, 閏, 干支, 五行, 千歲曆, 測雨器, 觀天器, 晨昏大鍾
2	地理	地球, 地動說, 新世界亞美利加及墺斯亞, 蘇彝士運河, 山, 洪水, 田野溝渠, 城郭(附 州郡), 堰埭, 陂池, 周航地球, 大石
3	人類	人類之始生, 言語, 姓名, 別號, 保元死體(波斯에 呼曰蒙美), 男女夫婦, 兄弟姉妹, 主從與奴僕, 乳母及産婆, 娼妓(附 妾), 童丱, 頭髮, 髥, 三時代, 閥閱
4	文事	書契文字, 書(篆, 八分, 隷, 草書, 飛白), 六經, 史, 詩歌[서정·서사·희곡], 韻書, 詔勅·制誥·章奏·表疏, 書牘·檄移, 賦·頌·箴·銘, 序·論·策, 連珠體, 碑碣, 誄文·哀辭·挽章, 小說, 新聞紙, 印刷術(其一 木板), 印刷術(其二 活板), 印刷術(第三 印書機, 石板, 鉛板), 速記法, 紙, 墨·墨汁, 筆, 鉛筆, 硯, 書籍舘, 藏書樓, 電筆印書
5	科學	火氣[공기], 水分子, 比重, 火, 電氣, 摩擦電氣[전기의 3종류], 筭術, 代數學, 幾何學, 數學[숫자], 地圖, 地球儀, 天球儀, 測地術[토지 측량]
6	敎育	學校, 鄕學校, 師範學校, 成均館(國子監, 修學院), 小學校(四門學舘), 私立學校, 釋奠, 書院, 養賢庫(附 瞻學錢), 盲人學校, 聾啞學校, 博覽會, 羣學[사회학], 哲學, 體操, 大學校,
7	宗敎	儒敎, 道敎, 佛敎, 寺刹, 浮屠塔, 佛經印版, 八關會(附 百高座講會), 基督敎(附 希臘敎, 新舊敎), 回回敎, 神敎[일본], 多神敎, 洗禮, 割禮, 婆羅門敎, 猶太敎, 希臘敎, 火敎
8	禮節	朝賀, 嵩呼萬歲, 盟約, 燕享, 籍田(親蚕), 巡狩, 誕日, 鄕飮酒(附 養老), 祭祀(附 薦新), 郊天, 社稷(附 山川望秩), 宗廟(附 神主), 墓祭, 冠禮(附 加元服), 婚禮, 媒[중매], 葬棺槨, 遷葬, 賻贈(附 弔), 旌閭墓(附 贈職), 賜几杖, 諡法, 握手, 敬禮,
9	儀仗	鹵簿[행차 의장], 警蹕[벽제], 節(附 黃鉞), 豹尾, 髦頭, 盖
10	政治	租稅, 戶布, 還穀, 國旗, 証券·印紙[세금 관련], 投票法, 賞準, 國債, 議會
11	軍事	兵, 代戰士[대표전사], 弓矢, 弩, 劍刀(附 匕首), 戈戟(附 矛殳, 矟槍), 金鼓, 角, 甲冑, 鞍[각종 馬具], 鹿角, 雲梯, 火砲·火箭(大砲, 石砲), 彈丸(附 震天雷, 爆裂彈), 火藥, 亞毋脫朗(銃), 銃槍, 短銃, 風銃, 綿火藥, 烽火, 十八技, 陣法, 砲艦, 鐵甲艦(水雷艇, 魚形艇), 紋章, 馬車火鎗, 祭師, 刁斗
12	衛生	溫水浴(附 蒸氣浴), 種痘(牛痘), 麻藥[마취], 醫術, 聽肺筒, 測喉鏡(附 驗目鏡, 檢陰鏡), 解剖法, 養身藥(附 淸潔法)
13	工藝	雕象術, 寫眞術(又曰映相術), 腐雕術, 鑄像術, 石板術, 玻瓈製造術, 陶器製造術, 磁器製造術, 自來火[성냥], 畵學
14	驛遞	郵遞(附 把撥站), 指南車, 郵局打印電機, 郵局積財[우편저금국], 郵票
15	商業	市肆, 互市(附 通商), 銀行, 匯票[어음], 保險會社, 典當鋪, 貨幣(附 鑄錢, 銅錢, 銀貨, 紙幣), 倉庫業, 商業會議所
16	農事 (漁獵)	耕作, 養蠶, 鋤犂, 畋獵(牧畜), 鯨獵, 排水溝, 割麥機, 火輪犂(水車), 稻田(附 井田),
17	織造物	紡績機, 彈棉機[거핵기], 裁縫針機[재봉틀], 毛織, 麻布, 天鵝絨[벨벳], 花氈[융단], 臥褥, 紡織, 剪羊毛機, 織布,
18	服飾	衣裳, 袞衣, 袍(附 道袍, 中單), 衫, 袴褶[바지], 戎服, 半臂, 襪, 腰帶, 裘, 褕襠, 冕, 冠帽, 簦[우산], 長靴, 履(附 木屐), 釵·釧(附 步搖), 指環, 鼻環, 耳環, 釦鈕[단추], 假髻(附 鬆), 粉, 脂澤, 黛的, 燕支, 襪架[양말 짜는 기계], 洋服, 染色
19	飮食	火食, 常食, 粥, 饅頭, 酒, 燒酒, 葡萄酒, 麥酒, 亞爾可兒[알코올], 禁酒會, 麭包[빵], 砂糖[설탕], 鹽, 乳油(牛乳, 羊酪), 豉, 醬醢, 雜葅[절인 채소 / 김치], 甀骨, 肉膏[라드], 蘿薑糖[사탕무당]
20	建築	住宅, 宮殿, 竈(附 庖廚), 厠, 墙壁, 橋梁, 煉化石[기와], 占風旗(相風, 占風驛), 煖爐, 旅館(客棧), 井

장		항목
21	音樂	音律(附 唐樂, 宋樂), 俗樂, 歌舞, 琴(附 玄琴), 伽倻琴, 奚琴, 風琴[오르간], 瑟, 琵琶(附 鄉琵琶), 箏, 簫(附 洞簫), 太平簫, 觱篥, 笛, 三芩, 笙簧竽, 缶, 土鼓, 鼓, 杖鼓, 鍾, 箜篌, 胡笳, 畫角, 喇叭[나팔], 拍板, 磬, 鐸, 銅鈸, 鉦, 洋琴, 四絃琴[바이올린]
22	機械	蒸氣機, 舟船(附 汽船, 柁, 龜船), 車(附 輿, 輅, 四輪車, 脚踏車, 人力車), 鐵道 (附 木道), 輻軒, 電氣車, 電信機(附 受信機), 海底電信 (地下電線), 無線電, 空中飛行船, 電話機, 蓄音機, 輕氣球, 電燈, 煤氣燈[가스등], 安全燈, 燈臺, 幻燈, 寒暖表[온도계], 風雨針[기압계], 避雷柱, 羅針盤, 刻漏, 時表(自鳴鐘), 懷中時表(附 警聲時表), 驗濕機, 天秤, 唧筒[펌프], 防火用龍吐水, 排氣鍾[진공 기구], 泳氣鐘[잠수 기구], 問辰鐘[탁상시계], 顯微鏡, 望遠鏡, 天眼鏡[천체망원경], 反射鏡, 各種機器
23	器用	度量衡, 璽印, 笏(附 圭), 兵符, 章綬, 鏡(附 鏡臺), 漆器, 熨斗[다리미], 澡般[대야], 帳·帷·幕·幔·幃·幄, 屛·幌, 簾, 牀, 席, 褥(附 氈), 扇(附 摺扇), 梳篦, 尿器, 胡床, 針(附 鉤), 箕帚, 筐筥[광주리], 几, 鼎(附 釜鎗), 盤, 樽(附 壺, 爵), 瓿, 春(附 杵), 石碓[방아], 杖, 鋸, 斧, 錐, 釘, 雨傘, 眼鏡, 洋燈[램프], 玻璃瓶 ※ '牀'과 '胡床'은 겹치는 내용임.
24	遊戲	演劇·山戲, 生首技[신체절단마술], 野戲, 角觝[씨름], 投箋, 骨牌, 象棋[장기], 碁, 雙陸, 樗蒲, 柶戲[윷놀이], 藏鉤, 呈才人, 花郎, 秋千[그네], 蹴鞠, 紙鳶, 走索[줄타기], 板舞[널뛰기], 舞蹈[서양 댄스], 石戰, 挽索[줄다리기], 拍手, 細樂手, 雜戲
25	方術	醫藥, 卜筮, 以錢代蓍[동전점], 巫祝, 相術, 相地術, 占夢, 男女宮合及占命擇日 ※ 醫藥은 위생부에서도 다루었음.
26	植物	木棉, 石榴, 胡桃, 葡萄, 苜蓿, 荔芰, 烟草, 茶, 嘉琲, 椰子粉, 柑橘橙, 馬鈴薯, 南瓜[호박], 番椒[고추], 西瓜[수박], 瀝青, 橡膠[고무], 三葉草[클로버] ※ 식물에 기원을 둔 경우 도료, 비료도 함께 다루었음.
27	鑛物	黃金, 銀(附 白金), 銅(附 靑銅, 白銅), 錫, 鐵, 鋼, 亞鉛, 金剛石, 石炭, 石油
28	風俗雜題	正朝年賀, 餠湯, 燒髮, 頒囊, 人日人勝, 上元糯飯, 觀燈, 社日, 治聾酒, 寒食, 上墓, 上巳祓除(附 上巳宴), 八日觀燈, 端午艾糕, 端午扇·艾虎, 流頭飲, 伏日狗漿, 七夕乞巧, 百種節, 嘉俳日, 重陽菊花糕, 十月午日·亥日, 冬至赤豆粥, 除夕放砲, 守歲

우선 서두의 3장을 구성하는 데에는 "천(天)-지(地)-인(人)"의 질서가 반영된 것으로 보인다. "천문"에서 천지의 시초('태극')와 신('천신')을 앞에 내세운 점은 사물 전체의 기원을 다룬 것이라 하겠는데, 유태교의 "천주(天主)"를 제외하면 동양의 전통적인 인식과 유사한 것처럼 보인다. 1~3장은 각각의 기원이나 총론에 해당하는 것을 앞에 놓고, 각각의 항목에 대한 동서양의 사례들을 거론하였다. 동양 특히 중국의 사례가 많은 것이 사실이지만, 서양 문화와 관련된 내용도 상당 부분 포함시켰다. 특히 천기예보, 신세계, 주항지구(지구 일주 항해), 보원사체(미이라) 등은 서양의 사례만으로 항목을 구성하였다. 반면에 제3장인 인류

에서는 동서양의 사례가 비교적 균형을 갖추어 진술되었다.

제4장 이하에서는 대체로 학술, 제도, 산업, 의·식·주, 기구, 풍속, 식물·광물, 세시풍속의 순서로 장을 구성하였다고 정리할 수 있다. 1~3장과 같이 일관된 체제를 갖추지 못한 것은 사실인데, 이는 "천지인" 이후의 지식들을 포괄할 수 있는 일관된 개념이 갖추어지지 않았기 때문일 것이다. 특히 그러한 부분에 영향을 주는 것은 서양의 "과학" 과 그 산물들로 보인다. 과학(5장), 위생(12장), 공예(13장), 기계(22장) 등에서는 서양에서 전래한 사물이 특별히 많은 분량을 차지하고 있는데, 여기에 동양의 사례들을 결합하여 서술함에도 불구하고 분량의 균형은 맞지 않는 현상이 나타난다.

그런데 이처럼 전체 체제에 있어 문제가 되는 "과학"은 장의 첫머리에 별도의 풀이를 붙이고 있어 주목할 만하다. 그 외의 27개 장 모두에서 바로 첫 항목부터 서술해 나가는 것과 비교하면, 특별히 이에 대해 고민한 것이라고 할 수 있다. 그 내용은 다음과 같다.

> 科學의 說은 近代 泰西 學者가 發明홈이니, 其實은 不過東洋聖賢의 格物學과 及 六藝의 術이라. 泰西人은 近代에 新發明호야 敎育界의 科程을 作호 故로 謂之科學이라 홈이라.[40]

여기에는 "과학"이라는 용어에 대한 두 가지 인식이 포함되어 있다. 첫째는 동양의 격물학이나 육예지술과 근본적으로는 다르지 않다는 것이며, 둘째는 서양의 경우에는 교육 과정으로 만들었기 때문에 "과

---

40 「科學」, 『만국사물기원역사』, 64쪽.

학"이라는 명칭을 부여했다는 것이다.

전자의 경우는 이 시기에 일반화된 언급이다. 특히 동양의 전통을 강조하는 입장에서는 서양의 문화를 자유롭게 수용할 수 있는 명분을 주는 것인 까닭에, 이러한 논리는 상당히 넓은 범위로 유포될 수 있었다. 어떤 의미로는 서구 문물 수용을 위한 대표적인 논리인 '서기(西器)중국 원류설'과도 유사한 부분이 있다.[41] 물론 동서양을 함께 인정하는가라는 문제에서는 차이가 있지만, 그 심리적 효과는 유사할 수 있다. 반면에 후자의 경우는 "과학"이라는 번역어의 어원과 관련될 수 있어 주목된다. 과목을 나누어 교육하였으므로 이를 줄여서 "과학"이라 했다는 것이 현재 알려진 어원이기 때문이다.[42]

그렇지만 실제 장의 구성을 살펴보면, 『만국사물기원역사』에서의 "과학"은 '자연과학'의 의미를 넘어서지는 못하는 것으로 판단된다. 사회학[羣學], 철학 등을 5장(과학)이 아닌 6장(교육)에서 다루고 있다는 점이 우선 그 근거가 될 수 있다. 5장에서 동양 사물 기원의 비중이 상대적으로 낮아서, "동양의 격물학이나 육예지술"에 해당하는 것으로는 수학[筭術], 지도, 토지측량[測地術] 정도를 지적할 수 있을 뿐이다.

그런데 제5장의 항목 가운데는, 어느 정도는 동서양의 균형을 "의식

---

41 '서기중국원류설'에 대해서는 김문식,『조선 후기 지식인의 대외인식』, 새문사, 2009, 29~31쪽 참조.

42 실제 서술에서도 "科學"이 분과 학문의 의미로 사용한 듯한 예가 보인다. 아래 인용문에는 두 번의 "科學"이 등장하는데, 후자의 경우가 이에 해당한다. "西曆 十世紀에 亞剌伯人이 西班牙의 科耳斗法(學校名)에셔 科學을 硏究ᄒ고 大學校를 始建ᄒ니, 此ㅣ 歐洲各國 大學校의 嚆矢라. 然이나 此時ᄂ 但 敎師와 生徒가 相集ᄒ야 學術을 授受ᄒ 而已오 校舍 建築홈은 無ᄒ더니, 第十二世紀에 至ᄒ야 保羅咯那에 法科大學이 起ᄒ고 阿來爾那에셔 醫科大學이 起ᄒ고 巴里 及 奧克司法達에셔 神學 及 哲學大學이 起ᄒ니 此亦 專門大學에 不過ᄒ고, 至於科學의 完全ᄒ 大學校ᄂ 德王 維廉 第二時에 尼阿培羅로 爲始ᄒ나 其嚆矢ᄂ 一千三百四十八年에 德國 嘎羅 第四의 刱立ᄒ 柏拉克이 爲最라"(「大學校」, 『만국사물기원역사』, 84쪽).

적으로 맞춘 듯한" 예도 보인다.

> 燧人氏가 鑽木出火ᄒ야 人의 火食을 始敎ᄒ미, 自是로 每四時로 新火를 出ᄒ니, 卽 春에ᄂ 楡柳의 火를 取ᄒ며 夏에ᄂ 槐檀의 火를 取ᄒᄂ 類가 是也라.

> 西人은 希臘神代記에 云, 布魯美阿斯 神이 一個 火把를 手執ᄒ고 山上에 登ᄒ야 太陽의 火를 火把中의 遷ᄒ미, 由是로 人類가 始得火라 ᄒ니라.[43]

"불"에 대한 서술인데, 수인씨의 신화와 프로메테우스의 신화만 제시했다. 이는 "물" 항목에서는 라부아지에가 물이 산소[養氣]와 수소[輕氣]로 이루어진 것임을 발견했다는 사실을 서술한 것과 대조적이다.[44] 실제 『만국사물기원역사』에 신화를 통해 사물의 기원을 찾아낸 사례가 적지 않지만, 적어도 제5장에서는 이는 예외적인 설명 방식이라 할 수 있다. 지나친 말일지는 모르지만, 동양의 "과학"의 기원을 서술하고자 하는 희망과 실제 얻을 수 있는 지식의 한계 사이에서 이러한 서술이 나타난 것은 아닐까 한다.

---

43 「火」, 『만국사물기원역사』, 66쪽.
44 「水分子」, 『만국사물기원역사』, 65쪽. "西曆 十八世紀의 末에 法人 拉布亞塞가 始發見水ᄂ 是養氣라, 輕氣로 더브러 成ᄒ니라."

3. 편찬 배경으로서의 문화적 맥락

장지연의 『만국사물기원역사』가 나름의 특이성을 지닌다 하더라도, 그것이 전대 및 당대의 문화적 상황과 고립된 것일 수는 없다. 이러한 관점에서 앞서 장지연이 서술한 지식들의 연원을 다른 문헌에서 찾아보았지만, 여기서는 전대 및 당대의 문헌 및 문화적 상황들을 통해 『만국사물기원역사』가 나타나게 된 배경을 살피고자 한다. 이러한 과정에서 항목 서술 및 장 구성을 포함하여 『만국사물기원역사』의 특성들이 지닌 의미에 대해 다시 검토해볼 수 있으리라 생각한다.

1) '사물 기원'에 대한 관심

실제 서술 양상의 문제를 잠시 보류하고 단순화해서 말한다면, 『만국사물기원역사』는 세계 각국에서 사물이 어떻게 기원했는지를 서술한 책이라고 할 수 있다. "역사"라는 용어를 사용하고 있지만, 그것은 전통적이거나 일반적인 의미와는 어긋난 듯이 보인다. 기원의 시점이 언제인지를 하나하나 연대로 표기하고 있는 점을 제외하면, 시간성이나 변화, 그리고 사건 상호 간의 관계에 대한 관심을 발견하기 어렵기 때문이다. 그렇다면 전대의 문화적 전통과 관련시켜 볼 때, 사물의 기원이라는 문제에 먼저 주목할 필요가 있을 것이다. 그에 붙은 수식어인 "만국"은 장지연이 활동하던 시기에야 자리 잡기 시작한 용어이기 때문이다.

'사물기원'으로 한정해서 본다면, 우선 송나라의 고승(高承)이 편찬한 『사물기원(事物紀原)』을 살펴볼 필요가 있다. 『사물기원』은 천지로부터 금수에 이르기까지의 사물을 55부 1,764항목으로 나누어 인용문을 싣고 기원을 고증한 책이다.[45] 원래 고승이 편찬했을 때는 217개 항목에 불과했다가 후대인들이 증보한 결과로 항목수가 크게 증가했다고는 하는데, 후대인들의 지속적인 참여는 곧 '사물기원'에 대한 후대인들의 지속적인 관심을 의미한다고 해석할 수 있을 것이다.

다음은 현존하는 『사물기원』 55부의 명칭이다.

卷一 : 天地生植, 正朔曆數, 帝王后妃, 嬪御命婦, 朝廷注措, 治理政體, 利源調度

卷二 : 公式姓諱, 禮祭郊祀, 崇奉褒冊, 樂舞聲歌, 輿駕羽衛

卷三 : 旗旒采章, 冠冕首飾, 衣裘帶服, 學校貢擧

卷四 : 經籍藝文, 官爵封建, 勳階寄祿, 師保輔相, 法從清望

卷五 : 三省綱轄, 持憲儲闈, 九寺卿少, 祕殿掌貳, 五監總率, 環衛中貴

卷六 : 橫行武列, 東西使班, 節鉞帥漕, 撫字長民, 京邑館閣, 會府臺司

卷七 : 庫務職局, 州郡方域, 眞壇淨社, 靈宇廟貌, 道釋科敎, 伎術醫卜

卷八 : 舟車帷幄, 什物器用, 歲時風俗, 宮室居處, 城市藩禦

卷九 : 農業陶漁, 酒醴飮食, 吉凶典制, 博奕嬉戲, 戎容兵械, 戰陣攻守

卷十 : 軍伍名額, 律令刑罰, 布帛雜事, 草木花果, 蟲魚禽獸

부와 항목의 수를 고려하면, 현존하는 『사물기원』은 『만국사물기원역사』보다 방대하면서도 세분화된 내용을 수록했으리라고 예상할 수

---

45 이하 『사물기원』에 대한 내용은 최환, 『한·중 유서문화 개관』, 영남대 출판부, 2008, 247~249쪽 참조.

있다. 실제 서술의 경우에도 이러한 점을 발견할 수 있다. 55부의 구성을 보면, 장지연이 제시한 28장에 비해 체계화된 범주를 제시하고 있다고 보기는 어려울 듯하다. 비록 서두에 "천지(天地)"를 배치한 점은 유사해 보이지만, 이후의 '부'와 '항목'은 상호 연관성이 부족한 듯이 보이기 때문이다. 따라서 『사물기원』의 구성이나 체제로부터 장지연이 영향을 받았을 가능성은 낮아 보인다. 그렇지만 『사물기원』이 사물 기원에 대한 고증을 철저하게 진행하였고 그 일부가 후대의 사서(辭書) 편찬에 활용되었다는 점을 고려하면, 『만국사물기원역사』와의 연관성을 부정하기는 어렵다.

한편 사물의 기원에 대한 관심은 개별 사물의 기원에 대한 고증의 방향으로만 전개되지는 않았다. 기원이란 문제 자체를 만물 일체의 원리나 질서 속에서 해명의 방향을 찾을 수도 있기 때문이다.

그러한 예를 조선에서도 찾아볼 수 있는데, 홍양호(洪良浩, 1724~1802)의 『만물원시(萬物原始)』가 그것이다. 홍양호는 이 글에서 7개편으로 나누어 만물의 기원을 논술했다.[46] 서두의 「앙관편」에서는 천지와 기상현상을 총체적으로 해석하고, 「부찰편」에서는 오행에 따라 자연의 이치를 설명했다. 「근취편」 이하에서는 사람의 몸, 금수, 초목 등을 모두 하나의 천지에 적용되는 이치에 따라 해석하였다.[47] 만물의 기원에 대한 총체적이며 철학적인 해명이었던 셈이다.

---

[46] 『萬物原始』의 편명 및 항목명은 다음과 같다. 仰觀篇(天地造化之本, 風雲雷雨日月星辰), 俯察篇(五行生成之位, 五行皆待人而用, 五行生克之妙, 五行母子互相報復, 五行死歸於母, 五行子旺則勝母, 五行性情, 山川之形), 近取篇(人具八卦之象, 人具五行之象, 聲色臭味, 總論百體), 遠取篇(五蟲之氣, 五蟲之性, 五蟲之聲, 五蟲之形, 五蟲之數, 禽獸象八卦, 草木之類), 雜物篇, 撰德篇, 辨名篇.

[47] 예를 들면 눈과 해, 귀와 달을 연관 지음으로써 두 신체 기관이 각기 낮과 밤에 기능이 달라지는 것을 설명하였다. "目者日象, 故夜則視昏, 耳者月象, 故夜乃聽遠"(『耳溪集』 외집 권9).

『만국사물기원역사』의 방향은 이와는 달랐다고 할 수 있다. 7개 편의 서두 부분에 '천지인(天地人)'을 먼저 배치했다는 점에서 유사성을 찾을 수는 있겠으나, 개별적인 사물의 기원에 대한 관심이나 사물 기원에 대한 고증의 태도는 보이지 않아서 차이점이 더 크다고 할 만하다. 그렇지만 기원 자체에 대한 관심이라는 점에서는 두 가지 방향 모두가 『만국사물기원역사』의 성립에 일정한 연관성을 지닌다고 할 수 있을 것이다.

2) 유서(類書)의 전통

고승의 『사물기원』은 일반적으로 유서(類書)로 분류되는데, 한국에서도 독자적인 유서 편찬의 전통이 있었다. 유서는 항목별로 분류하여 다양한 지식이나 정보를 제시하는 점에 특징이 있으므로, 적어도 형식적인 면에서는 『만국사물기원역사』에 근접한 것이라 할 수 있을 것이다.

앞서 거론했던 『증보문헌비고』 또한 일종의 유서라고 할 수 있는데, 장지연이 편찬에 참여했을 뿐 아니라 『만국사물기원역사』의 서술에서도 활용하고 있으므로, 먼저 살펴볼 필요가 있다. 『증보문헌비고』는 모두 16考로 구성되어 있는데, 그 명칭은 다음과 같다. ( )에는 그에 해당하는 권수를 표기한다.

象緯(12), 興地(27), 帝系(14), 禮(36), 樂(19), 兵(18), 刑(14), 田賦(13), 財用(7), 戶口(2), 市糴(8), 交聘(13), 選擧(18), 學校(12), 職官(28), 藝文(9)

"천(象緯)-지(興地)" 이후에 "제계(帝系)"를 두었는데, 이는 대한제국

성립 이후의 문헌이기 때문일 것이다. '제계'에는 후반부에 '씨족고(氏族考)'를 두고 있는데, 여기까지를 고려하면 이 부분은 "인(人)"에 대응하는 것으로 해석할 수 있다. 여기까지는『만국사물기원역사』와 유사한 구성이라고 할 수 있다.

차이가 나는 부분은 넷째와 다섯째이다. 즉 각기 예(禮), 악(樂)과 문사(文事), 과학(科學)이 여기에 놓여 있는데, 이 차이는 두 가지 측면에서 해석할 수 있다. 우선 관찬의 서적인『증보문헌비고』에서는 정사를 베풀 때 중심이 되는 예악을 강조할 수밖에 없고, 사찬인『만국사물기원역사』에서는 선비 또는 학자 / 지식인의 업무인 문사를 강조할 수밖에 없다고 할 수 있다. 두 문헌이 간행된 시기 차이가 1년에 불과하다는 점을 고려하면, 새로운 분야인 "과학"을 강조한 점이『만국사물기원역사』가 가진 특징이라고 할 수 있을 것이다. 이 또한 관찬과 사찬의 차이라고 할 수 있겠지만, 한편으로는 유서가 담고 있는 전망의 방향성과도 연관된다고 할 만하다. 즉 상대적인 관점으로는『만국사물기원역사』쪽이 더 미래지향적이라고 할 수 있을 것이다.

조금 더 살펴보면, 예와 악 가운데는 악(樂)의 비중이 더 낮아진 것이『만국사물기원역사』의 특징이기도 하다. 예에 해당하는 내용은 8~9장에서 비교적 비중 있게 다루어지며, 특히 9장에서는 우리나라의 사례를 집중적으로 서술하고 있다. 실제 서술된 내용의 범위가『증보문헌비고』를 넘어서는 것은 아니지만, 상대적으로 누락되는 부분이 적다고 할 수 있다.

이에 비해 악의 경우에는 비중이 차이가 더 크다.『만국사물기원역사』의 제21장인 '음악'에서는 음악 자체보다는 악기의 종류와 기원에 대한 서술 비중이 높은데,『증보문헌비고』에는 없는 풍금, 양금, 사현

금(바이올린) 등 서양 악기 관련 항목이 추가되고 다른 항목에서도 관련성이 있는 서양 악기의 서술이 함께 이루어지고 있다. 결과적으로 음악, 특히 궁중음악에 관한 서술이 줄어든 셈인데, 그것이 관찬과 사찬의 차이에만 원인이 있는 것인지는 분명하지 않다. 부분적으로는 '악'에 대한 시대적, 그리고 개인적 평가의 차이가 반영되었을 것으로 추정해도 좋을 듯하다.

사찬의 유서 가운데는 내용이나 체제 면에서『만국사물기원역사』와 유사한 예를 찾기는 쉽지 않다. 다만 이익의『성호사설』은 검토해볼 필요가 있을 듯하다. 장지연의 스승인 허훈이 이익의 학문을 전수받은 남인 학통의 인물이며,[48] 『성호사설』이 우리의 대표적인 유서 가운데 하나라고 할 수 있기 때문이다.

다음은 이익의 제자 안정복이『성호사설』을 다시 정리한『성호사설유선』의 체제이다.[49]

〈표 2〉『성호사설유선』의 편별 내용

	篇	門
1	天地	天文, 地理, 附 鬼神
2	人事	人事, 論學, 論禮, 親屬, 君臣, 治道, 服食, 器用, 技藝
3	經史	經書, 論史, 附 夷狄, 聖賢, 異端
4	萬物	禽獸, 草木
5	詩文	論文, 論詩

"천지인"을 앞세운 점은 같지만, 그 이후의 편(篇)과 문(門)에는 차이가 보인다. 과학, 교육, 종교 등과 같은 부분이 없는 대신 경사(經史)나 시문(詩文)이 중요한 위치에 있는 것은 시대적인 차이를 반영한다고 할

---

48 노관범, 앞의 글, 2008, 236쪽.
49 한우근,「해제」, 민족문화추진회 편,『국역 성호사설』, 39〜40쪽.

만하다. 이적(夷狄), 성현(聖賢), 이단(異端)을 부록해 놓은 부분도 상당히 다른 점인데, 이 또한 중요한 차이를 반영하는 것으로 볼 수 있다. 즉 『만국사물기원역사』에서는 특정한 기원의 "역사"에 대해 논평하는 일이 없으며, 다른 종교나 가치관에 대해 정통과 이단을 가려내지 않는다. 여기에는 시대의 차이와 함께 장지연이라는 개인이 지닌 사유의 특성이 반영되어 있다고 할 것이다.

이러한 몇 가지 차이에도 불구하고, 실제로 다루고 있는 사물기원에 대한 관심의 정도는 상당히 유사한 측면이 있다. 특히 지리적으로 멀리 떨어진 지역에 대한 관심이라는 측면에서 그러한 면을 발견할 수 있다. 이는 성호의 학통과 장지연의 관계라는 측면에서 해석해도 좋을 것이다. 물론 장지연이 『만국사물기원역사』의 편찬을 위해 『성호사설』을 활용했다는 근거는 찾기 어렵다. 『성호사설』을 인용한 사례가 없을 뿐 아니라 오히려 참고하지 않았을 듯한 정황이 보이기도 한다.[50] 그렇지만 『만국사물기원역사』가 취하고 있는 관심의 방향이나 정도에 있어서는 『성호사설』을 포함한 유서의 전통이 중요한 역할을 했으리라고 할 만하다.

3) 서양 문화에 대한 관심

『만국사물기원역사』의 저술이 이루어지는 시점에는, 서양의 과학

---

50 『성호사설』에서 언급했던 『兵衛森畫戟』의 서첩에 대한 서술을 한 가지 예로 들 수 있는데, 장지연은 이를 "雪庵兵衛森帖"(「書」, 『만국사물기원역사』, 49쪽)이라고만 언급하였다. 『성호사설』에서 자세히 논증한 것과 대비되는 것이어서, 장지연이 직접 참고하지는 않았으리라고 볼 만하다. 만약 이 부분에서 『성호사설』을 참고하였다면, 보다 정밀한 고증을 진행할 수 있었을 것이다.

기술 뿐 아니라 문화적인 부분에 대한 관심도 확대되었다. 이미 일본이나 중국에서는 서양의 역사와 문화를 소개하는 문헌들이 지속적으로 간행되고 있었으며, 한국에서도 이와 유사한 현상이 나타나고 있었다. 특히 신문과 잡지는 그 중요한 수단이 되고 있었다. 『만국사물기원역사』와 거의 같은 내용을 수록한 『대한학회월보』의 두 편의 기사가 존재하는 것은 이러한 현상의 직접적인 사례일 것이다.

신문의 사례를 한 가지 살펴보자.[51] 다음의 ①은 1902년의 『황성신문』 기사이며, ②는 『만국사물기원역사』의 한 부분이다.

①西洋人間에 行ᄒᄂ 握手禮法은 握手者가 互相親愛의 意를 表出ᄒ기 爲ᄒ인즐은 不知者ㅣ 無ᄒ깃스되 其起原에 至ᄒ야ᄂ 不知者ㅣ 多ᄒ지라. 法蘭西 某人類學者의 說을 據ᄒ 則, 古昔에 人人이 相會ᄒ임이 互相 攻擊ᄒᄂ 意思가 無ᄒ임을 表ᄒ기 爲ᄒ야 兩人이 皆右手를 前面에 高擧ᄒ더니, 但히 此禮쑌에ᄂ 或掌中에 凶鬼를 隱匿ᄒ야 不意攻擊ᄒᄂ 獘가 有ᄒ으로, 攻擊ᄒᄂ 意思가 無ᄒ임을 表出ᄒᄂ 方針에 完全치 못ᄒ다ᄂ 說이 有ᄒ야, 맛춤ᄂ 今日과 如히 兩人이 握手ᄒ야 十分他意가 無ᄒ임을 表出ᄒ게 ᄒ얏다더라.[52]

②我國은 三朝時代로브터 相見ᄒ 時에 兩手로 據地ᄒ야 敬禮를 表ᄒ니, 至今 其風이 尙存ᄒ니라.

西洋은 古代에 人이 或兵器를 手에 藏ᄒ얏다가 相遇ᄒ 時에 加害ᄒᄂ 習

---

51 여기서 거론한 기사 이외에 『황성신문』에 실린 「郵便葉書起原」(1902.11.10), 「郵票起原」(1906.5.5)과 같은 경우에도 『만국사물기원역사』와 동일한 사물에 대한 기원을 다루고 있어 주목할 만하다. 그렇지만 구체적인 내용에서는 둘 사이의 연관성을 찾기는 어렵다.

52 「握手起原」, 『황성신문』, 1902.8.9.

이 有ᄒ 故로 中世紀에 至ᄒ야는 人을 相逢ᄒ면 右手를 露出ᄒ야 相握의 禮를 行ᄒ니, 所以兵器가 無ᄒ고 歡迎의 意를 表示홈이라.[53]

①에서는 서양인들 사이에 행해지는 악수 예법이 어떤 이유에서 생겨 난 것인지를 상세히 설명하고 있다. 프랑스의 인류학자를 거론하면서, 처음에는 오른손을 높이 드는 것에서부터 서로 손을 맞잡는 형태로 변하 게 된 이유를 말하였다. 독자들이 이 기사를 읽고 서양인들의 문화에 대 해 어떤 인상을 갖게 될 것인지는 일반화하기 어렵지만, 서양인의 문화 에 대한 지식을 보급한다는 면에서는 의미 있는 것이라 할 만하다.

②에서는 우리나라의 절과 함께 서양인의 악수를 제시하였다. 서양 인의 악수의 경우에는, 설명이 얼마나 자세한가는 차이가 있지만 그 핵심은 ①과 크게 다르지 않다. 문제가 되는 것은 "절"을 함께 제시한 이유이다. 바로 다음 항목의 "경례(敬禮)"에서 부여 이래의 양손을 땅에 짚는 예절을 거론하고 있으므로, 같은 예절이라는 이유에서 제시했다 고 해석하기에는 어려움이 있다. 그렇다면 "손"이라는 공통점에서 같 은 항목에 배열한 것이라 볼 수 있겠는데, 그렇더라도 이를 "악수"에 포함시키는 것이 어색한 것은 사실이다.

『만국사물기원역사』에서 발견할 수 있는 부자연스러움은 서양의 문화와의 비교를 진행하는 과정에서 나타난 것이라고 할 수 있다. 특 히 둘 사이의 공통성을 찾아내려는 노력의 산물이라고도 할 수 있는데, 그 결과가 부정적이라고 하더라도 의도 자체는 나름의 긍정적인 면을 지닌다고 할 수 있을 것이다. 이러한 평가에 대해서는 논란의 여지가 있지만, 적어도 『만국사물기원역사』의 성립 배경에는 이러한 관심의

---

53 「握手」, 『만국사물기원역사』, 102쪽.

증대가 놓여있었다는 점은 지적할 수 있을 것이다.

　서양의 문화에 대한 관심과 탐구를 가장 잘 보여주는 것은 서양의 문화와 풍속을 소개하는 저술일 것인데, 그러한 예를 앞서 언급했던 니시무라 시게키의 『서국사물기원』에서 찾을 수 있다. 전체 4권의 항목을 아래에 제시하고, 그 구성의 공통점과 차이점을 살피기로 한다. 추가적인 설명이 필요한 항목에 대해서는 [ ] 안에 간단한 풀이를 넣었다.

〈표 3〉『서국사물기원』의 장별 내용

	장	항목
1	天時	行星, 日月蝕, 晝夜, 歲首, 紀元, 歲時ノ分割
2	現象	大氣, 電氣, 火
3	土地	亞米利加, 澳大利, 世界ノ一周
4	身體	頭髮, 髭, 血液ノ循環, 死體ノ塗膏, 名, 言語
5	學術	算術, 點竄術, 曆術, 測地術, 詩學, 音樂, 畫術, 記憶術, 航海術, 天地球儀, 地圖
6	敎育	學校, 聾啞ノ敎學, 盲人ノ敎學, 師學校
7	文事	文字, 算數字, 算術符號, 書法, 速書法, 書翰, 寓言, 傳奇小說, 新聞紙, 書籍舘, 簽銀, 書籍販賣
8	動作	沐浴, 蒸氣浴, 舞跳, 拍手, 體操, 游泳, 不沈術, 飛行
9	農事 (漁獵附)	耕作, 犁耙, 耙, 碾穀, 獵, 鱈漁, 鯨漁, 網罟
10	工術	織術, 紡線術, 養蠶術, 金類鎔鑄, 鑄像術, 彫像術, 木版彫刻, 印刷術, 鏤刻術, 石版術, 釘書術, 影像, 鍍金術, 鍍錫術, 塗漆術, 漂白術, 刺繡術, 染術, 造金線術, 造玻璃術, 彩玻璃術, 造陶器術, 造磁器術, 角工, 皮革ノ彩繪, 造韋革術, 防燒術, 蒸溜術, 煮鹽術, 潮水ヲ淡水ト爲ス術
11	商事	銀行, 商人集會, 擔保會, 典舖, 會單, 歲市, 貨幣
12	交際	義團[기사], 博覽會, 節飮會, 旅行運輸, 旅館
13	政事	租稅, 國債, 賞准, 印紙
14	軍事	兵士, 單身格鬪, 龍騎兵, 遠射ノ兵器, 刀劍, 弓, 箭, 槍, 火藥, 手銃, 大砲, 彈丸, 銃槍, 拳銃, 綿火藥, 風銃, 軍旗, 鞍, 馬蹄鐵, 鞋踢, 武器ノ章
15	醫事	刺絡, 暈絶術, 救溺術, 種痘, 人工手足, 檢病時限, 製藥舖
16	敎法	基督敎, 回敎, 行賽
17	風俗	年賀, 揚火, 晚樂, 噴嚏, 葬禮, 喪服
18	遊戲	游戲, 演劇, 戲曲, 樂戲, 火戲, 繩技, 象碁, 骨牌戲
19	動物	羊毛, 墨黎那羊, 毛皮, 駱駝髮, 象牙, 驟乳, 火鷄, 加拿利鳥, 海鳥糞, 金魚, 呀嚙米, 蜂, 水蛭, 眞珠, 海絨, 動物ノ磁石氣
20	植物	米, 小麥, 蕎麥, 玉蜀黍, 西米, 蕃薯, 棉花, 桑樹, 茶, 烟草, 孖姑烟, 架非[커피], 葡萄, 乾葡萄, 瓜, 覆盆子, 杏樹, 鳳梨[파인애플], 平果, 香櫞, 椰棗, 粟, 櫻桃, 胡桃, 橙, 梨, 桃, 李, 巴且杏, 無花果, 丁香, 胡椒, 法尼列, 薑, 玉桂皮, 烏木, 桃心木, 月桂, 浮皮木, 鬱金香, 花, 桂挐, 樟腦, 番紅花, 鴉片, 𧄍, 樹膠, 琥珀, 乳香, 瀝靑, 接木

장		항목
21	鑛物	黃金, 白金, 銀, 銅, 鐵, 鉛, 錫, 水銀, 鋼, 白鉛, 假金, 鐵葉, 寶石, 金剛石, 磁石, 雲石, 粉牌石, 硝石, 硫黃, 明礬, 膽礬, 靑綠, 石炭, 泥炭, 浮石, 白土, 地脂[아스팔트]
22	建築	建築術, 屋, 圓天井, 烟通, 避雷杆, 壁裝, 磚, 亞爾兒斯井, 橋, 土堤, 水閘, 鐵車路, 市街ノ砌石, 照道路法, 氣燈, 海濱燈, 電信機
23	飮食	尙食, 食物, 飮酒, 麪包, 牛乳油[버터], 牛乳餠[치즈], 葡萄酒, 麥酒, 燒酒, 酒精, 啉酒, 杜松子酒, 〈酉+畢〉酒[liquor], 亞叻酒[Arag], 醋, 砂糖, 糖水, 鹽, 蜀古辣, 飮料ヲ冷ス法
24	衣服	衣服, 帽, 履, 手罩, 襪子, 頸帶, 肩章, 衣緣, 釦鈕, 靴, 鈕子, 蓋面衣, 搭膊巾[Chador]
25	布疋	絨呢, 麻布, 剪絨, 紗, 網紗, 縐紗, 彩緞, 袈裟布, 縐袈裟布, 南京布, 麻打拉斯, 曼識特[맨체스터], 火浣布, 花氈
26	機器	蒸氣機器, 輕氣毬, 氣機箚, 步走機, 吸水筒, 救火水龍, 洗淨機, 風箱, 泳氣鐘, 磨車
27	測器	尺度量衡, 天秤, 風雨表, 日規, 時辰儀, 寒暑針, 磁針盤, 測濕器
28	舟車	蒸氣船, 沈船, 錨, 乘車, 蒸氣車
29	燈鏡	燈, 燈籠, 亞爾侃燈, 魔燈, 蠟燭, 鏡, 望遠鏡, 廻光鏡, 放大鏡[확대경], 顯微鏡, 接光鏡, 反照鏡, 幻影鏡
30	文具	墨汁, 紙, 羊皮紙, 筆, 鉛筆, 印
31	家具	寢牀, 床褥, 煖爐, 卓布, 鎖鑰, 風信旗, 防燒具
32	身具	釧, 指鐶, 指帽, 耳鐶, 髢, 眼鏡, 紅粉, 造花, 遮日遮雨
33	工具	錐, 斧, 刀子, 鋸, 鑢, 螺絲釘, 針, 管針, 旋盤, 扛梃, 繩索, 絞盤, 築礎具
34	響器	樂器, 風琴, 太鼓, 鐘, 號筒
35	飮食器	食匙叉子, 飮器, 牛酪桶, 鐵杆, 罇, 桶
36	戱具	骰子[주사위], 假面, 偶人, 活機偶人
37	染料	靑黛, 苔靑, 朱, 丹參, 紫, 猩紅
38	製煉	油, 吧嗎油, 篤耨油, 蠟, 石鹼, 香料, 火漆, 糊

앞서 살펴본 『만국사물기원역사』의 항목들과 유사한 예들이 상당수 보인다는 점을 우선 확인할 수 있다. 전체적인 구성에 있어서도 "천-지-인"의 순서를 서두에 둔 점이 유사하다고 할 수 있는데, 이는 "천지인(天地人)"이 동아시아 공통의 사유에 기반을 두고 있기 때문일 것이다.

그렇지만 『서국사물기원』에서는 학문 일반에서 "과학"에 대해 특별히 중시하는 태도를 발견하기 어렵다는 점에서는 중요한 차이를 찾아볼 수 있다. "과학"이라는 장을 별도로 두지 않았을 뿐 아니라, 제5장(학술)의 경우에는 시학이나 음악, 미술을 함께 다루고 있다. 서술의 폭도 차이가 있는데, 서양 문학에 대한 경우에는 『만국사물기원역사』 쪽이 단편적이라면 『서국사물기원』 쪽은 체계적이라고 해도 좋을 정도이다.[54] 이러한 차이는 문헌이 이루어진 시점의 사회적 분위기, 그리고 저자의 개인적 성향에 원인이 있을 것인데, 여기서는 우선 둘 사이의 현상적 차이에 대해서만 언급하기로 한다.

항목 서술 내에서는 서술의 초점을 중요한 차이로 들 수 있다. 즉 『서국만물기원』의 경우에는 기원의 문제를 제시하는 선을 넘어서서 "만물"의 전파나 영향에 대해서도 관심을 보였다. 그 결과 보다 체계적이고 상세한 지식을 제시할 수 있고, 동시에 현실적인 수용의 가능성에 대해서도 검토할 수 있었다. 『서국만물기원』의 제20장(식물)과 『만국사물기원역사』의 제26장(식물)의 경우를 비교해 보면 항목은 유사함에도 불구하고 서술 내용이 겹치는 부분을 거의 찾을 수 없는데, 이는 서술의 초점 차이 때문이라고 할 수 있다.

또 하나의 의미 있는 차이점은 『서국사물기원』의 일부 항목에 사회진화론적 시각이 나타난다는 점이다. 대표적인 예가 '언어(言語)' 항목이다. 『서국사물기원』에서는 중국어를 끌어들여서 열등한 언어로 묘사하고 있는데, 『만국사물기원역사』에서는 이러한 내용을 찾아볼 수 없다. 단정하기는 어렵지만, 두 저술이 갖는 저술의 목적이 어느 정도는 다르다고 할 수 있을 것이다.

이상의 몇 가지 차이점이 존재함에도 불구하고, 두 문헌이 공통의 문화적 맥락 속에 놓여 있음은 부정하기 어렵다. 내용상에서의 영향 관계에 대한 문제에 대해서도 두 문헌 사이에 놓인 또 다른 저술 혹은 번역서를 확인하고 관련 양상을 정밀하게 검토해야 등의 연구가 앞으로 진행되어야 할 것이지만, 두 문헌을 포함한 당대 동아시아의 문화적 맥락 자체에 대해서도 보다 집중적인 논의가 필요할 것이다. 그것

---

54 다만 문학 갈래의 삼분법에 대한 논의는 보이지 않는다.

은 20세기 초 동아시아의 서구 문화 및 문물에 대한 관심의 방향성을 살피는 작업이 될 수 있을 것이기 때문이다. 여기서는 우선 문제의 소재를 확인하고, 『만국사물기원역사』의 성립이 당시 동아시아의 문화적 맥락 속에서 이루어진 것임을 확인하는 데 그친다.

맺음말

이 글에서는 장지연이 1909년에 편찬한 『만국사물기원역사』의 성립 과정을 두 가지 측면에서 살펴보았다. 몇 가지 단서를 통해 문헌에 서술된 지식의 유래를 점검하였고, 그러한 지식을 제시한 체제의 특징을 살펴서 이를 문헌이 놓인 문화적 맥락하에서 살펴보았다. 그 결과 『만국사물기원역사』는 나름의 독자성을 지니는 한편으로, 전대 및 당대의 문화적 맥락에서 돌출적이지는 않다는 점을 지적할 수 있었다. 즉 한국의 『증보문헌비고』나 일본의 『서국만물기원』과 같은 문헌과의 영향 관계를 지적할 수 있으면서도, 동시에 저자로서의 장지연이 수행한 역할 또한 인정할 수 있다는 것이다.

물론 앞서도 지적했지만, 이 글에서 진행한 성립 과정에 대한 검토는 완전한 것은 아니라고 할 수 있다. 서양에 대한 지식의 경우에 니시무라 시게키의 『서국사물기원』과 장지연의 『만국사물기원역사』 사이에 놓인 제삼의 문헌 또는 문헌군의 존재를 확인해야 하는 것이 여기서 해결하지 못한 과제이기 때문이다. 또 더 나아가서는 두 문헌을 포함하여 19세기 말에서 20세기 초에 이르는 시점의 동아시아에서의 "만물기원"에 대한 관심과 성과를 해명하는 것이 또 하나의 중요한 과제라고 할 수 있다. 이 글에서 여러 문헌들의 관계와 차이에 대해 논의한 것은 이러한 과제의 존재를 확인하는 과정이라고 할 수 있다.

『만국사물기원역사』의 성격에 대한 논의와 관련해서도 앞으로의 과제를 몇 가지 제기할 수 있을 듯하다. 특히 조선시대의 유서(類書)와 내용 및 체계를 보다 정밀하게 검토하는 것이 그 가운데 가장 큰 과제일 것이다. 장지연이 지닌 지적 배경에 비춰보면 동아시아 삼국 특히 한국의 사물 기원에 대해 보다 적극적인 고증을 할 수 있었을 것이며, 따라서 한국의 사물기원역사에 대한 기술의 방향이나 선택의 방식은 저자의 의도나 방향성과 보다 직접적으로 연관된 것으로 이해할 수 있기 때문이다. 또한 이는 한국에서의 '유서' 전통이 근대 이후에 계승되는 양상에 대한 해명이 될 수 있을 것이다.

문헌 자체로 되돌아간다면, 『만국사물기원역사』의 완성도에 대해서도 한번 생각해볼 필요가 있을 듯하다. 1909년 시점의 사회문화적 상황, 그리고 저자의 지적 배경 등을 고려하면, 『만국사물기원역사』에서 추구하려 한 바를 온전히 달성할 수 있었을 지에 대해 의문을 가질 수 있기 때문이다. 사실 박학풍 또는 고증학적 관심이 있었다고 하더라도, "만국사물기원의 역사"는 20세기 초의 개인이 완성하기에는 너무 큰 주제이기도 하다. 이런 측면은 향후 『만국사물기원역사』에 대한 검토나 평가, 특히 저자의 의도에 대한 논의에서 주의해야 할 부분이라고 판단된다.

'도서원부'를 통해 본 경성제국대학 도서관의 한국고서 수집

정병설

머리말

서울대학교 중앙도서관과 규장각한국학연구원에는 일제강점기 경성제국대학 부속도서관(이하 경성제대도서관)에서 물려받은 50만 권 가량의 장서가 있다. 경성제대도서관에서 물려받은 조선 왕실의 도서나 자체적으로 사 모으거나 기증 받은 도서들이다. 여기에는 일본서, 서양서 외에 한국고서가 적지 않다. 물론 한국고서 가운데 상당 부분은 조선 왕실에서 물려받은 것이지만 자기들이 사 모은 한국고서도 적지 않다. 일제는 조선을 강제 점령한 다음, 왕실의 책을 조선총독부 학무국 학무과 분실에서 관리하게 했는데, 경성제국대학이 설립되자 그것들을 경성제대도서관으로 넘겼다. 1928년 10월, 1930년 5월, 1930년 10월의 세 차례에 걸쳐, 15만 권이 넘는 책이 이관되었다. 이런 것 외에 도서 등록번호로 볼 때 어림잡아 6만 5,000점 내외의 자료를 사 모았다.

경성제대도서관의 도서는 서울대학교에서 고스란히 물려받았으니 새삼 무슨 조사가 필요한가 의아히 여길 수 있다. 하지만 서울대학교에서 인수한 경성제대도서관의 도서는 광복 이후 우리 사회의 극심한 혼란, 특히 전쟁이라는 격변을 맞으면서 큰 손실을 입었다. 경성제국대학은 일제강점기 한반도의 대표적 학술 연구 기관이었으므로, 최상급의 고서들이 경성제대도서관으로 모였다. 따라서 모은 자료만큼이나 무엇을 잃어버렸는지 아는 것도 중요하다. 잃어버린 자료 가운데는 유일본도 없지 않아서 그 서목을 정리하는 것만으로도 충분히 의미가 있다.

나는 1995년 서울대학교 중앙도서관에서 조교로 근무하면서 박종근 수서정리과장과 함께 『서울대학교도서관 50년사』를 썼다.[1] 박 과장은 주로 1970년대 이후의 상황을 기술했고, 나는 경성제대도서관을 포함하여 1970년 이전의 역사를 정리했다. 당시 나는 박 과장의 친절한 안내를 받아 도서관 귀중 자료와 내부 문서를 두루 살펴볼 수 있었는데, 이로써 경성제대도서관을 대략 파악할 수 있었다. 특히 도서 구입 등록 대장이라고 할 수 있는 '도서원부(圖書原簿)'에 관심이 갔다. 그러다 최근 경성제대도서관의 한국고서 수집을 좀 더 구체적으로 파악할 필요가 생겼고, 이에 도서원부에 다시 주목하여 거기 보인 한국고서에 대한 목록을 작성하게 되었다. 이 글은 이 목록 작성에 대한 보고의 성격을 띤다.

---

1   서울대학교 도서관 50년사 편집위원회 편, 『서울대학교 도서관 50년사』, 서울대 출판부, 1996.

1. 도서원부에 대하여

　도서관이 어떤 도서를 구입할 때, 구입 대상 서적을 결정하면 책값을 지불할 수 있도록 서류를 작성한다. 그리고 구입 후에는 일련번호를 매겨 도서관에 등록한다. 이 과정을 기록한 것이 도서원부다. 경성제대도서관의 도서원부는 20년에 이르는 시간 동안 여러 가지 양식을 사용했다. 가장 많이 사용된 양식은 맨 상단에 '도서원부(圖書原簿)'라고 적혀 있고, 그 다음 단에 '도서납부서(圖書納付書)'라고 된 것이다. 이 양식에는 대개 대여섯 줄 정도를 적을 수 있게 되어 있다. 대여섯 종류의 자료를 한 번에 등록할 수 있도록 한 것이다(〈그림 1〉).

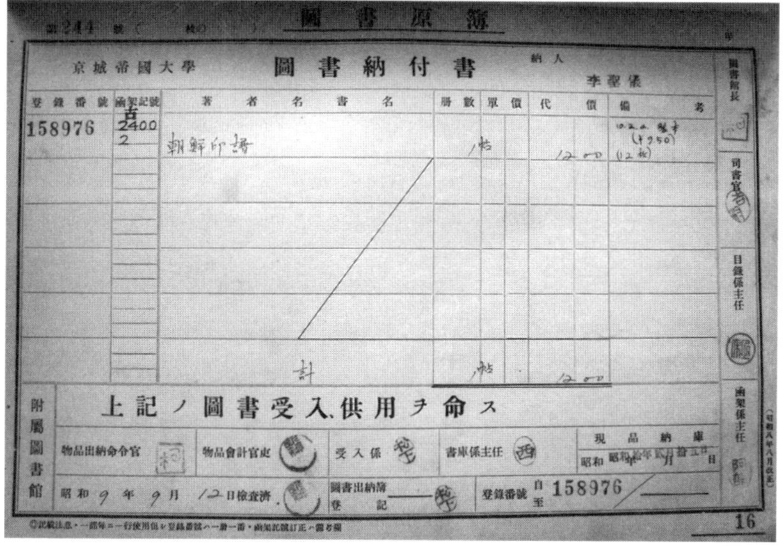

〈그림 1〉 도서원부 양식. 1934년 구입한 〈조선인보〉다. 등록번호는 158976이다. 이성의가 20엔에 판매한 것으로 되어 있다. 비고란을 보면 이듬해 9엔 50전을 주고 12매의 이 인보를 제본한 것으로 되어 있다. 오른쪽에 결제선이 보인다.

다른 하나는 노트처럼 생긴 책에다 양식 상단에 '도서수입원부(圖書受入原簿)'라는 제목이 붙은 서류철이다. 스무 줄 이상의 공란이 있다(〈그림 2〉).

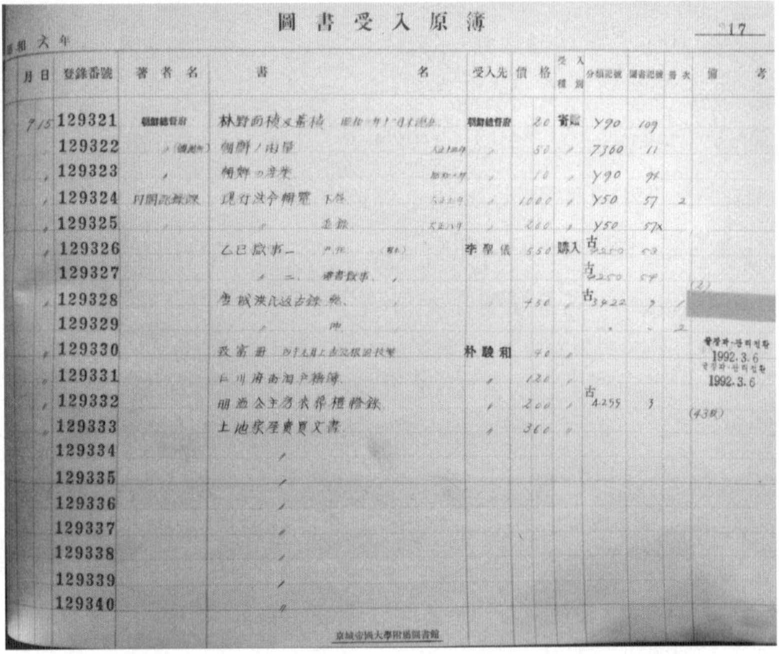
昭和六年 圖書受入原簿 17

月日	登錄番號	著者名	書名	受入先	價格	受入種別	分類記號	圖書記號	册次	備考
7.15	129321	朝鮮總督府	林野面積及蓄積	朝鮮總督府	20	寄贈	Y90	109		
〃	129322	〃	朝鮮ノ市場	〃	50	〃	7360	11		
〃	129323	〃	朝鮮の農業	〃	10	〃	Y90	94		
〃	129324	[illegible]	現行法令輯覽 下卷	〃	1000	〃	Y50	57	2	
〃	129325	〃	〃 上卷	〃	260	〃	Y50	57x		
〃	129326		乙巳獄事 一	李聖儀	550	購入	古 250	53		
	129327		〃 二				古 250	54		
〃	129328		唐城洪氏返古錄		450	〃	古 3422	7	1	(2)
	129329		〃				〃	〃	2	
〃	129330		致富冊	朴駿和	40	〃				1992.3.6
〃	129331		仁川府面洞戶籍簿	〃	120	〃				1992.3.6
〃	129332		明溫公主房來[illegible]禮謄錄	〃	200	〃	古 4255	3		(43冊)
〃	129333		土地家屋賣買文書	〃	360	〃				
	129334		〃							
	129335		〃							
	129336		〃							
	129337		〃							
	129338		〃							
	129339		〃							
	129340		〃							

京城帝國大學附屬圖書館

〈그림 2〉 도서원부 양식. 1931년에 구입한 『을사옥사』, 『당성홍씨반고록』, 『명온공주방상장례등록』 등에 대한 원부이다. 각각 5엔 50전, 4엔 50전, 2엔에 구입하였으며, 판매자는 이성의와 박준화이다.

'도서납부서' 자리에는 '기증도서수입급공용명령(寄贈圖書受入及供用命令)' 등 해당 자료의 성격에 따라 다른 말이 적힌 경우가 드물지 않게 보인다. 때로는 이 부분을 지우고 해당 작업의 성격에 맞게 수기로 표시하기도 했다(다음 면의 〈그림 3〉).

이렇게 도서관에 들어온 자료는 분류 후 서가에 배치하는 과정에서 서가 목록이 작성되었는데, 경성제대도서관에서는 이를 '함가부(函架簿)'라고 불렀다(다음 면의〈그림 4〉).

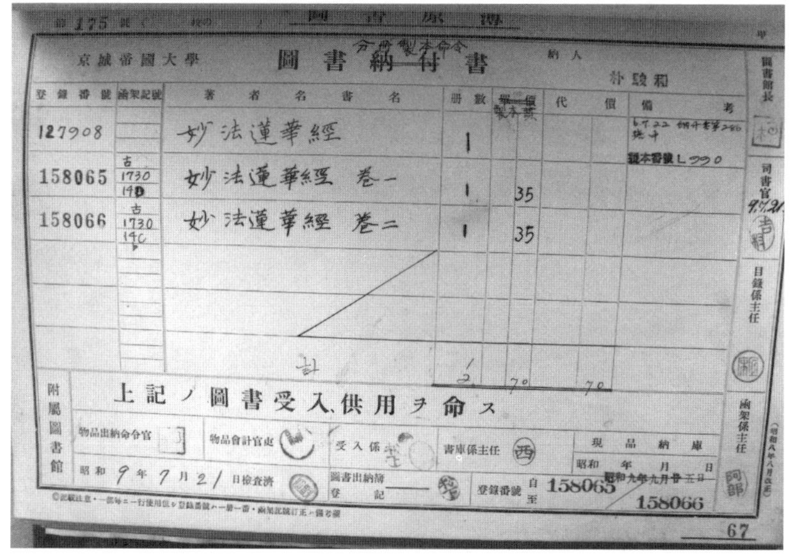

〈그림 3〉 도서분책제본명령서. 1931년 박준화에게 산『묘법연화경』을 1934년 분책하여 새로 제본했다. 제본비는 한 책당 35전이었다.

〈그림 4〉 함가부. 한국미술품을 모아둔 청구기호 '2435'항의 자료들이다. 〈천산대렵지도〉, 〈동문송별도〉, 〈장단부근회도〉, 〈조선고판화〉가 보인다. 이 그림들은 현재 서울대학교 규장각한국학연구원에 있으며, 뒤의 두 그림의 제목은 현재 〈안동부근회도〉와 〈효제문자도판화〉로 되어있다.

이 밖에도 경성제대도서관에는 도서 청구용으로 만든 분류별, 서명별 카드 목록이 있고, 드문드문 책자형『서명목록(書名目錄)』을 간행했다.

경성제대도서관의 도서원부는 총 91권이다. 그런데 제1권과 제2권은 조선총독부의 자료가 일괄적으로 경성제대도서관으로 이관된 것을 기재하고 있어서, 경성제대도서관의 자료 구입은 실질적으로 제3권부터 보인다. 도서원부는 자료가 입수되는 순서에 따라 기입되었으며, 경성제대도서관이 개관한 1926년 5월 1일부터 일제가 패망하기 직전인 1945년 6월 16일까지 적혀있다. 여기에는 수입 일자, 등록번호, 저자, 서명, 수입방식, 수입선, 가격, 책 수 등이 표시되어 있어서, 이것을 보면 언제 어떤 책이 누구를 통해 어떤 식으로 구입 또는 기증되었는지, 가격은 얼마인지 알 수 있다.

2. 고서 수집 환경

1926년 5월 개관한 경성제대도서관은 1927년 8월 일부 건물을 준공함으로써 본격적으로 도서관 업무를 보았다. 초대 관장은 오쿠라 신페이[小倉進平]로, 그는 일본어 연구자이면서 『향가 및 이두 연구(鄕歌及吏讀研究)』라는 저서를 남긴 한국어 연구자이기도 하다. 오쿠라 교수의 임기는 1926년 4월 2일부터 1929년 5월 23일까지였는데, 임기 중에 많은 한국고서의 구입이 이루어졌음은 불문가지(不問可知)다. 이후 관장들을 보면 불교사 전공의 오타니 카츠마[大谷勝眞], 로마법 전공의 후나다 교지[船田亨二], 『만요슈(萬葉集)』를 중심으로 일본 상대문학(上代文學)을 주로 연구한 다카기 이치노스게[高木市之助], 발해사를 비롯한 만주지역 전공의 동양사학자인 도리야마 기이치[鳥山喜一] 등이 있었다. 경성제국대학은 법문학부(法文學部)가 중심이어서, 인문학, 사회과학, 자연과학 및 법학 분야 장서를 주로 수집하였는데, 이에 따라 한국고서도 자연히 역사, 문학 부문이 중심이 되었다.

경성제대도서관은 매년 2만 권 내외의 책을 구입했는데, 양서와 일본서가 중심을 이루지만, 한국서, 그중에서도 한국고서 또는 고문서도 적지 않았다. 양서와 일본서는 대개 오사카나 도쿄의 서점이나 서울에 있는 일본 서점을 통해 구입했고, 한국고서는 주로 한국인 서적상을 통했다. 한국인 서적상으로 도서원부에 많이 보이는 이름은, 이성의(李聖儀), 박준화(朴駿和), 송신용(宋申用), 박봉수(朴鳳秀) 등이 있으며, 이 밖에 백두용(白斗鏞), 고유상(高裕相), 김화진(金華鎭), 장지택(張之澤), 강호균(姜浩均), 김진욱(金鎭旭), 이대련(李大蓮), 이주경(李周敬), 김병주(金秉胄), 이인구(李寅求), 홍순만(洪淳萬), 김문식(金汶植), 박우겸(朴友兼), 이서응(李書應), 정진태(鄭鎭泰), 지명찬(池命燦), 신현익(申鉉翼), 김흥배(金興培), 류기응(柳基應), 이근성(李根性), 정계섭(鄭啓燮), 김승한(金承翰), 이훈(李燻), 이관재(李觀宰), 이종(李鐘) 등이 있다. 한국고서를 넣은 사람 중에는 일본식 이름도 얼마간 보이는데, 이케다[池田], 천지부태랑(天地茂太郎), 오시마[大島友愛], 오쿠다이라 에키코[奧平エキ子], 방산종현[方山鍾鉉] 등이 그렇다. 이 가운데 오쿠다이라 에키코는 1944년에 문학사적으로 가치가 높은 책을 대량 판매한 사람이며, 방산종현(方山鍾鉉)은 1943년에 한글소설을 많이 팔았다. 방산종현은 시기적으로나 이름으로나 한국인으로서 일본식으로 성을 바꾼 사람이 아닌가 한다. 서울대학교 국어국문학과의 교수를 역임한 방종현으로 추정된다. 이 밖에 오사카야[大阪屋], 간쇼도[嚴松堂] 등의 일본 서점을 통해서도 한국고서를 구입했다.

이 서적상들 중에는 한두 종의 책을 판 사람도 있고, 일정 시기에 특정 한 자료를 집중 판매한 사람도 있으며, 20년의 경성제대도서관 역사와 시종(始終)을 함께한 사람도 있다. 경성제대도서관은 이들을 통해 고문서나 지도, 야담류, 역사류, 백과사전류, 문집, 한글소설 등 종류를 가리지 않았고 대량으로 자료를 구입했다. 경성제대도서관은 1926년에서 1928년까지 개관 초기 3년 동안 도서구입비로만 80만 엔을 썼다. 이 기간에 조선총독부도서관의 1년 평균 예산이 8만 엔인 점을 감안하면, 경성제대도서관의 위상을 가늠할 수 있다. 조선총독부도서관은 현재의 국립중앙도서관과 비슷한 성격을 지니고 있었으며, 그 자료 역시 현재 국립중앙도서관에서 관리하고 있다. 또한 같은 기간에 경성제국대학의 총예산이 400만 엔이었으니, 대학 예산의 20퍼센트를 부속도서관의 도서구입비로 사용했던 것이다. 대학 설립 초기, 도서관 개관 초기라는 특수 사정을 감안한다고 해도, 대학도서관, 특히 경성제국대학 도서관에 대한 식민지 교육 당국의 관심과 인식이 어느 정도였는지 짐작할 수 있다.[2] 경성제대도서관은 그만큼 중요한 교육 연구 시설이었다.

3. 한국인 고서상

한국고서의 수집은 경성제국대학 교수들이 주도했다. 1932년의 『경성제국대학학우회회보』에 실린 「도서관좌담회기사」에 의하면, 당시 도서 수입은 교수들이 신청한 것을 학부에서 구입하여 도서관으로 넘

---

2   위의 책.

기는 경우가 있었고, 교수가 직접 서점에서 선정 구입하여 도서관으로 이관하는 경우가 있었으며, 도서관에서 직접 선정 구입하는 경우가 있었다고 한다. 도서 구입에 있어서 교수의 역할이 아주 중요했다고 할 수 있는데, 당시 한국고서 구입에 관심을 가질 만한 교수로는 한국문학, 한국역사 전공 교수 외에 사회학, 종교학, 경제학 분야 등에서 한국을 주 연구 대상으로 삼은 사람을 거명할 수 있다. 한국어문학의 다카하시 도루[高橋亨], 오쿠라 신페이[小倉進平], 고노 로쿠로[河野六郎], 중국철학의 후지즈카 치카시[藤塚鄰], 사회학의 아키바 타카시[秋葉隆], 종교학의 아카마츠 치조[赤松智城], 경제학의 시카타 히로시[四方博], 한국역사의 이마니시 류[今西龍], 후지타 료치쿠[藤田亮策], 오다 쇼고[小田省吾], 스에마쓰 야스카즈[末松保和] 등이다.

이들은 한국고서의 구입에 뜻이 있다 해도 자료의 소재는 잘 알 수 없는 외국인이다. 그 때문에 자료를 소개할 수 있는 중개인이 필요했다. 서적상이다. 도서원부에 '납인(納人)'으로 기록된 사람들이다. 이들이 누구인지 아는 것은 자료의 소종래(所從來)를 아는 데 도움이 된다. 여기서는 경성제대도서관에서 역할이 두드러진 서적상과 어느 정도 알려진 서적상에 대해 대략 살펴보기로 한다.

이성의는 박준화와 함께 도서관 개관 초기부터 말기까지 가장 많은 책을 경성제대도서관에 판매한 서적상이다. 서울 종로구의 창덕궁 부근 와룡동에서 화산서림(華山書林)이라는 고서점을 운영한 분으로 알려져 있다. 경성제국대학 출신의 국문학자인 도남 조윤제의 기록을 보면 한국사학자이면서 장서가로 유명한 이마니시 류[今西龍]에게 『삼국유사(三國遺事)』를 처음 가져다준 사람도 이분이라고 한다.[3] 책 행상으

---

3   조윤제, 『도남잡지』, 을유문화사, 1964, 167쪽.

로 이마니시를 찾아온 이성의는 『삼국유사』의 가격으로 7원을 불렀는
데, 이마니시가 이 책은 겨우 7원을 받을 책이 아니라고 하면서 30원을
주어 보냈다고 한다. 이 일 이후 이성의는 늘 학자로서 책을 사는 데 인
색하지 않은 사람은 이마니시뿐이라고 말했다고 한다. 이마니시가 소
장한 『삼국유사』는 현재 일본 덴리대학[天理大學] 도서관에 있는데 순
암(順庵) 안정복(安鼎福) 구장본으로 1512년 경주에서 판각한 이른바 '정
덕본(正德本)'이다. 이 책은 이마니시가 1916년부터 소장했던 것이라고
한다. 경성제대도서관에서도 1926년 5월 개관하자 바로 여러 질의 『삼
국유사』를 구입했는데(등록번호 12419~12423), 이는 1921년 교토제국대
학문학부(京都帝國大學文學部)에서 간행한 5책의 영인본이다. 이성의의
남은 장서는 1965년 6월 그가 타계한 뒤 고려대학교 도서관과 미국 컬
럼비아 대학으로 옮겨졌다.

송신용(1884~1962)은 경성제대도서관 납인으로는 이성의만큼 비중
이 높지 않지만, 가람 이병기 교수 등 당대의 한국인 장서가들에게 널
리 알려진 고서상이다. 본인도 한국고서의 수집과 소개에 열성을 보인
분으로 유명하다. 최근에 그에 관한 책이 출간되기도 했다.[4]

한남서림 주인 백두용(白斗鏞)과 회동서관 주인 고유상(高裕相)은 출
판사 사주로 유명한데, 경성제대도서관 납인으로는 그리 많지 않은 책
을 팔았다. 출판 활동의 결과물과 그와 연관된 책을 판매한 것으로 보
인다. 김화진(金華鎭)은 가람 이병기 선생의 일기에도 나오는 인물로,
이병기, 이병도 등의 국학자와 교유한 사람으로 알려진 김화진(金龢
鎭)[5]과 같은 사람이 아닌가 한다. 또한 광복 후에 『오백년기담일화』 등

---

4   이민희, 『마지막 서적중개상 송신용 연구』, 보고사, 2009.
5   이병기, 『가람일기』 2, 신구문화사, 1976, 428 · 431쪽.

여러 편의 야사 관련 책을 낸 김화진(金和鎭)과도 동일인으로 보인다. 김화진(金和鎭)은 순조의 장인으로 19세기 안동 김씨 세도의 길을 연 김조순의 후예다. 『영춘옥음기』 등 집안에 비전된 책을 학계에 소개하기도 했다. 『영춘옥음기』는 정조가 죽기 직전 사돈으로 점찍은 김조순을 자기 거처로 불러 한 말을 적은 비밀 기록으로, 김화진은 이 책을 서울대학교 국어국문학과 이희승 교수 등에게 제공했다. 김화진은 광복 후 문화재전문위원 등으로 활동하면서 풍속사가로 이름을 떨쳤다.

이성의와 함께 경성제대도서관에 가장 많은 책을 판 사람들 가운데 한 명인 박준화에 대해서는 알려진 바가 거의 없다. 국사편찬위원회의 디지털데이터베이스에 『한민족독립운동사사료집(독립군자금모집)』이 있는데, 여기 「하와이 박지화(朴智和) 군자금 모집 사건에 관한 청취서」가 있으며, 이 보고서 안에 박준화가 보인다. 박준화가 1935년 6월 17일에 경기도 경찰부에 출두하여 공술한 내용이다. 경찰이 박지화와의 관계를 따지자, 박준화는 박지화가 박준화의 아버지 박영만(朴永晩)의 형 박영수(朴永壽)의 서자라고 공술했다. 다른 친척이 없느냐는 질문에 "고인이 된 박창화(朴蒼和)의 손자 박덕신(朴德信)은 경성(京城) 관동(館洞) 104의 5에 살고 있다. 6촌인 박정화(朴貞和)는 경성(京城) 임정(林町) 224에서, 친누나 박씨는 경성 가회동(嘉會洞) 144번지에서 한병익(韓秉翼)의 집에 살고 있다"고 말했다. 이 자료에 나오는 박준화가 경성제대도서관 납인인 박준화와 동일인물인지는 알 수 없지만, 다음 연구를 위해 밝혀둔다.

장지택(張之澤) 역시 국사편찬위원회의 디지털 데이터베이스 「조선사편수회 급료지불조서」에 "소화(昭和) 9년(1934) 조선사편수회 경성부 창성동(昌成洞) 112, 호주 장홍식(張鴻植) 2남, 일급 1.3원"이라는 사항으로 나온다. 광복 이후 서울대학교 규장각에서 촉탁으로 근무하면서 고문서 정리 등의 일을 한 장지태(張之兌)와 어떤 연관이 있지 않을까 추정할 뿐이다. 또 정계섭(鄭啓燮)은 『저촌유고(樗村遺稿)』 등을 판 것으로 되어 있는데, 이 책은 1938년 이건방이 소장하던 것을 정제두(鄭齊斗)의 7대손인 정계섭이 주도하여 교정 필사한 자료로 알려져 있다. 『저촌유고』는 정제두의 제자인 심육의 문집이니, 정계섭은 자기 집 주변에 전래한 문집을 정사하여 경성제대도서관에 판 듯하다. 경성제대도서관은 직접 구입할 수 없는 책이면 이렇게 전사라도 하게 해서 사들였다. 이처럼 잘 알려진 몇 명만 살펴도 경성제대도서관에 책을 넣은 한국인 고서상 중에는 높은 학문적 식견을 갖춘 분이 적지 않았다. 비록 근대 학문을 배울 기회는 얻지 못했지만 책을 사랑하는 학자였는데 생계가 어려워지자 전문 지식을 이용하여 서적 거래를 중개했던 것이다. 그들의 노고 덕분에 귀중한 자료들이 도서관에 안전하게 자리 잡을 수 있었고 한국학 연구는 이로써 크게 진전할 수 있었다.

4. 주요 자료

경성제국대학은 설립 3년 동안 대학 예산의 20퍼센트 정도를 도서관 도서구입비로 썼으니 식민지 교육 정책 당국이 대학도서관의 장서에 얼마나 신경을 썼는지 알 수 있다. 경성제대도서관은 이런 막대한 예산으로 양질의 장서를 확보했는데, 경성제대도서관이 입수한 자료 중에는 역사, 문학, 문헌학적으로 값을 환산할 수 없는 가치 높은 자료가 수두룩하다. 여기서 그 모두를 소개할 수는 없다. 다만 몇몇 중요한 자료들이 언제 어떤 경로로 들어왔는지 알아보기로 한다.

자료 판매자 가운데 특이한 기관으로 경성영국총영사관(京城英國總領事館)이 있다. 1926년 『괴원등록(槐院謄錄)』 등을 판매했다. 괴원이란 외교문서 작성을 담당하는 승문원의 별칭이니, 원래 영국영사관에서 조선 정부의 외교 방식과 실태를 알기 위해 구입한 것을 조선이 식민지가 되고 조선과의 외교가 무용한 상황이 되자 되판 듯하다.

도서관 자료는 모두 구입만 한 것은 아니다. 기증도 얼마간 있는데, 이왕직(李王職)이나 조선총독부, 영국영사관 등의 기관 기증 외에, 1929년 1월 25일에는 김지연(金志淵)이 『매화시(梅花詩)』를 기증했고, 1930년 6월 19일에는 오수환(吳受煥)이 『한주집(寒洲集)』 25책을 기증했다. 김지연과 오수환의 경우 기증인데도 각각 1.5엔과 100엔의 가격이 적혀 있다. 기증에 약간의 사례를 했다고 볼 수도 있지만, 실제로는 판매인데 기증의 형식으로 들여온 경우도 있는 듯하다. 오수환의 경우 단순 기증으로 보기에는 사례금이 너무 많기 때문이다.

김지연은 경성제국대학 법문학부 조수와 조선총독부 도서과 촉탁을 지낸 분으로, 민요, 특히 아리랑 연구로 유명하다. 또 다케베 킨이치[武部欽一]처럼 상당량의 자료를 기증한 일본인도 있는데, 조선총독부 학무국장 중에 동일 인명이 있으니 그 사람인 듯하다. 그는 조선 유교와 불교에 대한 논문을 제출하기도 했으며, 뒤에 일본으로 돌아가서는 히로시마문리대학[廣島文理大學] 등에서 학장을 맡기도 했다. 또 조선사 연구자인 아유카이 후사노신[鮎貝房之進]은 1931년에 『역대세년가(歷代世年歌)』를 기증했고, 모리 모토(森モト)라는 사람은 1934년에 고려 공민왕이 그렸다고 알려진 〈천산대렵지도(天山大獵之圖)〉(서울대학교 규장각한국학연구원, 古貴2435-1)를 기증했다. 이와 유사한 그림이 국립중앙박물관에 있는데 그것은 큰 그림이고 이것은 상대적으로 작다. 기증 외에도 생산(生産)이라고 표시된 것도 꽤 많은데, 청구기호가 '古0270-12'인 총 25책의 『청장관전서』는 납인이 '본학(本學)'으로 되어 있고 입수방법은 '생산'이다. 가격이 294.14엔인 것으로 보아 사람을 사서 책을 베끼게 한 것으로 보인다. 추산하면 한 책당 필사 가격은 대략 10엔이다. 현재 이 책은 두 책이 일실된 채 전하고 있다.

이 밖에 눈길을 끄는 자료로 1934년 정진태(鄭鎭泰)가 판 홍경모(洪敬謨)의 『관암외사(冠巖外史)』를 비롯한 홍경모와 관계된 다수의 책이 있다. 경성제대도서관은 이를 한꺼번에 구입하지 않고 나누어 사들였는데, 예산사정 등이 고려된 듯하다. 또한 1935년에는 지명찬(池命燦)이 『이이엄집(而已厂集)』 등 장혼과 관련된 책을 많이 넣었고, 1935년 신현익(申鉉翼)이 『신관호시문집(申觀浩詩文集)』 등 신관호와 관련된 책을 팔았다. 신현익은 후손으로 짐작된다. 1938년에는 김병주(金秉冑)가 9책의 『하재일기(荷齋日記)』, 1939년에는 김승한(金承翰)이 『해동문헌총록(海東文獻總錄)』, 1939년에 이인구가 『한산세고(韓山世稿)』를 도서관에 납품했다. 1944년에는 오쿠다이라 에키코(奧平エキ子)라는 일본인 여성으로 여겨지는 사람이 『정유시초(貞蕤詩抄)』, 『이참봉시(李參奉詩)』, 『송목관집(松穆館集)』, 『희조일사(熙朝軼事)』, 『무당내력(巫黨來歷)』 등 조선후기 문학연구에 가치가 높은 자료들을 대량 매각했다. 경성제국대학 정치외교학 전공 교수로 오쿠다이라 다케히코(奧平武彦)가 있었는데, 그는 장서가로도 이름이 높았다. 오쿠다이라 교수는 『조선개국교섭시말(朝鮮開國交涉始末)』이라는 책을 쓴 정치학자이지만, 『조선의 송원명판 복각본(朝鮮の宋元明板覆刻本)』 등의 책을 썼을 뿐만 아니라 도자기

연구로도 이름을 날렸다. 그는 1943년 5월 44세의 젊은 나이로 죽고 말았는데, 오쿠다이라 에키코는 그의 부인이 아닌가 한다. 부인이 남편 사후 남편의 애장서를 경성제대 도서관에 팔지 않았나 하는 것이다. 향후 확인이 필요한 부분이다.

한글문학, 특히 한글소설은 자료 그 자체 외에는 부가 정보가 거의 없기 때문에 자료가 어디서 왔는지가 매우 중요하다. '한양가 언문(漢陽歌 諺文)'이라고 표시된 책이 1928년 오사카야[大阪屋]에서 들어왔고, 1929년에는『금향정기(金香亭記)』등 현전하는 세책집에서 유래한 듯한 일군의 소설이 박준화를 통해 들어왔다. 또『옥원재합(玉鴛再合)』,『옥원전해』등 온양 정씨 집안과 연관된 한글소설이 1930년 이성의를 통해 들어왔는데, 이 연작과 연관된 작품인『옥원전해서(玉鴛傳解書)』는 1931년에 이인구(李寅求)가 넣었다. 이인구는 이때『구래공정충직절기』도 함께 납품했다.『옥수기(玉樹記)』는 1930년에 김병주(金秉胄)가,『한강현전(韓江玄傳)』은 1940년 박준화가 넣었다.

1929년 박준화가 납품한『숙녀지긔』(古3350-62, 3권 3책)에는 매 권마다 표지 우측 하단에 "延慶閣藏(연경합장)"이라고 쓰여 있고(규장각한국학연구원의 해제에서 '延慶閣藏'이라고 한 것은 오독이다), 1930년 이성의가 납품한『태평광기(太平廣記)』(484권 64책)에는 '집옥재' 장서인이 찍혀 있다.『한중록』에 따르면 연경당(延慶堂)은 영조의 셋째 딸인 화평옹주의 처소로 사용되었다. '연경합'은 바로 이 연경당을 가리킬 것이다. 또 집옥재는 경복궁에 있었던 왕실의 수장고였다. 이처럼 밖으로 흘러나간 왕실 자료가 다시 규장각으로 들어와 다른 왕실 전래 도서와 합쳐지는 경우가 있었다. 1943년에는 방산종현(方山鍾鉉)이 한글소설을 다량 납품했는데,『완월회맹연(玩月會盟宴)』,『벽허담(碧虛談)』,『삼국지(三國志)』,

『소문록(蘇門錄)』,『양현문직절기(楊賢門直節記)』,『옥환기봉(玉環奇逢)』,
『옥린몽(玉麟夢)』(古3350-100),『소현성록(蘇賢聖錄)』등이다. 25책의『벽
허담』은 100엔, 30책의『삼국지』는 90엔, 14책의『소문록』은 56엔을 지
불했는데, 93책의『완월회맹연』은 무려 1,209엔이라는 엄청난 값을 치
렀다. 이 시기 한국 소설은 평균 한 책당 4엔, 중국 소설 번역본은 3엔을
받았는데,『완월회맹연』은 한 책당 무려 13엔을 받았다. 방산종현이 납
품한 한글소설은 상태가 매우 좋은 장편소설인데, 서울 유력가의 소장
품으로 보인다.

이 책들의 납인인 방산종현(方山鍾鉉)은 초대 서울대 국어국문학과
교수인 방종현(方鍾鉉)일 가능성이 있다. 일사(一簑) 방종현 선생은 당
시 서울에서 고서점을 운영하고 있었다. 이숭녕, 김형규 선생의 회고
에 일제 말기에 '고서 장사', '책방 경영'을 했다는 말이 있다.[6] 방종현의
후배인 전 이화여대 교수인 방용구(龐溶九)의 회고에는 다음과 같은 말
이 있다. "1930년대 후년에 그분은 안국동에 '헌책 가게'를 내고 계셨
다. 내가 그 근처에 살고 있었기 때문에 이따금 뵈었는데 큰 가방을 들
고 어슬렁어슬렁 여유 있는 걸음걸이로 안동 네거리를 다니시는 것을
볼 수 있었다. 그런데 나는 어째서 저분이 대학까지 나와서 하찮은 헌
책 가게를 하고 계실까 해서 의아스러운 감으로 대하였었는데 '연작안
지홍곡지지(燕雀安知鴻鵠之志)'로 그분이 우리나라 고서적을 수집하는
방편으로 그러시는 것을 전연 상상조차 못하였으니 그것은 그 당시 인
사동 거리에 전형필 선생이 '한남서림'을 차려놓고 고서화를 수집했던
것과 같은 일을 한 것일 터인데 그 당시는 그것을 전혀 모르고 지냈었
다."[7] 일사 선생은 자기가 수집한 책을 일부 경성제대도서관에 판매하

6　이숭녕·김형규,「일사 방종현 선생의 국어학 연구」,『국어학』12, 1988.

기도 했는데 창씨개명을 강요하던 당시 판매를 하려면 어쩔 수 없이 일본식 이름을 사용해야 했는지 모른다. 그래서 성 다음에 산(山) 자를 하나 더 넣어 일본식으로 보이게 한 것 아닌가 한다.

5. 일실 자료

경성제대도서관에 소장된 자료 가운데 현재 망실된 책의 서명을 확인할 수 있는 방법으로는 우선 서울대학교 중앙도서관에서 조사 작성한 『소재불명 동양서목록』(서울대학교 중앙도서관 고문헌자료실 비치)이 있다. 공간된 것이 아니며 내부 참고용이다. 그런데 이것은 경성제대도서관의 목록과 비교한 것이 아니라 서울대학교 도서관으로 이관 절차를 마친 자료 가운데 망실된 것을 조사한 것이다. 따라서 이것으로는 경성제대도서관 수집본의 전모를 알기 어렵다. 그사이 극심한 정치적 혼란과 경제적 어려움, 전쟁까지 있었기 때문에 더욱 그렇다.

경성제대도서관의 도서원부와 현재 목록을 비교하면 상당수의 한국 고서가 망실되었음이 확인된다. 대략 일실된 첩책(帖冊)의 수는 300여 종이다(부록 참조). 부분 망실의 경우를 세세히 찾아보면 더 많은 것이 나올 수도 있다. 망실 자료의 구체적인 내역을 대략 들어보면, 우선 〈신숙주초상(申叔舟肖像)〉, 〈평양병풍(平壤屏風)〉, 〈동림비결도(洞林秘訣圖)〉 등 그림 자료들 외에, 2첩의 『정조서간(正祖書簡)』 등이 확인되지 않는

---

7 방용구, 「일사선생의 회고」, 『어문연구』 76, 1992, 375～376쪽.

다. 『정조서간』은 도서원부에 1939년 이성의에게 16엔을 주고 샀다고 적혀 있다. 또 1931년 이성의가 판 31매의 『순원왕후서간(純元王后書簡)』도 보이지 않는데, 현재 서울대학교 규장각에는 『순원왕후어필(純元王后御筆)』이라는 제목으로 25매의 순원왕후 서간집이 있을 뿐이다. 이 역시 1936년 이성의가 판 것이다. 또한 『순원왕후어필봉서(純元王后御筆封書)』라는 제목이 붙은 33매의 서간은 등록번호가 다르고 청구기호 앞에 "奎"가 붙어 있다. 원래 조선 왕실에 소장된 자료로 추정된다. 또한 1934년 홍천식(洪天植)에게 구입한 〈홍봉한호적(洪鳳漢戶籍)〉 역시 보이지 않으며, 1934년 박봉수(朴鳳秀)에게 구입한 〈공방별감사(工房別監(郭慶振)辭)〉도 특이한 자료로 보이나 소재가 확인되지 않는다.

도서의 경우 『흠흠신서(欽欽新書)』, 『사변록(思辨錄)』, 『동의보감(東醫寶鑑)』(1945년 구입, 31권본) 등이 보이지 않고, 『월인천강지곡(月印千江之曲)』은 1930년과 1931년에 각각 박준화와 이인구에게 구입한 것은 남아 있지만, 1932년 박준화에게 구입한 것은 보이지 않는다. 1927년 박봉수에게 구입한 『두시언해(杜詩諺解)』는 원래 19책인데 현재 4책이 분실되었다. 『화성성역의궤』, 『징세비태록』 전부와 『일신록(日新錄)』의 일부가 '소각'으로 표기되어 있는데, 무슨 이유로 불태웠는지 알 수 없다. 소실되었다는 말일 수도 있겠다. 『화성성역의궤』와 『일신록』의 소각 일자는 광복 후인 1948년 3월 3일로 되어 있다.

일실된 책 중에는 소설류가 두드러지는데, 먼저 1926년 회동서관 주인인 고유상이 판 구활자본 소설로 보이는 12종의 '조선소설(이야기책)'이 있다. 『명사십리』 외 3권, 『임경업전』 외 4권, 『장익성전』 외 5권, 『산양대전』 외 6권, 『옥단춘전』 외 4권, 『박문수전』 외 5권, 『옥중금낭(獄中錦囊)』 외 2권, 『이화몽(梨花夢)』 외 3권, 『연광정(鍊光亭)』 외 5권,

『이진사전』외 4권,『조선태조대왕전』외 4권,『천강홍의장군(天降紅衣
將軍)』외 4권이 그것이다. 이 밖에도 상당수 필사본 소설이 보이지 않
는데, 1928년 6월 9일 이성의가 판 한글소설을 보면, 사태의 심각성이
단적으로 드러난다. 이 날 51종 593책의 소설책이 등록되었는데, 모두
한 책당 75전의 값을 매겨 구입했다. 총 책값은 450엔이다. 그런데 그
날 구입한 51종은 현재 하나도 보이지 않는다. 제목을 열거하면 다음
과 같다.

1. 금산사몽유록(金山寺夢遊錄) 2책 / 2. 장풍운전(張風雲傳) 2책 / 3. 황
운전(黃雲傳) 9책 / 4. 양주봉전(楊周鳳傳) 4책 / 5. 숙영낭자전(淑英娘子
傳) 2책 / 6. 김홍전(金弘傳) 5책 / 7. 징세비태록(懲世鄙態錄) 5책 / 8. 섬호
전(蟾狐傳) 2책 / 9. 장백전(張伯傳) 2책 / 10. 상운전(常雲傳) 6책 / 11. 정
수창전(鄭水昌傳) 2책 / 12. 장하정숙연기(張河鄭淑演記) 5책 / 13. 서유기
(西遊記) 52책 / 14. 토처사전(兎處士傳) 4책 / 15. 옥소삼봉(玉簫三逢) 6책
/ 16. 강태공전(姜太公傳) 5책 / 17. 임화정연[林花鄭廷(sic. 延)] 139책 / 18.
김강취류(金剛翠柳) 3책 / 19. 김원전(金圓傳) 2책 / 20. 모란정기[牧丹亭
記] 4책 / 21. 사안전(史安傳) 2책 / 22. 남원전(南元傳) 3책 / 23. 한후룡전
(韓后龍傳) 2책 / 24. 김효증전(金孝曾傳) 1책 / 25. 신미록(辛未錄) 2책 /
26. 월봉기(月逢記) 12책 / 27. 조웅전(趙雄傳) 9책 / 28. 전우치전(田禹治
傳) 3책 / 29. 천수석(天授錫) 18책 / 30. 쌍주기(雙珠記) 5책 / 31. 서용전
(鼠勇傳) 2책 / 32. 금독전(金犢傳) 1책 / 33. 제마무전(諸馬武傳) 2책 / 34.
섬처사전(蟾處士傳) 1책 / 35. 서주연의(西周演義) 44책 / 36. 서한연의(西
漢演義) 33책 / 37. 충의수호지(忠義水滸志) 69책 / 38. 성현공숙열기(聖賢
公淑烈記) 46책 / 39. 박씨전(朴氏傳) 3책 / 40. 숙향전(淑香傳) 6책 / 41. 수

당연의(隋唐演義) 10책 / 42. 백학선전(白鶴仙傳) 3책 / 43. 심청전(沈淸傳) 2책 / 44. 장한절효(張漢節孝) 4책 / 45. 금고기관(今古奇觀) 7책 / 46. 사씨남정기(謝氏南征記) 5책 / 47. 삼설기(三說記) 10책 / 48. 대명연의(大明演義) 12책 / 49. 진주삼재합록(眞珠三再合錄) 6책 / 50. 용문전(龍文傳) 3책 / 51. 곽분양전(郭汾陽傳) 6책

이날 일괄 구입한 고소설 중에는 통상 한두 책으로 만들어지는 것이 분량이 크게 는 경우가 적지 않다. 『조웅전』과 『월봉기』는 각각 9책과 12책으로 남아있다. 이렇게 작품의 권수가 늘어난 것을 보면 이날 들어온 소설책이 서울 세책집의 것임을 짐작하게 한다. 세책집에서는 대개 한 책의 분량을 적게 해서 책 수를 늘림으로써 대여비를 많이 받을 수 있게 했다. 도남 조윤제 선생은 1929년 무렵 경성제대도서관에서 폐업하는 서울의 세책가로부터 소설을 사들였음을 조동일 선생께 전했다.[8] 도남 선생은 당시 경성제국대학의 조수였다. 앞서 언급한 1929년 박준화를 통해 들어온 세책 소설처럼 이것도 다른 세책집에서 들어온 것일 수 있다. 한편 36번의 『서한연의』의 경우, 현재 서울대학교 규장각한국학연구원에 10책본이 남아 있는데, 겉장이 거의 떨어져나가서 정확히 파악되지 않으나, 마지막 책에 "권지이십구종"이라고 되어 있다. 29권본임을 알 수 있다. 따라서 이것은 36번의 『서한연의』와는 다른 책일 것이다.

일실 자료를 대표적으로 한국 고소설의 경우에 한정하여 살펴보면, 고소설은 청구기호가 '古3350-'으로 되어 있는데, 이 청구기호의 맨 마지막 책은 '古3350-104'의 번호가 붙은 『계서잡록』이다. 1944년 12월 26

---

8   조동일, 『한국문학통사』(제3판), 지식산업사, 1994, 347쪽.

일에 오쿠다이라 에키코가 판 자료이다. 청구기호에 따르면 이 분야에
는 모두 104종의 책이 있었다는 말인데, 현재는 『계서잡록』을 포함하
여 절반 이상이 보이지 않는다. 현재까지 남아 있는 것은 43종에 불과
하다. 경성제대도서관 수집 자료가 얼마나 많이 망실되었는지 알 수
있다.

맺음말

경성제대도서관은 불과 20년이 되지 않는 짧은 기간에, 무려 6만
5,000점에 가까운 한국고서를 구입했다. 이 시기 한국고서의 가격이
지금에 비해 훨씬 쌌다는 점을 감안해야 하겠지만, 당시는 생산되는
책의 양이 적었을 뿐만 아니라 경제적으로 매우 열악했음을 생각할 때
엄청난 양이라고 할 수 있다. 단적으로 이들 고서를 고스란히 받은 서
울대학교 도서관이 이후 몇 점의 한국고서를 구입했는지 비교해보면
분명히 알 수 있다.

서울대학교 도서관은 일사 방종현 선생, 가람 이병기 선생, 상백(想
白) 이상백(李相佰) 선생 등 서울대학교 교수들의 개인 장서를 약간 기
증 받았을 뿐, 고서 구입은 거의 전무했다. 광복 후의 보잘것없는 경제
수준과 6·25한국전쟁 등의 혼란기를 핑계댈 수도 있겠지만, 그에 못
지않게 어려웠던 제2차 세계대전 말에도 고서 구입을 멈추지 않았던
경성제대도서관을 보면 반성할 점이 없지 않다. 그리고 그 사정은 지

금도 다르지 않다. 더 살 책이 없어서가 아니며 도서를 살 형편이 못 되어서가 아님은 누구나 알고 있다. 고서를 모아야 한다는 의지가 없기 때문이다. 대학당국이나 교육당국이 대학이 자국 문화를 대표하는 고서를 구입해야 하는 이유를 알지 못하기 때문이다. 그러면서 외국대학 도서관에 있는 수많은 장서와 보물급 자료들을 부러워만 한다.

외국대학 도서관이 그토록 방대한 자료를 가지고 있으면서도 자료수집을 멈추지 않는 이유를 다시 생각해보아야 할 것이다.

조계영, 「조선시대 『역대군감』·『역대신감』의 수용 양상과 특징」, 『규장각』 38, 2011.

이영경, 「영조대의 교화서 간행과 한글 사용의 양상」, 『한국문화』 61, 2013.

정호훈, 「『규장총목』과 18세기 후반 조선의 외래지식 집성」, 『한국문화』, 57, 2012.

정긍식, 「『수교등록』의 내용과 가치」, 『규장각』 39, 2011.

박현순, 「조선후기 양안의 작성과 활용」, 『한국문화』 51, 2010.

김시덕, 「당사주의 문헌학적 접근」, 『서지학보』 37, 2011.

황재문, 「『만국사물기원력사』의 성립 과정과 지식 체계의 특성」, 『한국문화』 59, 2012.

정병설, 「도서원부를 통해 본 경성제국대학 도서관의 한국고서 수집」, 『문헌과 해석』 63, 2013.

| 연구진 소개 |

조계영(趙啓榮, Cho, Gye-young)
덕성여자대학교 국어국문학과를 졸업하고, 동대학교 대학원에서 국문학 전공으로 석사학위를 받았으며 한국학중앙연구원 고문헌관리학과 박사이다. 주요 논저로는 『일기로 본 조선』(공저), 「『오경백편』의 선사와 규장각의 문서 행정」, 「조선후기 실록의 세초 기록물과 절차」 등이 있다. 현재 서울대학교 규장각한국학연구원 HK연구교수로 있다.

이영경(李玲景, Lee, Yeong-gyeong)
서울대학교 국문과를 졸업하고, 동대학교 대학원에서 국어사 전공으로 문학석사 및 문학박사 학위를 받았다. 주요 논저로『중세국어 형용사 구문 연구』, 『조선 사람의 세계 여행』(공저), 『그림으로 본 조선』, 「국어 온도 표현 어휘의 발달에 대하여」, 「조선 후기 『소학』 언해의 활용과 보급에 대한 국어학적 연구」 등이 있다. 현재 서울대학교 규장각한국학연구원 HK연구교수로 있다.

정호훈(鄭豪薰, Jeong, Ho-hun)
연세대학교 사학과를 졸업하고 「17세기 북인계 남인학자의 정치사상」으로 박사학위를 받았다. 주요 저서로는 『조선 후기 정치사상연구』, 『경민편－형벌과 교화의 이중주로 보는 조선사회』가 있고 『朱子封事』(공역), 『선각』을 번역했다. 현재 서울대학교 규장각한국학연구원 조교수로 있다.

정긍식(鄭肯植, Jung, Geung-sik)
서울대학교 법과대학을 졸업하고, 동대학교에서 대학원에서 법학박사 학위를 받았다. 주요 논저로는 『조선 후기 수교자료집성』(공역), 『잊혀진 법학자 신번』(공역), 「'조선' 법학사 구상을 위한 시론」, 「조선본 ≪律學解頤≫에 대하여」, 「生養家奉祀 慣習에 대한 小考」 등이 있다. 현재 서울대학교 법학대학원 교수로 있으며, 법과 역사를 아우르는 한국법제사를 공부하고 있다.

박현순(朴賢淳, Park Hyun-soon)
서울대학교 교육학과를 졸업하고, 동대학교 국사학과 대학원에서 「16~17세기 禮安縣 士族社會 硏究」로 박사학위를 받았다. 주요 논문으로 「조선시기 鄕罰의 내용과 추이」, 「16~17세기 성균관(成均館)의 유벌(儒罰)」, 「분재기(分財記)를 통해 본 15~16세기 사족층의 주택 소유와 상속」, 「지방 지식인 黃胤錫과 京華士族의 교유」, 「영조대 到記儒生殿講에 대한 고찰」 등이 있다. 현재 서울대학교 규장각한국학연구원 조교수로 있다.

김시덕(金時德, Kim, Shi-duck)
고려대학교 일어일문학과를 졸업하고, 동대학교 대학원에서 석사 및 박사 과정을 수료했다. 주요 논저로는 『그들이 본 임진왜란－근세 일본의 베스트셀러와 전쟁의 기억』, 『규장각 새로 읽는 우리 고전 5－교감 해설 징비록』, 「조선시대 회곽묘에서 확인된 사람 정강뼈에 나타난 톱 자국에 대한 법의인류학적 고찰」, 「근대 한국어 소설 『임진병란 청정실기』에 대하여─근세 일본 임진왜란 문헌과의 비교 연구 시론」 등이 있다. 현재 서울대학교
규장각한국학연구원 조교수로 있다.

황재문(黃載文, Hwang, Jae-moon)
서울대학교 국어국문학과를 졸업하고, 동대학교 대학원에서 「장지연, 신채호, 이광수의 문학사상 비교 연구」로
박사학위를 받았다. 주요 저서로는 『안중근 평전』, 『만국사물기원역사』(역주) 등이 있다. 현재 서울대학교 규장
각한국학연구원 조교수로 있다.

정병설(鄭炳說, Jung, Byung-sul)
서울대학교 국어국문학과를 졸업하고, 동대학교 대학원에서 박사학위를 받았다. 주요 저서로는 『죽음을 넘어서
─순교자 이순이의 옥중 편지』, 『권력과 인간─사도세자의 죽음과 조선 왕실』, 『조선의 음담패설─기이재상담
읽기』, 『구운몽도─그림으로 읽는 구운몽』, 『나는 기생이다─소수록 읽기』가 있고, 번역서로 『구운몽』과 『한중
록』이 있다. 현재 서울대학교 국어국문과 교수로 있다.

18세기 후반 조선의 지식인 연암 박지원은 "법고(法古)하면서도 변통할 줄 알고 창신(創新)하면서도 능히 전아(典雅)할 수 있는" 경지를 추구했다. 옛 것에만 얽매이거나 새로운 것만 추종하는 세태를 경계했기 때문이다. 박지원이 거론한 "법고창신"의 정신은, 오늘날의 우리 학문이 처한 현실에서도 소중한 지침이 될 수 있을 것이다. 규장각한국학연구원은 이로부터 우리 학문이 나아갈 방향을 찾고자 하며, 이에 걸맞은 연구 성과를 모아 "규장각 학술총서"라는 이름으로 간행하고자 한다.

우리 연구원은 전근대로부터 근대에 이르기까지의 귀중한 기록문화 유산을 소장하고 있다. 우리 연구원에서는 이들 유산을 원형대로 보존하고 적절하게 관리하는 데 최선을 다하고 있지만, 한편으로는 이들에 대한 정밀한 연구로 우리 시대의 학문을 개척하는 것이 또한 중요한 보존이며 관리라고 판단하고 있다. 우리 연구원이 소장한 기록문화 유산은 국가의 운영, 인간의 삶과 의식 그리고 세계와의 만남에 대한 생생한 기록을 담고 있으므로, 무궁무진한 연구의 원천이 될 수 있을 것이다. 기왕의 한국학 연구가 이러한 사실을 입증하고 있는 바이거니와, "법고창신"의 학문적 전통을 만들어가고자 하는 "규장각 학술총서"는 보다 큰 학문적 성과를 통해 이를 다시 입증할 수 있으리라 기대한다.

"규장각 학술총서"에는 다양한 방식, 그리고 다양한 형태의 학술서

적이 포함될 것이다. 개인 명의가 있는가 하면 공동의 명의로 간행되
는 것도 있을 것이다. 전문적인 연구서가 있는가 하면 일반 독자까지
고려한 단행본도 있을 것이며, 고전의 주석을 포함한 각종 번역서나
자료집도 포함될 것이다. 또 연구 대상으로서의 자료의 범위와 주제
또한 다양할 것이다. 이는 한국학을 선도하고자 하는 우리 연구원의
포부와 기대를 반영하는 것이다. 우리 연구원에서 추구하는 "법고창신
의 학문"이 깊어질수록, 우리 총서는 더욱 다양한 모습을 지닐 수 있을
것이다. 우리 총서의 성과물 하나 하나가 한국 인문학의 성장에 기여
하는 디딤돌이 될 수 있기를 기대한다.

2014년 규장각한국학연구원장 김인걸